港口年鉴

2022

GANGKOU
NIANJIAN

中国共产党防城港市港口区委员会党史研究和地方志编纂办公室　编

方志出版社

图书在版编目（CIP）数据

港口年鉴．2022 / 中国共产党防城港市港口区委员会党史研究和地方志编纂办公室编．— 北京：方志出版社，2022.12
ISBN 978-7-5144-5552-6

Ⅰ．①港… Ⅱ．①中… Ⅲ．①区（城市）—防城港—2022—年鉴 Ⅳ．①Z526.74

中国版本图书馆 CIP 数据核字（2022）第 252506 号

责任编辑：陈　菁
责任校对：张玉霞
责任印制：梅中英
出 版 者：方志出版社
地　　址：北京市朝阳区潘家园东里 9 号（国家方志馆 4 层）
邮　　编：100021
网　　址：http://www.zgfzcb.cn
发　　行：方志出版社图书营销中心（010-67110500）
印　　刷：广西智源传媒印务有限公司
设　　计：广西广印文化科技有限公司
开　　本：889 毫米 ×1194 毫米　1/16
印　　张：14.75　彩插印张：1.5　地图：1 幅
字　　数：472 千字
版　　次：2022 年 12 月第 1 版
印　　次：2022 年 12 月第 1 次印刷
定　　价：180.00 元

港口区政区图

工作用图

防城港市港口区民政局　广西南宁六维地理信息服务有限公司联合编制

审图号：桂S（2018）41号

2018年12月

数字港口2021

Shuzi Gangkou

- 行政区域面积：409.95 平方千米
- 大陆海岸线：342.83 千米
- 年平均气温：23.3℃
- 年平均日照时数：1630.9 小时
- 年平均降雨量：2126.4 毫米
- 森林面积：8719.13 公顷
- 森林覆盖率：31.6%
- 世居民族：4 个
- 户籍人口：14.93 万人
- 常住人口：24.73 万人
- 人口自然增长率：7.1‰
- 镇：2 个
- 街道办事处：4 个
- 村民委员会：17 个
- 居民委员会：26 个
- 地区生产总值增速：11.7%
- 人均地区生产总值增速：7.9%
- 三产占比：4.6 ∶ 65.1 ∶ 30.3
- 财政收入：22.76 亿元
- 公共财政预算收入：8.41 亿元

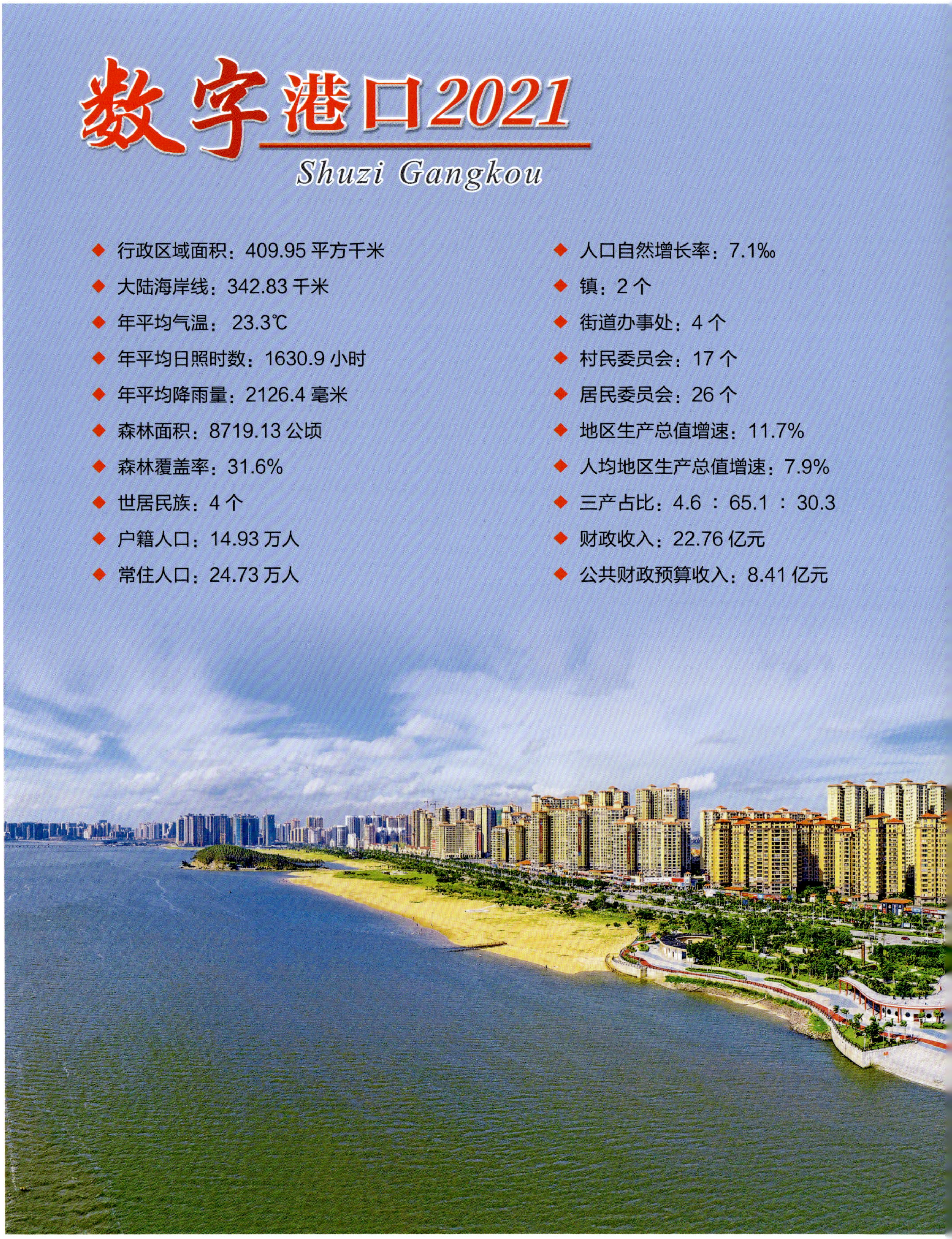

- 公共财政预算支出：12.51 亿元
- 固定资产投资完成增速：-23.3%
- 房地产投资完成增速：-29.7%
- 商品房销售面积：89.61 万平方米
- 港口货物吞吐量：1.48 亿吨
- 社会消费品零售额增速：11.4%
- 外贸进出口总额：617.2 亿元
- 实际利用外资额（招商口径）：1460 万美元
- 邮电业务总量（市辖区）：9.34 亿元
- 旅游总收入（含市直）：92.32 亿元
- 金融机构人民币存款余额（市辖区）：706.78 亿元
- 金融机构人民币贷款余额（市辖区）：713.85 亿元
- 农村居民人均可支配收入：20645 元
- 农民生活人均消费支出：13893 元
- 城镇居民人均可支配收入：42539 元
- 城镇居民人均生活消费支出：25819 元
- 城镇登记失业率：1.45%

年度要闻2021

Niandu Yaowen

■ 港口区成功入选《广西壮族自治区中长期青年发展规划（2018—2025年）》试点地区

1月7日，防城港市港口区成功入选《广西壮族自治区中长期青年发展规划（2018—2025年）》（以下简称《规划》）实施试点地区，试点期限1年。全广西共有23个县（市、区）入选，港口区是防城港市唯一入选的试点地区。

■ 港口区召开党史学习教育动员大会

3月5日，港口区召开党史学习教育动员大会，深入学习贯彻习近平总书记在党史学习教育动员大会上的重要讲话精神，贯彻落实党中央、自治区党委、市委关于党史学习教育的有关工作部署，对港口区开展党史学习教育进行动员部署。

■ 世界最大的藻油产品生产基地即将投产

3月9日，在港口区企沙镇山新村的广西小藻农业科技有限公司厂区内，微藻EPA项目二期规划建设已初具规模。广西小藻农业科技有限公司是防城港市2020年“双百双新”代表性产业项目之一。

■ 盛隆冶金技改工程（第二阶段）开工

3月21日，由中国一冶集团有限公司承建的广西盛隆冶金有限公司产业升级技术改造工程（第二阶段）原料厂配套改造项目，在盛隆冶金有限公司块矿筛分施工区域举行开工仪式，标志着盛隆冶金技改工程（第二阶段）全面开工。

■ 自治区党委副书记刘小明一行到企沙调研

5 月 28 日，自治区党委副书记刘小明在市委书记谭丕创，市委副书记于英杰，市人大常委会副主任、港口区委书记的陪同下到企沙调研企沙渔港经济区建设情况。

■ 市委书记谭丕创、市长黄江，港口区委书记朱靓、区长李广斌参加公祭烈士仪式

9 月 30 日，防城港市在“三光企”革命武装起义纪念碑前举行公祭烈士仪式，市委书记谭丕创出席仪式，市长黄江主持仪式，港口区委书记朱靓、区长李广斌参加活动。

■ 港口区重大项目建设

2021 年，港口区辖区内统筹推进重大项目共 195 项，总投资 3242 亿元，其中投资超百亿元以上项目 6 个、10 亿元以上项目 51 个、亿元以上项目 116 个。

图片专辑

Tupian Zhuanji

乡村振兴

党史学习教育

文化建设

乡村振兴

① 2021年10月24日，区委书记朱靓在企沙镇山新村主持召开乡村振兴工作专题座谈会（郭琰　摄）

② 2021年9月11日，区委书记朱靓（正面左三）、区长李广斌（正面左四）率队到企沙镇山新村调研乡村风貌提升工作（邓荣林　摄）

③ 2021年9月24日，港口区人大主任黄晓昀（正面中）到牛路村开展乡村振兴工作座谈会（港口区人大办　供图）

① 2021年11月18日，港口区召开2021年区委农村工作（乡村振兴）领导小组会议暨乡村振兴工作推进会。区委书记朱靓（中）出席会议并讲话（港口区融媒体中心 供图）

② 2021年11月26日，港口区召开2021年港口区推进乡村振兴发展壮大区域经济工作专题协商座谈会（港口区委统战部 供图）

③ 2021年9月19日，区委书记朱靓（正面左二）带领各部门在沙螺寮村进行乡村振兴工作座谈会，征求沙螺村产业、项目发展规划建设意见建议，以带动当地经济发展（光坡镇政府 供图）

① 2021年10月11日，防城港市委常委统战部部长黎家迎（左二）到企沙镇山新村开展乡村振兴工作调研（零川 摄）

② 2021年9月20日，区委书记朱靓（左三）、区长李广斌（左四）带领各部门在沙螺寮村榄埠组进行实地考察，规划项目建设，带动当地经济发展（光坡镇政府 供图）

③ 2021年10月27日，区委副书记钱天鹏（右二）带领区振兴局、区农水局在沙螺寮村进行自治区重点村沙螺寮村庄编制规划探讨（港口区光坡镇政府 供图）

④ 2021年11月29日，港口区乡村振兴服务中心组队到港口区企沙镇牛路村检查指导防返贫监测工作及巩固脱贫成果（黄家鹏 摄）

① 2021年9月10日，港口区以奖代补核验组在光坡镇栏冲村验收蚝柱（光坡镇政府　供图）

② 2021年11月30日，港口区乡村振兴局组队到光坡镇潭油村检查扶贫资产管理及防返贫检查工作台账，指导巩固脱贫成果工作（陈明　摄）

③ 2021年12月14日，港口区总工会开展“桂有技能·产业振兴”劳动和技能竞赛（港口区总工会　供图）

④ 2021年1月，光坡镇红沙村养殖户喜获青蟹大丰收（港口区融媒体中心　供图）

①

②

③

④

① 港口区牛路村九龙寨，赶海归来的村民挑着收获的海螺、牡蛎等海货（来源：防城港市新闻网）

② 脱贫户养殖致富（港口区融媒体中心　供图）

③ 港口区大龙口风光（钟云需　摄）

① 港口区簕山——古亭晨曦（港口区融媒体中心　供图）

② 港口区企沙镇牛路村的乡村民宿（港口区融媒体中心　供图）

③ 港口区簕山古渔村村容村貌（港口区企沙镇政府　供图）

④ 港口区牛路村房屋外立面的墙上绘画（来源：防城港市新闻网）

党史学习教育

① 2021年3月5日，港口区召开党史学习教育动员大会（港口区融媒体中心　供图）

② 2021年3月16日，港口区人民法院召开党史学习教育动员部署会（港口区人民法院　供图）

③ 2021年3月25日，组织召开各民主党派、工商联传达学习全国两会精神暨党史学习教育部署会（港口区委统战部　供图）

① 2021年4月29日，港口区宣讲团在沙潭江社区开展党史学习教育与建党百年专题宣讲报告会（港口区委史志办 供图）

② 2021年4月26日，党史学习教育港口区宣讲团宣讲员到企沙镇华侨村“文缘号”渔排上用当地方言白话为渔民开展了一场别开生面的党史宣讲（钟云需 摄）

① 2021年8月26日，民进港口区支部开展“品读经典　守正初心”党史学习教育活动（民进港口区支部　供图）

② 2021年6月21日，港口区直属机关工委赴桂林开展党史学习教育活动（港口区机关工委　供图）

③ 2021年6月29日，港口区委党史研究和地方志办联合相关单位到广西钢铁集团有限公司开展“学党史　上党课　办实事”主题活动（港口区委史志办　供图）

① 2021年5月30日，防城港市公安局交警支队港口大队联合北港物流开展“学党史 强信念 跟党走”联学联建主题党日活动（港口区交警大队 供图）

② 2021年4月22日，港口区委统战部组织统战部支部、工商联支部和广西力峰投资集团有限公司、广西桂海实业集团有限公司、广西晟宇通投资集团有限公司等党员代表参加党史学习教育活动（港口区委统战部 供图）

③ 2021年5月14日，港口区退役军人事务局举办党史学习教育活动——纪念“三光企革命武装起义74周年”文明实践活动（港口区退役军人事务局 供图）

文化建设

① 港口区庆祝中国共产党成立100周年文艺晚会——合唱《没有共产党就没有新中国》（港口区文旅局 供图）

② 港口区庆祝中国共产党成立100周年文艺晚会——舞蹈《生命之花》（港口区文旅局 供图）

③ 港口区庆祝中国共产党成立100周年文艺晚会——歌伴舞《我站立的地方是中国》（港口区文旅局 供图）

①

②

③

① 港口区庆祝中国共产党成立100周年文艺晚会——情景舞蹈《长征》（港口区文旅局　供图）

② 港口区庆祝中国共产党成立100周年文艺晚会——《追寻》（港口区文旅局　供图）

③ 港口区庆祝中国共产党成立100周年文艺晚会——少儿合唱《大海的呼唤》《在灿烂的阳光下》（港口区文旅局　供图）

① 港口区庆祝中国共产党成立100周年文艺晚会——小组唱《我们都是追梦人》（港口区文旅局　供图）

② 2021年港口区新时代文明实践活动（文化服务）（港口区文旅局　供图）

① 2021年4月13日，华侨村举办“唱支山歌给党听”2022年港口区三月三活动，图为渔民在制作捕鱼用具“喷索仔”（企沙镇政府 供图）

② 2021年“壮族三月三·民族体育炫”港口区系列活动暨篮球争霸赛（港口区文旅局 供图）

③ 2021年“壮族三月三·民族体育炫”港口区系列活动暨“百年百城百万舞红八桂”大型排舞展演（港口区文旅局 供图）

①

②

① 2021年6月16日，港口区少先队员绘簸箕画，感党恩、跟党走，庆祝中国共产党成立100周年（钟云需 摄）

② 2021年9月2日，榕树下的宣讲——山新村新时代文明实践站深入学习贯彻习近平总书记“七一”重要讲话精神

（港口区宣传部 供图）

编辑说明

一、《港口年鉴》是由中国共产党防城港市港口区委员会党史研究和地方志编纂办公室组织编纂的地方综合性年鉴。《港口年鉴》的编纂以马克思列宁主义、毛泽东思想、邓小平理论、“三个代表”重要思想、科学发展观、习近平新时代中国特色社会主义思想为指导，坚持辩证唯物主义和历史唯物主义的立场、观点和方法，以《地方志工作条例》为依据，按照“实事求是，严谨办鉴”的要求，全面反映港口区各族人民在中国共产党的领导下建设中国特色社会主义和谐社会的伟大实践。

二、《港口年鉴》自2012年首次出版后，每年出版一卷。2022年卷全面、系统地记录了港口区自2021年1月1日至12月31日的经济和社会发展的基本情况、重大成就和深刻变化，旨在为社会各界了解和研究港口区提供权威的基本资料。

三、本年鉴的基本内容为综合情况、动态信息、辅助资料三大部分。综合情况部分设特载、概况2个专栏。动态信息部分设政治、法治、军事、公务服务·社会管理、经济调节·市场监管、开发·投资·经济合作、财政·税务、农业农村、工业和信息化、交通运输、商贸物流、自然资源管理·环境保护、城乡建设、教育·科学、文化·广电·体育·旅游、卫生健康、民族·宗教、社会生活、镇(街道)概况19个类目。辅助资料有大事记、先进集体和先进个人、统计公报、索引。概况及动态信息各部类的内容均作条目化处理，以方便读者检索。类目和条目之间均设有分目层次，部分分目下面还设次分目层次。内容层次的设置，完全是为便于读者分类系统阅读和检索，并表示部类与条目之间的层次关系，但不反映严格的科学分类体系，机构单位排序和层次一般亦不表示其地位与规模。

四、本年鉴在书前设有数字港口、年度要闻和图片专辑，为读者提供关注度较高的资料信息。图片专辑刊载乡村振兴、党史学习教育、文化建设3个部分内容。

五、数字用法、标点符号用法分别采用国家标准《出版物上数字用法》(GB/T 15835—2011)、《标点符号用法》(GB/T 15834—2011)，计量单位采用国家技术监督局1993年12月发布的《量和单位》系列国家标准。某些对应指标数据在上年卷出版后作了调整的，一般不予说明，以本年卷为准。由于数据小数位四舍五入，某些指标分项合计数据与总计项数据尾数略有出入。大港口指标数为属地统计数，小港口指标数为行政统计数，凡不特别注明的均为小港口数据。

六、本年鉴采用的文稿均由各镇(街道)、区直和驻区各有关单位提供，并经单位领导审核，各相应条目文末署供稿人姓名。个别资料漏缺系相关部门或单位没有提供所致。

防城港市港口区地方志编纂委员会

（2022年12月）

主　　任：李广斌

副 主 任：卢　增　何　苗　欧远志　黄国庆　鲍基石　黄岸柳　凌　源　苏链辉
阮一峰

成　　员：朱　健　刘文镇　吴能文　陈　莉　陈　雄　吴　勇　苏树人　钟　科
戚汝梅　梁　满　冯信初　李学英　韦清洁　黄鸿燕

《港口年鉴（2022）》编辑部

主　　编：阮一峰

副 主 编：林爱兵

编　　辑：李雪琼

《港口年鉴(2022)》编写组

（按文稿排版先后排序）

区委办公室
骆晓明　黄庆叁　吴艺滨
区政府办公室
李香伦　高诗雅
区政务服务监督管理办公室
凌琼蕾　黄海姣　郑　怡　李　卉
区委党史研究和地方志编纂办公室
阮一峰　林爱兵　陈铭相
区委组织部
卢　增　林广莉　文德浩　梁庆福　佟虹霓
周　健　黄英越　王李凤　江文书
区委宣传部
何　苗　莫金龙　蒙祥洋　苏　武　王怡凯
周国伟　甘显龙
区委统战部
吴乃华　朱　健　翟翠莹　黄映华　黄薇瑜
刘　园
区委编制委员会办公室
江　源　邓春莲　邓李芳　廖培伶
区直属机关工委
黄海燕　吴爱物　农永琪
区人大办公室
钟幸东　张振锦　吴狄蔓
区机关后勤服务中心
黄国欢　林蜜华
区政协办公室
黄岸柳　邓创造　钟凉德　沈晶鑫　吴季霖
区纪委、监察委
覃　祎　黄昌兴　刘小菲
区督考办
陈　莉　庞家和　韦英省　唐　鑫
民革港口区总支部
凌瑞敏
民盟港口区支部
蔡　硕
民建港口区支部
邓春莲
民进港口区支部
方　爵
农工党港口区支部
周国伟
致公党港口区支部
王冠学
区工商业联合会
杨纯环　梁文梅
区总工会
项　麟　张子烨　符　霞　程　月
共青团港口区委员会
宾龙辉　王　凛　王曼欢　简建毅
区妇女联合会
刘爱玲　周小燕　陈晓红
区科学技术协会
唐子惠　陆　华
区文学艺术界联合会
黄鸿燕　凌立英　邓立进
区社会科学界联合会
李学英　刘明阳　张钱杰
区归国华侨联合会
杨孙艳　陈运平
区残疾人联合会
庞兴就　骆丽华　钟满德　苏梅芳　潘　磊
区红十字会
黄　琛　傅春坚　吴美招　郑振国
区人力资源和社会保障局
苏树人　陈燕婧　许强定　陈麒先
区医疗保障局
黄恒师　陈　欣　蒙星善　温晓萍
区退役军人事务局
钟志杰　黄心宝　廖晶晶　陈璐璐
区民政局
吴　勇　游振泉　麦瑞志　兰　伟　卢继生
区乡村振兴局
肖　超　刘　阳　林美玲　赵同军
区民族宗教事务局
钟海德　唐国超　王婷婷
区信访局
邓钧译　苏　姗

区委政法委员会

曾兴荣　唐光云　陈畅生　赵小瑶　宁灿容　黄岚婷　陈伟划

防城港市公安局港口分局

张南景　蓝霜梅　缪　师

区人民检察院

莫　秦　陈小群

区人民法院

李明娟　陈海华　林俊臣　黄　嵘

区交警大队

陈积毅　李丽萍　苏云海

区司法局

陈　滴　骆泳东　李奇鹏　何红霞　韦冬平

区打击走私综合治理领导小组办公室

韦信钦　陈　术　沈美琪　雷　琼　陈耀中

区人民武装部

江志斌　零建辉　凌凯峰

港口区消防救援大队

杨　达　解群波

区外事和海防人防局

刘晓东　庞远程　韦进美　陈玉雪　苏树满　覃　凯

区招商促进局

黄丽梅　段伟峰　黄莉莉

区财政局

杨佰篙　刘　静　黄乃春　白雯佳　黄美金

区税务局

范建新　张国航　刘建军　李雨泉

区发展和改革局

吴能文　凌　源　陈晓婷　韦美慧　黄馨慧

区审计局

陆丹丹　张文浩　陈姿求

区统计局

冯信初　唐　昕　黎春蕾　陈相妤　江文建　莫伟民　刘翠翠

区市场监督管理局

黄广平　吴立平　谭韩柳　谭　梦

区应急管理局

黄广尚　韦克斌　郑春香

区农业农村水利局

梁佳力　郑　翔　覃　茌　骆泉颖

区工业和信息化局

陈　雄　唐振峰　宁林琳　朱文清

区交通运输局

赖胜东　黄　云　黄安辽　林　荣　禤大升

区商务和口岸管理局

唐时秀　文　玮　吴春燕　闭奕林　李荣荣　吴方南　陈明旺

区文化广电体育和旅游局

戚汝梅　吴佳玲　潘　雷　石　创　庞雪映　谢桠宣

区自然资源局

甘文堂　钟　鹏　黄　梅　黄　婷

区土地征收储备中心

盘恒星　卢成宝　韦乔毅　廖　峭　吴秋鸿

区海洋局

王立进　吴　艳　骆一彰　骆丽文　韦武斌　蒋倩竺

区城市管理监督局

骆东辉　邓　铭　黄　辉　李林峻　黄嵩婷　庄姗姗

区住房和城乡建设局

钟　科　钟震宇　卢思牧　覃江韬　刘　萍　孙　丽　申　凯

区生态环境局

黄艳华　万思斯　黄雄巍　赖维杰　潘兰萍　邓茗方　韦春霞

区教育和科学技术局

黄怀谷　莫倩倩　张家春　黄荣菲　吴丽平

区档案馆

韦清洁　骆泽生　吴艳江

区卫生健康局

梁　满　陈雪萍　刘心桥　曹奕深

企沙镇

骆振华　范雪玲　覃识文　黄英伦

光坡镇

温　媚　何　春　陆　毅　韦淳贻

渔洲坪街道

周志成　左　将　董　敏　蔡始宽　廖文霞　邓雯文

白沙沥街道

侯洪波　蔡始兵　潘冬云　苏帝文

沙潭江街道

黄　秋　杨　敏　吴子营

王府街道

赖胜团　张　璐　麦华智　陆光辉

目　录

特　载

概　况

政　治

法　治

军 事

公务服务·社会管理

经济调节·市场监管

开发·投资·经济合作

财政·税务

农业农村

工业和信息化

交通运输

商贸物流

自然资源管理·环境保护

城乡建设

教育·科学

文化·广电·体育·旅游

卫生健康

民族·宗教

社会生活

镇(街道)概况

大事记

先进集体和先进个人

统计公报

索　引

特　　载

区委工作报告

——在中国共产党防城港市港口区第七次代表大会上的报告

区委书记
朱　靓
（2021年7月19日）

中国共产党防城港市港口区第七次代表大会，是在我区深入学习贯彻落实习近平总书记在庆祝中国共产党成立100周年大会上的重要讲话精神和习近平总书记对广西及防城港工作的重要指示批示精神，开启"十四五"奋斗新征程，进入加快发展、转型升级、全面提质的关键时期召开的一次十分重要的会议。大会的主要任务是：总结回顾港口区第六次党代会以来的工作，明确今后五年工作的指导思想、奋斗目标和主要任务，选举产生新一届中国共产党防城港市港口区委员会和纪律检查委员会。大会的主题是：高举中国特色社会主义伟大旗帜，以习近平新时代中国特色社会主义思想为指导，团结带领全区广大党员和干部群众，奋进新时代，闯出新路子，建成西部县域经济强区，奋力谱写港口区高质量发展新篇章！

过去五年的工作回顾

港口区第六次党代会以来，面对复杂严峻的形势和突如其来的新冠疫情，在自治区党委和市委的坚强领导下，我们坚持以习近平新时代中国特色社会主义思想为指导，全面贯彻落实党的十九大和十九届二中、三中、四中、五中全会精神，团结带领全区广大党员和干部群众，克难攻坚，逆势前行，扎实做好"六稳"工作，全面落实"六保"任务，奋力夺取疫情防控和经济社会发展"双胜利"，初步建成广西一流经济强区，率先全面建成小康社会。

县域经济综合实力迈入广西前列。经济由高速增长阶段转入高质量发展阶段，36项主要经济指标中的25项排名全市第一，规模以上工业总产值、地区生产总值、固定资产投资分别占全市总量92.9%、62.1%、71.1%；地区生产总值年均增长8.5%，排名广西县域第9位；规模以上工业总产值突破1100亿元，排名广西县域第3位。荣获2018年度"广西科学发展先进城区"称号。

千亿级临港产业集群加速成型。项目要素保障有力，累计交地施工6.3万亩，落实永久安置9297户，完成盛隆技改、生态铝等392个项目征迁交地，创造了"防城港新速度""广西速度"。钢铜铝金属新材料等千亿级产业集群加快形成，产业格局从"一枝独秀"向"多极支撑"转变，规模以上工业总产值年均增长14.5%。澳加、盛隆等龙头企业迈入广西500强、全国500强行列。高新技术企业保有量占全市50%以上。已发展成为广西新兴工业基地。

脱贫攻坚取得全面胜利。1039户4043人全部脱贫，栏冲、白沙、山新3个贫困村2016年全部脱贫摘帽；荣获2016—2017年度广西“全区脱贫攻坚工作先进集体”称号，2017、2018、2020年度获得广西扶贫成效考核结果综合评价“好”的等次；1名民营经济代表人士荣获“全国脱贫攻坚先进个人”荣誉称号。圆满完成脱贫攻坚各项任务。

民生事业持续加力发展。众志成城筑起了全民抗击新冠疫情的钢铁长城，有力保障了人民生命安全和身体健康。财政年均民生支出10.6亿元，占一般公共预算支出80.3%。城镇居民、农村居民人均可支配收入年均增长分别为6.3%、9.8%，分别是2015年的1.3倍和1.7倍。环境空气质量优良率保持90%以上，连续5年达到国家考核标准。城乡居民基本医疗保险、养老保险参保率分别达93%、93.5%。义务教育均衡发展率先通过国家级评估验收，有效控制和消除了大班额。新建核酸实验室、疾控中心大楼等一批重大医疗卫生项目，入选全国紧密型医共体试点县（区）。海湾新区、行政中心区基本建成，企沙、光坡融为一体，城乡面貌与人居环境不断改善。

改革开放迈出重要步伐。全国义务教育教师队伍“县（区）管校聘”管理体制改革示范区、企沙镇行政管理体制改革试点等一批国家、自治区改革试点工作取得阶段性成果。营商环境不断优化提升，7大类1217个事项通过网上一体化平台可办率100%，荣获自治区首个城区“信用区”称号。主动融入防城港国际医学开放试验区、西部陆海新通道、粤港澳大湾区建设，东湾物流园区获批自治区首批优秀服务业集聚区，并入选国家陆海新通道重点培育物流园区，企沙口岸扩大开放通过国家验收。引进外来项目83个，总投资784亿元。外贸进出口总额排名广西前列。

党的建设全面加强。“两学一做”学习教育、“不忘初心、牢记使命”主题教育、党史学习教育深入开展。认真落实意识形态工作责任制。从严从实抓好中央、自治区党委巡视和市委巡察反馈意见整改工作，完成六届区委任期内巡察工作全覆盖，一体推进不敢腐、不能腐、不想腐，反腐败斗争取得压倒性胜利并不断巩固发展，政治生态持续向好。党建工作特色鲜明，“滨海党旗红”“红色港湾”“民企红堡垒”及乡镇党委标准化规范化建设等成为全市亮点，红沙“海上党支部”、盛隆公司党委等先后荣获“全国先进基层党组织”“自治区先进基层党组织”“自治区两新党组织示范点”等称号。支持人大、政府、政协和法院、检察院依照宪法和法律法规履行职能、开展工作。宣传思想、党管武装等工作都取得了新成绩，工青妇等群团组织的桥梁纽带作用更加凸显。统一战线不断创新发展壮大。“依法治区”通过自治区验收。基层群众自治制度不断完善，“双拥”工作有力推进。“扫黑除恶”专项斗争深入开展，坚决铲除走私及黄赌毒“毒瘤”，重拳整治传销活动，群众安全感逐年提升，没有发生较大以上安全生产事故。

五年的奋斗充满自豪，五年的拼搏历尽艰辛。这些成绩的取得，是党中央、自治区党委和市委正确领导的结果；是历届区委领导班子不懈努力的结果；是广大党员、干部群众苦干奉献的结果；是各民主党派、工商联、无党派人士、广大老同志、驻区解放军、武警部队、驻区单位和海内外友好人士关心支持、积极参与的结果。在此，我代表中共防城港市港口区第六届委员会，向所有关心、支持和参与港口区建设的同志们、朋友们，表示衷心的感谢和崇高的敬意！

成绩来之不易，经验弥足珍贵。五年的探索和实践告诉我们：

必须坚持党的全面领导。坚持和完善党领导经济社会发展的体制机制，不断提高贯彻新发展理念、构建新发展格局的能力和水平，为实现高质量发展提供根本保证。

必须坚持以人民为中心。坚持人民主体地位，坚持共同富裕的方向，维护人民根本利益，促进社会公平，增进民生福祉，不断实现人民对美好生活的向往。

必须坚持新发展理念。把新发展理念贯穿发展全过程和各领域，构建新发展格局，切实转变发展方式，实现更高质量、更有效率、更加公平、更可持续、更为安全的发展。

必须坚持深化改革开放。坚定不移推进改革和扩大开放，加强治理体系和治理能力现代化建设，破除制约高质量发展、高品质生活的体制机制障碍，持续增强发展动力和活力。

必须坚持系统观念。加强前瞻性思考、全局性谋划、战略性布局、整体性推进，办好发展和安全两件大事，着力固根基、扬优势、补短板、强弱项，注重防范化解重大风险挑战，实现发展质量、结构、规模、速度、效益、安全相统一。

在充分肯定成绩的同时，我们必须正视前进中的困难和问题，主要是：全区经济总量不大，产业结构还不够优化，产业配套体系有待完善；民生领域还有短板弱项，与群众的期待还有一定差距；干部队伍作风建设还有待提高，等等。对此，我们将高度重视、正视问题、勇于担当，以更大的决心、更有力的举措加以解决。

今后五年的奋斗目标和主要任务

“十四五”时期是我国全面建成小康社会、实现第一个百年奋斗目标之后，乘势而上开启全面建设社会主义现代化国家新征程、向第二个百年奋斗目标进军的第一个五年，更是我区加快高质量发展的重要战略机遇期。从国内外形势来看，我国经济长期向好的基本面没有改变，习近平总书记提出新发展阶段广西“四个新”总要求，为我们推动经济高质量发展明确了行动纲领和科学指南。随着西部陆海新通道上升为国家战略，中国（广西）自由贸易试验区、北钦防一体化加快推进，防城港国际医学开放试验区、东兴国家重点开发开放试验区、国家边境旅游试验区等重大平台加快建设，港口区必将迎来新发展阶段开发开放的新机遇。我们必须紧紧围绕自治区党委提出建设新时代中国特色社会主义壮美广西的奋斗目标和防城港市委作出加快建设边海国际大通道、争创开发开放先行区、打造产业集群新高地的战略部署，抢抓新机遇，育先机开新局，在开启全面建设社会主义现代化国家新征程中作出新的更大贡献！

今后五年工作的指导思想是：高举中国特色社会主义伟大旗帜，坚持以习近平新时代中国特色社会主义思想为指导，深入学习贯彻党的十九大和十九届二中、三中、四中、五中全会精神，深入学习贯彻落实习近平总书记在庆祝中国共产党成立100周年大会上的重要讲话精神和习近平总书记对广西及防城港工作的重要指示批示精神，按照中央“五位一体”总体布局和“四个全面”战略布局，围绕落实“四个新”总要求和四个方面重要工作要求，立足新发展阶段，抢抓新发展机遇，贯彻新发展理念，构建新发展格局，坚持稳中求进工作总基调，奋进新时代，闯出新路子，建成西部县域经济强区，奋力谱写港口区高质量发展新篇章！

围绕上述目标，今后五年经济社会发展的主要任务是：“十四五”期间经济社会发展目标分“两步走”。第一步，到2023年，即“十四五”中期，全区地区生产总值达600亿元以上，年均增长10%；规模以上工业总产值力争突破2000亿元，年均增长14.6%。第二步，“十四五”期末，全区地区生产总值达800亿元以上，年均增长10%；规模以上工业总产值力争突破2700亿元，年均增长24.5%以上。经济总量力争进入西部县域前50位。

县域经济高质量发展迈向新台阶。经济继续保持健康较快发展，增速高于广西和西部地区平均水平，地区生产总值力争进入西部县域前五十位，人均地区生产总值继续保持广西县域首位，力争达到27.5万元。财政收入年均增长6.5%，固定资产投资年均增长11%，规模以上工业增加值年均增长15%。

产业振兴实现新突破。加快打造临港绿色制造业、现代物流业、现代服务业，着重加快优势特色产业集群发展，持续推动传统产业转型升级，聚力发展新兴产业，加快构建产业特色鲜明、结构优化、富有竞争力的现代产业体系。

改革开放迈出新步伐。重要领域和关键环节改革取得重要成果，营商环境处于广西县域领先水平。防城港国际医学开放试验区等平台开放合作优势充分释放，沿海临港的区位优势和开放带动作用更加明显，外贸进出口总额年均增长13%，继续保持在广西前列，奋力打造开发开放创新先行区。

新型城镇化建设得到新提升。全面推进乡村振兴，城乡融合、产城融合发展新格局加快形成。城乡基础设施更加完善，城乡面貌更加美丽，覆盖城乡的基本公共服务体系基本建成，率先打造城乡融合发展示范区。

生态文明建设取得新进步。把碳达峰、碳中和纳入经济社会发展和生态文明建设整体布局。单位地区生产总值综合能耗、主要污染物排放总量控制在自治区要求范围内。水质保持良好，空气质量持续保持优良，生态环境保持广西县域前列，宜居、宜业、宜游的全海景生态海湾城区魅力更加彰显。

社会治理效能实现新增强。社会主义民主法治更加完善,社会治理现代化走在广西前列,社会公平正义更加彰显,发展和安全的保障更加有力。民族团结进步事业开创新局面。

人民生活品质达到新水平。教育、卫生、文化等社会事业全面发展,居民收入增长和经济增长基本同步,城乡居民收入差距进一步缩小,居民人均可支配收入年均增长9%,继续保持广西县域前列。

党的建设取得新成效。加快落实思想、作风、能力、政策、组织等"五大要素保障",持续提高各级领导班子的执政能力和领导水平,进一步改善干部作风,进一步增强党组织凝聚力战斗力创造力,党群干群关系更加密切,党风廉政建设取得新成效,党的执政能力进一步提高。

各位代表、同志们,今后五年的奋斗目标、主要任务已经明确,实现上述目标,我们必须解放思想、转变作风、提升能力,全力推进以下六大举措:

一、深入实施创新驱动发展战略,打造产业集群新高地

坚持创新引领产业转型升级、产业集群发展和新兴产业培育,完善产业链供应链,做强做大产业集群,加快构建现代临港产业体系。

(一)做大现代临港工业。坚持临港工业的主导地位。按照"强龙头、补链条、聚集群"思路,依托防城港经济技术开发区、防城港高新技术产业开发区的平台优势和产业基础,以规模化、集群化、精深化、链条化为主攻方向,培育钢铜铝金属新材料千亿级产业集群和粮油食品、新能源、化工新材料、装备制造、医药制造等五大百亿级产业集群。重点推进柳钢防城港钢铁基地二期、盛隆冶金产业升级改造(第二阶段)、金川二期、华昇生态铝二期、津西型钢等重大项目建设;推动盛隆13个配套项目、柳钢多元产业园、再生资源综合利用基地、五金铜材卫浴、长科新材料、钢铜铝下游产业园、粮油精深加工、医疗服务产业园等一批中下游配套项目开工建设;加快工业化和信息化融合,推进智能制造,支持金川、澳加等企业开展技术升级改造,推动盛隆钢铁材料研究院等项目建设。到2025年,力争工业总产值达2700亿元,是"十三五"期末的2.33倍,成为西部绿色制造强区。

(二)做强现代服务业。坚持把现代物流业、生产性服务业作为振兴港口的重要支撑,打造港口型国家物流枢纽承载城市和西部陆海新通道的重要节点城市。深入实施"冷链经济"战略,推动发展粮食、水果、海鲜等农产品冷链物流。重点推动东湾物流园和公车物流园建设,支持防城港保税区(B型)等重点物流企业发展,加快"运的易"智慧物流平台、北部湾金属材料交易中心、五金铜材交易市场、大宗商品期货交割仓等项目建设,打造服务西部陆海新通道的大宗商品服务体系。推动临港制造业与港口航运、贸易、物流、金融业等生产性服务业的深度融合发展,促进市大型临港企业贸易及结算业务落户我区,构建临港产业链前端进口、后端产品销售以及中端配套的现代服务体系,高质量建设北部湾区域性国际航运贸易金融中心。到2025年,对外贸易进出口总额突破700亿元。

(三)做精现代特色农业。充分发挥海洋优势,着力发展现代海洋渔业,建成北部湾海洋渔业聚集地。重点加快企沙渔港经济区建设,推进红树林海洋渔业(核心)示范区创建自治区五星级示范区,完善渔港港航、修造船、渔需品供应等设施,推动渔港口岸开放、渔货交易、冷链物流、精深加工、休闲观光、城镇发展;支持发展深海远洋捕捞渔业、深海抗风浪网箱养殖业,建立面向东盟渔业经济合作示范区。积极培育冷链新业态,推进北部湾国际生鲜冷链项目建设。加快高科技海洋微藻生物技术开发应用,完成小藻一期技改,推动二期建成投产,形成一二三产融合发展的特色农业产业体系。

(四)做优战略性新兴产业。以优化产业结构为引领,实施战略性新兴产业集群发展工程,重点依托防城港国际医学开放试验区等平台,培育生物医药、电子信息、再生资源综合利用、海洋工程装备制造、海上风电等新兴产业,推动耐腐蚀耐高温海工装备、海洋生物医药、海洋新材料和清洁能源等项目发展。加快建设数字港口区,大力推进5G、工业互联网、区块链、大数据等新型基础设施建设及先进技术应用;建设大数据中心,推动数字经济和实体经济深度融合,促进数字经济引领传统产业数字化转型升级。

(五)做足要素保障。围绕项目落地开工建设,完善征迁工作机制,举全区之力做好征地搬迁,妥善解决征迁群众永久安置、集体发展留用地等历史

遗留问题，加快港安、大板等安置区建设，推动一批重点项目顺利实施。采取片区开发和市场化开发运作等模式，加快工业园区排水排污、水电道路配套及绿化、美化、亮化工程建设，打造绿色低碳园区。

二、全面实施乡村振兴战略，打造城乡融合发展示范区

以北部湾经济区、北钦防一体化建设为引领，推进城乡一体化发展、港产城深度融合，打造具有滨海特色的现代化美丽海湾城市。

（一）全面推进乡村振兴。巩固拓展脱贫攻坚成果，着力提升乡村“形、实、魂”，走出一条具有滨海特色的乡村美、产业旺、农民富、治理优的乡村振兴之路。加快编制村庄规划及滨海示范带总体设计方案，推动红沙至天堂角海岸带精品示范村产业发展和基础设施建设，辐射带动其他村屯建设发展。开展乡村风貌提升行动，推进全区223个村屯农村人居环境整治提升，抓好“三清三拆”“四建一通”，做好农房管控和重点路段风貌改造。实施“一村一品”产业工程，重点发展现代海水养殖、滨海休闲观光旅游业等，加快生态博物馆、爱琴海、海产品精深加工等项目建设，提升红沙万亩大蚝养殖基地、沙螺寮十里螺场、簕山古渔村、山新民宿、大龙口生态游等景点。大力弘扬时代新风，传承发展优秀农耕文化、海洋文化，加强改进乡村治理，推行道德评议、红白理事会等制度。

（二）加快建设高品质城市。推动以行政中心区为核心，以渔沥半岛片区、沙潭江片区为两翼，以王府、光坡、企沙为三组团的“一核两翼三组团”发展战略，大力拓展城市发展空间。积极推进光坡红色小镇、王府城区商圈、沙潭江邻里广场等项目建设，完善城镇商业配套。高标准规划建设一批具有滨海风貌特色的街区、景区、公园等项目，彰显海湾城市的独特韵味和现代气派。加强城市精细化管理，积极推动理顺市区城市管理体制和运行机制，大力实施美化绿化亮化净化“四大工程”，全面提升城市形象品质。深入开展文明城市、卫生城市创建活动，加快“智慧城市”建设，提升城区引人、聚人、留人水平，促进人口和产业集聚，到2025年常住人口城镇化率达到90%。

（三）不断完善城乡基础设施。统筹城乡基础设施布局和建设，加强规划管理，推动城镇交通、通信、污水处理等基础设施向农村延伸。实施城镇新区、工业园区综合服务能力提升工程，推进光坡、企沙打造产城融合特色小镇，提升城镇品质。加快完善经开区配套服务中心建设，促进生产型园区向综合型城区转型。加快推进沙潭江、王府片区、企沙城北新区和企沙山心半岛等重点区域开发建设，扩展城市发展空间。

（四）积极促进文化体育繁荣。深入挖掘优秀历史文化、海洋文化、工业文化、红色文化等资源，开发“三光企”红色旅游精品路线、钢铁粮油核电工业游等一系列优质文化旅游产品。实施重点文化惠民工程，加快完善文化基础设施建设，推动城乡基本公共文化服务标准化、均等化。打造滨海休闲体育活动，配合办好中国—东盟国际马拉松赛、防城港国际海上龙舟节、环北部湾自行车公开赛等国际体育赛事。积极筹办海钓、沙滩排球、沙滩足球等赛事活动。大力发展“体育+医疗”“体育+旅游”“体育+制造”产业，积极引进一批健康运动类龙头企业。

三、加快绿色转型发展，打造生态宜居新城区

牢固树立“绿水青山就是金山银山”的理念，坚持正确的生态观、发展观，推动绿色发展迈出新步伐，打造生态宜居新港城。

（一）坚持绿色发展。加快绿色技术创新，大力发展绿色建筑等节能环保产业，积极引进节能环保高新技术企业。建立健全绿色低碳循环发展经济体系，推进低碳城市、低碳社区、低碳园区、低碳企业等试点建设，全面提高资源利用效率。积极开发和利用绿色可再生能源，推动能源产业与先进制造业融合发展，推动企业“煤改电”“煤改气”，加快建成中电防城港电厂集中供热项目。大力推广公共交通工具和新能源汽车，推进充电桩建设，倡导绿色消费、绿色出行。加强生态文明宣传教育，增强全社会生态环保意识，推动经济社会发展全面绿色转型。

（二）持续改善环境质量。树牢生态红线意识，加强红树林、候鸟等珍稀特色物种保护。持续深入打好蓝天碧水净土保卫战，抓好水、大气、土壤污染防治。推进城镇污水管网全覆盖，加强施工工地、

码头堆场、泥头车洒漏等综合治理。持续推进黑臭水体整治，持续改善东湾、西湾等近岸海域水质。强化新污染物治理，加强危险废物收集处理和工业废物的综合利用。实施蓝色海湾整治行动和海岸带保护修复工程，完善地上地下、陆海统筹的生态系统保护修复机制。

（三）建立健全生态环境治理体系。全面深入抓好中央环境保护督察组督察反馈意见整改。完善环境污染问题发现、风险预警和应急处置机制，健全自然资源和生态环境损害责任追究机制，全面落实推行“林长制”“湾长制”，加强督察和综合执法，对环境违法行为“零容忍”。强化国土空间规划和用途管控，落实生态保护、永久基本农田、城镇开发等空间管控边界。强化节约集约用地，提高土地利用效率。科学合理开发利用海洋岸线资源，规划调整养殖业布局，控制养殖容量。保护渔业资源，防止过度捕捞。

四、持续深化改革，打造开发开放创新先行区

把深化改革、扩大开放作为发展的动力之基、活力之源，狠抓重点领域、关键环节，实现改革与开放互动并进、同向发力。

（一）持续深化改革。坚持系统集成协同高效推进全面深化改革，增强发展动力和创新活力。发挥东兴国家重点开发开放试验区、防城港国际医学开放试验区等平台优势，积极大胆探索，敢于先行先试，加快推进国家、自治区级各项改革试点工作。探索利用存量建设用地进行开发建设的市场化机制，开展农村产权交易规范化建设。

（二）全面扩大开放。探索发展国际贸易供应链，用足用好防城港进境铜精矿保税混矿试点政策，建立功能完善的大宗商品进出口分拨物流中心、国际冷链商品配送中心，探索构建线上线下融合发展的大宗商品交易体系。深化实施“北联行动”，密切与四川、重庆、贵州、云南等西部省（市）合作交流，打造西部产能合作基地。探索在渔沥、企沙的口岸区域设立海运模式边民互市贸易区。积极参与防城港国际医学开放试验区建设，扶持发展医疗器械制造、生物医药等产业，推进中国—东盟健康运动产业园建设。积极对接粤港澳大湾区先进生产力，加大粤港澳大湾区资金、技术和人才引进力度。支持企业开拓双向市场，扩大双向投资，推动国际、国内产业链互补衔接、要素双向流动，促进内需和外需、进口和出口协调发展，提升开放型经济发展水平。加大招商引资力度，积极开展“三企入桂项目落实、行企助力转型升级”行动，招商引资力争突破200亿元。

（三）优化营商环境。推进“证照分离”“照后减证”改革，全面推行信用承诺审批制度。持续深化“放管服”改革，全面推行“一网通办”“一网统管”，拓展“互联网+”政务服务，打通惠企便民最后一公里。完善促进中小微企业和个体工商户发展的政策体系，拓宽民营企业融资渠道。

五、加快社会事业协调发展，建设幸福平安和谐港口区

坚持把人民群众对幸福生活的追求作为努力方向，把增进民生福祉作为发展的根本目的，不断增强人民群众的获得感、幸福感、安全感。

（一）始终坚持教育优先发展。全面建立覆盖城乡、公益普惠的学前教育公共服务体系。不断完善教育基础设施建设，实现义务教育由优质均衡向高质量教育发展。推动职业技术教育加快发展，支持和鼓励发展民办教育，规范管理校外培训机构。持续深化教育领域综合改革创新，加快教育信息化发展，办好人民满意的教育。

（二）全面推进健康港口区建设。充分利用防城港国际医学开放试验区的优势基础，加快推进区职业病医院、区妇幼保健院等项目建设。加强和完善重大疫情应急体系、物资保障体系和传染病救治网络建设，提高应对突发公共卫生事件的能力。完善区域医疗规划，着力提高医疗卫生机构服务能力，加强医疗人才队伍建设，加大全科医生培养培训力度。倡导健康理念和生活方式，引导群众形成良好卫生习惯和健康文明生活方式。

（三）大力提升就业和社会保障水平。完善就业创业服务体系，城镇登记失业率保持在控制范围内。深入实施全民参保计划，推进社会保险全覆盖。推动职工医疗互助保障体系建设，积极发展商业医疗保险。健全分层分类的社会救助体系，完善城乡居民最低生活保障机制。大力发展社会福利事业，完善农村“三留守”人员关爱服务体系。落实积极应对人口老龄化国家战略和国家生育政策，健

全基本养老服务体系，提高优生优育服务水平。

（四）高水平建设平安港口区。加快完善社会治安防控体系，常态化开展扫黑除恶斗争，加强涉毒、传销等违法犯罪打击力度。提升防范处理邪教能力，推进宗教工作管理智能化、网格化、常态化。全面推行“基层党建+社区（村屯）警务+网格化综合治理”基层社会治理模式，持续开展平安港口区创建活动。加强应急管理体系和能力现代化建设，压紧压实安全生产责任，健全防灾减灾救灾体制。全面实施食品安全战略，保障人民群众饮食安全。支持国防和军队现代化建设，做好新时代双拥工作。

六、贯彻落实新时代党的建设总要求，为实现新阶段宏伟目标提供坚强保证

担当新使命，实现新目标，我们要坚决贯彻落实新时代党的建设总要求，以高质量党建引领高水平开放高质量发展。

（一）加强思想政治引领。坚持以党的政治建设为统领，深入学习贯彻习近平新时代中国特色社会主义思想。坚持党委总揽全局、协调各方，发挥各级党委（党组）领导作用。健全党委决策咨询机制，提高科学民主决策水平。积极支持人大、政府、政协、纪委监委、法院、检察院依法依规履行职能、发挥作用。坚持党管武装原则，抓好国防教育、国防动员、国家安全、征兵、退役军人等工作。积极发挥工会、共青团、妇联、科协、残联、侨联、社科联、红十字会等群团组织作用，扎实做好民族、宗教、外事、侨务、对台、党史、编制、档案、老干部和关心下一代等工作，进一步凝心聚力，汇聚磅礴伟力。

（二）激发基层党组织活力。认真贯彻落实基层党建“强基提质”“1+6”系列文件，深入实施“滨海党旗红”“红色港湾”“民企红堡垒”等党建工程，做到基层党建与服务重大项目、产业发展、民营经济发展、城市社区治理、助力乡村振兴等“五个深度融合”。在各领域基层党组织实施临海党建“十大工程”，全面推进标准化规范化建设，不断增强基层党组织政治功能和组织力，确保基层党组织坚强有力。

（三）提升干部驾驭发展的能力和水平。注重选配具有专业背景的复合型领导干部，不断优化班子结构、增强整体功能。紧紧围绕我区工业高质量发展、县域经济、防范和化解重大风险等重点工作，大力开展干部专业化能力培训，丰富专业知识、提升专业能力、锤炼专业作风。加强干部实践锻炼，把改革发展主战场、服务群众最前沿、维护稳定第一线作为培养专业能力、练就高强本领的主战场，着力打造政治过硬、敢干善成、堪当新时代发展重任的干部队伍。

（四）营造干事创业浓厚氛围。深入推进自治区干部担当作为集成改革试点工作，建立健全激励干部在干事创业一线担当作为机制，进一步用好用足培训提升、选拔任用、荣誉表彰、待遇奖励、关心关爱和容错纠错等六个方面激励措施。积极构建立体化、全方位的干部考核评价体系，突出实绩导向，强化政治把关，选准用好优秀干部，让有为者有位，营造担当作为干事创业的浓厚氛围。

（五）强化党风廉政建设。强化政治监督，开展建成西部县域经济强区“护航行动”，确保“十四五”规划落地见效。把严的主基调长期坚持下去，一体开展纠“四风”树新风，持续整治群众身边的腐败和作风问题。健全完善监督体系，加强对“一把手”和领导班子的监督。保持惩治腐败高压态势，坚定不移推进党风廉政建设和反腐败斗争，使不敢腐、不能腐、不想腐一体化推进有更多的制度性成果和更大的治理成效。持续深化政治巡察，提升巡察全覆盖质量。

各位代表、同志们，站在新的历史起点上，我们肩负着新的历史使命，任务艰巨、使命光荣。让我们更加紧密地团结在以习近平同志为核心的党中央周围，在自治区党委、市委的坚强领导下，奋进新时代，闯出新路子，建成西部县域经济强区，奋力谱写港口区高质量发展新篇章！

区人大工作报告

——在港口区第七届人民代表大会第二次会议上

港口区人大常委会主任
黄晓昀
（2022年2月22日）

2021年主要工作回顾

2021年是中国共产党成立100周年，“十四五”开局之年。一年来，区人大常委会在区委的坚强领导下，坚持以习近平新时代中国特色社会主义思想为指导，深入学习贯彻党的十九大和十九届历次全会，中央人大工作会议，自治区第十二次党代会，自治区党委人大工作会议和市、区第七次党代会精神，坚持党的领导、人民当家作主、依法治国有机统一，紧扣区委中心工作，依法履职尽责，圆满完成了各项工作任务，为推动全区经济社会高质量发展作出了积极贡献。一年来，共召开常委会会议12次、主任会议16次；听取和审议“一府一委两院”专项工作报告21项，作出决定决议10项；交办审议意见21件；依法任免国家机关工作人员49人次。

一、旗帜鲜明讲政治，把牢人大工作正确的政治方向

常委会始终把坚持党的全面领导作为最高政治原则，确保人大工作沿着正确政治方向不断前进。强化思想理论武装。坚持把理论学习作为政治建设的首要任务，作为常委会会议、主任会议的第一议题。一年来，深入学习贯彻习近平新时代中国特色社会主义思想及习近平总书记关于坚持和完善人民代表大会制度的重要思想、习近平总书记对地方人大及其常委会工作的重要指示精神；及时传达学习贯彻党的十九届六中全会，中央人大工作会议，习近平总书记视察广西“4·27”重要讲话，自治区第十二次党代会，自治区党委人大工作会议和市、区第七次党代会精神。深刻领会“两个确立”的决定性意义，坚决做到“两个维护”，始终在思想上政治上行动上同以习近平同志为核心的党中央保持高度一致。认真开展党史学习教育。常委会紧紧围绕学史明理、学史增信、学史崇德、学史力行的目标要求，推动党史学习教育走深走实。深入学习习近平总书记在党史学习教育动员大会上的重要讲话精神和必读书目、重温入党誓词、上专题党课，进一步坚定理想信念，自觉做到感党恩、听党话、跟党走。通过开展“我为群众办实事”系列主题鲜明、形式多样的活动，解决一批群众急难愁盼问题，实现了学党史、悟思想、办实事、开新局的目标。坚决贯彻落实区委决策部署。围绕区委中心工作，坚决做到区委决策部署在哪里，人大工作就跟进到哪里，人大职能作用就发挥到哪里。坚持执行重大事项向区委请示报告制度，全年共向区委请示报告重大事项17次，并根据区委的指示精神抓好贯彻落实。在新冠疫情防控工作中，常委会班子成员闻令而动，坚决听从区委的统一指挥调度，第一时间奔赴抗疫一线，与干部群众并肩作战，切实扛起非常时期的责任担当，为我区抗击新冠疫情取得重大胜利贡献了人大力量。班子成员认真落实区委关于“三个创先”任务分工，以加快征地搬迁、推动乡村振兴、深化产城融合为己任，紧盯目标任务，深入开展调查研究，全程跟踪服务，协调解决难题，推动相关项目和工作的落实落地。

二、增强监督实效，推动经济社会持续健康发展

常委会坚持围绕中心、服务大局，聚焦市第七次党代会提出的“四个努力方向”和“12345”工作思路以及区第七次党代会提出的“建成西部县域经济强区”目标，主动担当作为，监督工作实效不断增强。

加强经济监督，助推高质量发展。认真审查《港口区国民经济和社会发展第十四个五年规划和2035年远景目标纲要（草案）》、计划报告和计划草案，听取审议上半年计划执行情况报告，推动决策部署落实和经济高质量发展；加强全口径预算决算审查监督，认真审查预算报告和预算草案，听取审议上半年预算执行情况报告、2020年区本级决算报告、审计工作报告、审计查出突出问题整改情况报告，审查批准区本级决算、预算调整方案，增强预算的刚性约束，更好发挥预算资金的使用绩效；听取审议区政府国有资产管理情况报告，助推完善国有资产监管制度，有力促进国有企业改革发展。加强执法监督，推动法律法规实施。组织开展《中华人民共和国教师法》《中华人民共和国固体废物污染环境防治法》的执法检查，提出了进一步改进工作的意见和建议。对开展“七五”普法工作、“两院”工作进行专题调研。通过听取和审议相关工作报告、执法检查和专题调研，对相关工作作出了审议意见，督促解决执法中存在的问题，有力地推进法律法规的贯彻实施。加强民生监督，促进民生改善。在全市各区（县、市）中率先听取区监委开展脱贫攻坚监察监督工作情况的报告，有效发挥监督执纪利剑作用，推进脱贫成果巩固与乡村振兴有机衔接。围绕项目建设和环境保护开展调研，听取区人民政府环境保护工作情况报告，推动深化污染防治攻坚战，不断满足人民群众对良好生态环境的期待；围绕脱贫攻坚、医疗保障、体育教育、社会救助等工作进行专题调研，督促政府重视民生工作，助力民生不断改善。

三、严格规范程序，依法搞好选举任免工作

常委会坚持发扬民主，严格按法律办事，有序推进区镇人大代表换届选举，依法做好人事任免，充分尊重和保障了人民当家作主的权利。做好人大代表换届选举工作。常委会认真按照区委关于换届选举工作的总体要求，成立换届选举工作机构，制定换届选举工作实施方案，严肃换届纪律，确保换届选举工作始终在区委的领导下依法有序开展。加强换届选举工作培训，强化换届选举督查指导，严把区镇人大代表政治关、素质关、结构关，严格落实“十个严禁”换届纪律要求，确保整个换届选举风清气正。全区共依法选举产生新一届区人大代表163人、镇人大代表129人。于2021年9月胜利召开区七届人大一次会议，依法选举产生了新一届区人大常委会组成人员、区长、副区长、监察委员会主任、区人民法院院长、区人民检察院检察长，圆满完成了区镇两级人大换届工作。依法审议决定人事事项。常委会坚持党管干部原则与严格依法任免的有机统一，为我区国家机关的有效运转提供有力的组织保障。一年来，共任免国家机关工作人员49人次，接受辞职10人。特别是把任命新一届区人民政府组成部门主要负责人作为依法履职的一项重要工作，在任前组织拟任人员进行法律考试，认真听取拟任人员的有关情况介绍和供职发言，依法审议通过了新一届政府部门24名主要领导的任命，确保区委有关人事安排意图的实现和国家机关工作的正常运转。人事任命通过后，常委会还专门举行庄严的宪法宣誓仪式和颁发任命书仪式，有效地增强了被任命人员的宪法意识、责任意识、公仆意识和自觉接受监督的意识。

四、依托履职平台，人大代表的主体作用得到充分发挥

常委会高度重视代表工作，不断深化代表工作品牌建设，加强和改进服务保障工作，代表履职积极性和履职能力进一步提高。完善履职平台，丰富代表活动内涵。区镇（街道）村（社区）三级发力，按照“六有”要求，推动镇（街道）人大代表履职活动中心和村（社区）人大代表联络站提档升级。围绕“改善城乡人居环境，提高人民生活品质”主题，组织五级人大代表开展“混合编组、多级联动、履职为民”进站履职活动，通过实地调研，召开民情沟通会，听取代表和当地群众意见建议，对上一年重点建议办理情况进行满意度测评，研究确定当年重点建议，汇聚民意民智，推动解决了一批群众身边的急难愁盼问题。做深做实服务工作，保障代表依法履职。认真做好联系代表、服务代表各项工作，激发代表参与管理国家事务的积极性、主动性，有效保障代表依法履职为民。强化代表议案建议办理，专门召开代表建议交办会议，加大常委会领导领衔督办重点建议力度，把严的要求、实的作风贯穿于代表建议办理全过程。区六届人大七次会议代表提出的57件建议，均已办理并答复代表。区七届人大一次会议代表提出的35件代表建议办理工作扎实推

进，有效回应人大代表和基层群众的关切。组织新闻媒体开展采访基层代表活动，讲好代表履职故事，充分展现新时代人大代表的风采。

五、坚持与时俱进，常委会自身建设进一步加强

常委会主动适应新时代人大工作的新要求，按照“四个机关”定位，深入推进常委会及机关各项建设。坚持把党的政治建设摆在首位，持续加强常委会党组、机关党组建设，把党建工作同依法履职、发挥职能、推动高质量发展有机结合起来，常委会组成人员及机关干部自觉做到对党忠诚、为党分忧。认真落实全面从严治党主体责任，压实“一岗双责”，深入落实中央八项规定及其实施细则，打造风清气正的人大机关。积极开展“解放思想，转变作风，提升能力”专项行动，思想建设、作风建设、能力建设得到进一步提升。修改完善机关管理制度，促进了办文、办会、办事的科学化、规范化，不断提高常委会依法履职水平以及机关管理和服务保障水平。

各位代表，一年来，常委会各项工作所取得的成绩，是区委正确领导的结果，是常委会全体组成人员和各位代表共同努力的结果，是“一府一委两院”和全区人民以及社会各界大力支持的结果。在此，我谨代表区人大常委会表示衷心的感谢！

同时，我们也清醒地认识到，常委会工作同新时代的新要求和人民群众的新期盼还有一定差距，如监督实效有待进一步加强；代表作用的发挥需进一步提升；人大工作质量需进一步提高；代表履职服务保障机制有待进一步完善；“四个机关”建设需进一步加强等等。对此，我们将以改革创新精神，切实抓重点、补短板、强弱项，采取积极有效措施加以改进。

2022年的主要工作任务

2022年是党的二十大召开之年，也是全面贯彻落实自治区第十二次党代会和市、区第七次党代会精神的关键之年。区人大常委会工作的总体要求是：坚持以习近平新时代中国特色社会主义思想为指导，深入学习贯彻习近平法治思想、习近平总书记关于坚持和完善人民代表大会制度的重要思想，全面贯彻党的十九大和十九届历次全会、中央人大工作会议精神，深入贯彻落实习近平总书记视察广西“4·27”重要讲话精神和对广西及防城港工作的系列重要指示要求，认真贯彻自治区第十二次党代会，自治区党委人大工作会议和市、区第七次党代会的决策部署，坚持党的领导、人民当家作主、依法治国有机统一，紧紧围绕建设现代化临港工业城市和建成西部县域经济强区的目标要求，主动担当作为，依法履职尽责，以优异成绩迎接党的二十大胜利召开。

一、突出政治引领，坚持党对人大工作的全面领导

把深入学习贯彻习近平新时代中国特色社会主义思想、习近平总书记关于坚持和完善人民代表大会制度的重要思想作为重大政治任务。全面贯彻落实习近平总书记在中央人大工作会议上的重要讲话和中央印发的《关于新时代坚持和完善人民代表大会制度加强和改进人大工作的意见》，毫不动摇地坚持党的全面领导这一最高政治原则，坚持人大工作正确政治方向。坚决拥护“两个确立”，增强“四个意识”，坚定“四个自信”，做到“两个维护”，始终在思想上政治上行动上同以习近平同志为核心的党中央保持高度一致。贯彻落实好中央人大工作会议、自治区党委人大工作会议精神，把发展全过程人民民主的重大理念贯彻落实到人大依法履职各方面全过程，把加强和改进人大工作和各项措施落细落实，推动人大工作高质量发展。紧紧围绕贯彻落实自治区第十二次党代会和市、区第七次党代会精神，部署谋划推进人大工作，贡献人大力量。坚持重大事项向区委请示报告制度，做到重大问题、重大事项、重大决定及时向区委请示报告，确保人大及其常委会在党的领导下依法履行职责。紧扣全区经济社会发展的重大事项，依法行使重大事项决定权，确保区委的重大决策通过法定程序转化为全区人民的共同意志和自觉行动。坚持党管干部与人大依法任免有机结合，依法任免国家机关工作人员。

二、抓住监督重点，推动经济社会高质量发展

围绕“建成西部县域经济强区”目标，认真依法履职，在推动全区经济社会高质量发展中彰显人大

新担当、展现人大新作为。建立健全围绕中心、服务大局的人大监督工作机制，以精准监督推动经济社会发展目标有效落实。重点围绕建设现代化临港工业城市、产城融合发展、疫情防控、乡村振兴、教育医疗卫生短板等领域加强监督，推动区委中心工作落地见效；落实区委“三个创先”工作部署，对相关产业项目进行调研，提出高质量建议，助推产业项目落地、乡村振兴、产城融合发展；听取优化营商环境、渔港经济区建设、基础教育质量提升、医疗保障、农村人居环境整治等专项工作报告；开展打击“三非”反走私工作情况专题调研；加强对计划和预算执行、国有资产管理、政府债务管理等工作的监督，审查批准区本级决算、预算调整方案，对审计查出问题整改工作进行专题询问；抓好民生项目落实工作的监督，推动民生项目落地见效。

三、强化服务保障，不断拓展和深化代表工作

进一步创新代表工作，更加注重向平时履职、常态履职延伸。强化代表履职平台建设。切实发挥代表联络站的“五大”功能作用，对代表联络站进行提档升级，将盛隆公司代表联络站打造成为工业企业代表联络站示范点。丰富代表联系群众的内容和形式，精心组织开展主题活动，为群众办实事，解难题；充分发挥代表的主体作用。围绕重大项目建设、提升城市品质、乡村振兴、民生项目等工作，组织代表开展专题调研或集中视察；建立系统化、常态化代表教育培训机制，通过专题培训、外出学习等方式加强代表履职培训，不断提高代表履职能力。进一步完善代表履职考核制度，强化代表服务管理，动态掌握代表履职情况，激发代表联系群众、服务发展的履职热情，自觉践行人大代表为人民的使命担当；建立完善代表联络服务机制。建立和完善常委会组成人员联系代表、代表联系群众“双联系”制度，建立健全代表列席常委会会议、人大专工委对口联系代表等工作机制，邀请代表参加执法检查、专题调研等工作，广泛吸纳民意、汇集民智；畅通代表建言献策渠道，完善代表建议办理流程和督办考核反馈机制，不断提高代表建议办理质量。

四、加强自身建设，积极践行“四个机关”职责使命

以开展“解放思想、转变作风、提升能力”专项行动为契机，聚焦“四个机关”新定位，全面加强常委会及机关自身建设，打造政治坚定、服务人民、尊崇法治、发扬民主、勤勉尽责的人大工作队伍。坚持把政治建设摆在首位，以习近平新时代中国特色社会主义思想武装头脑，严格遵守政治纪律和政治规矩，不断提高政治判断力、政治领悟力、政治执行力；贯彻落实新时代党的建设总要求，加强常委会党组、机关党组和支部建设；抓好理论武装，巩固拓展党史学习教育成果；认真落实全面从严治党主体责任和“一岗双责”，严格贯彻落实中央八项规定及其实施细则精神，持之以恒改进作风，大兴学习之风、调研之风、实干之风，力戒形式主义、官僚主义；建立健全人大各项工作制度、议事程序和工作机制，完善常委会议事规则，提高制度执行力；加强人大宣传工作，讲好人大故事；坚持与时俱进，守正创新，打造服务型、创新型、实干型人大机关。

各位代表，新时代新征程新希望。让我们更加紧密地团结在以习近平同志为核心的党中央周围，高举中国特色社会主义伟大旗帜，在区委的坚强领导下，充分发挥人民代表大会制度优势，用心用情、履职尽责，为实现“建成西部县域经济强区，奋力谱写港口区高质量发展新篇章”宏伟目标而努力奋斗，以优异成绩迎接党的二十大胜利召开！

区政府工作报告

——在港口区第七届人民代表大会第二次会议上

区长
李广斌
（2022年2月22日）

一、2021年工作回顾

2021年是中国共产党成立100周年，是“十四五”开局之年，也是港口区发展史上极不平凡的一年。一年来，在市委、市政府和区委的坚强领导下，我们认真贯彻区第七次党代会精神，围绕“建成西部县域经济强区”目标，克难攻坚、逆势前行，勇夺“广西高质量发展先进城区”荣誉称号，交上一份“开局漂亮、全年精彩”的满意答卷，实现“十四五”开门红。

一年来，我们大抓快干、赶超跨越，县域经济迈上新台阶。地区生产总值514.58亿元，首次突破500亿元大关，增长11.7%，分别高于广西和全市4.2、2.3个百分点，增速位列广西21个主城区第二。第一、二、三产业增加值分别增长4.1%、16%、4.6%。规上工业总产值1794.56亿元，增长54.5%。钢铁行业产值突破1000亿元，成为广西第二个单个产业产值突破千亿元的县（市、区）。铜产业产值突破300亿元，占广西“半壁江山”。规上服务业营业收入、外贸进出口总额等10项主要经济指标均实现两位数增长，西部县域经济强区建设迈出重要步伐。

一年来，我们担当为民、倾力而为，民生福祉达到新水平。农村基础设施持续改善，人居环境更加整洁优美，特色产业蓬勃发展，乡村振兴成效显著。城乡一体化协调发展，城镇化率、城镇居民人均可支配收入、农村居民人均可支配收入均排在广西前列。教育投入再创历史新高，医疗卫生水平稳步提升，城镇登记失业率远低于全国、广西平均值，基本养老保险入库参保率提前实现“十四五”目标。民族宗教事业全面进步，获评第五批自治区民族团结进步示范区。

过去一年，我们着重抓好七个方面工作：

（一）做优做强临港工业。坚持转型升级、质效齐抓，深入开展工业振兴三年行动。发展壮大临港制造业，防钢2号炉、天地和、华昇生态铝等一批期盼多年的超百亿重大产业项目竣工投产，规模以上工业企业产值超百亿3家、超十亿15家、超亿元41家。澳加粮油获评“全国智能制造试点示范工厂”“中国粮油科技创新标杆企业”，盛隆、金川等5家企业入选第一批广西工业龙头企业，粤桥新材料、中一重工等4家企业入选自治区级专精特新“小巨人”企业。加速推进补链延链强链，钢、铜、铝、粮油产业集群发展，源盛新型环保建材等项目建成投产，柳钢多元产业园金属回收、优质特种钢丝绳等项目开工建设，五金铜材卫浴、金属新材料精深加工等一批项目加快推进。深入推进“千企技改”工程，金川铜系统工艺及数字化升级项目开工建设，恒港化工煤焦油等一批循环经济利用项目建成投产，澳加粮油生物饲料添加剂项目即将竣工投产，国家级粮油食品加工产业示范基地创建取得新成效。加快创新发展绿色发展，全国首个“5G云上钢厂”正式落户，“5G无人天车”项目获全球工业互联网大会推广，社会研发投入经费占GDP比重高于全国平均水平。积极落实“双碳”“双控”要求，华昇实现单位产品能耗行业领先，海上风电装备制造龙头企业明阳智能顺利落户，新产业新业态正茁壮成长。

（二）全面推进乡村振兴。巩固脱贫攻坚成果同乡村振兴实现有效衔接，“两不愁三保障”巩固强化，39户125人消除返贫风险，顺利通过自治区巩固拓展脱贫攻坚成果后评估实地考核。现代农业稳产提质，完成粮食种植4.83万亩，复耕2600亩，企沙中心渔港获批国家级海洋捕捞渔获物定点上岸渔港。建成农业产业示范区(点)17个,红沙大蚝、光坡鸡、海红米等一批特色产业加快发展,逐步形成"一村一品""一村多品""一镇一业"特色产业格局。完成榄埠江大桥、沙螺寮至簕山海堤改扩建等项目建设,以旅游景点连线贯通光企东部海岸线,加快形成滨海旅游示范带。完成223个自然村(屯)全域风貌整治、8个行政村"多规合一"村庄编制、531栋"两道"农房风貌塑造、4018宗农村"房地一体"不动产确权登记发证。农村无害化厕所普及率达95.3%,建制村通客车率、自来水普及率均达100%。

(三)全力推进重大项目。坚持项目为王,抓好产业项目建设。顺利推进55个自治区层面统筹推进重大项目建设,年度完成投资35.7亿元,沙企大道等4个项目竣工,长科新材料年产50万吨ABS等10个项目开工建设,中国东盟离岸信息服务外包产业园等41个项目加快推进。顺利推进16个"双百双新"项目建设,年度完成投资89.6亿元,上德智能高低压电力、魏码实业冶金智能装备制造等项目开工建设,核电二期、年产30万吨麦芽生产线一期等项目加快推进。全年项目竣工20个、新开工27个、在建75个,形成储备一批、开工一批、竣工一批等"七个一批"滚动建设局面。抓好基础设施建设,加快推进潭油航道一期,年内建成泊位8个,20万吨级泊位增至4个,新增港口服务能力超2000万吨。强化项目征迁交地,加快理顺征迁工作机制,实行"6+2"一线工作法和处级领导挂点征地工作机制,东湾大道延长线、广盛高强度钢(一期)、望海大数据平台等22个项目完成征迁交地,国际医学开放试验区"两路两园"、防东铁路等一批重大基础设施项目征迁加快推进,全年完成交地4219亩,落实849户2287人永久安置,落实8个生产组1100人发展留用地,盘活土地1600多亩,有效保障重大项目用地需求,柳钢多元产业园征迁交地工作得到市委主要领导肯定性批示。强化项目招商引资,深入开展"行企助力转型升级"活动,新签川金诺磷酸铁锂等项目10个,招商引资到位资金126亿元。

(四)扩量提质服务业态。一批规模以上服务业企业上规入统,中检劳务服务公司、隆兴国际物流等13家企业新增入库,规模以上服务业企业增至90家。保税物流中心进出口货物量、货值排全国第六,中国—东盟离岸信息服务外包产业园入选第三批数字广西建设标杆引领重点示范项目。矿产、煤炭、建材等大宗物流业加快发展,西南金属交割中心项目开工建设,北部湾国际集中采购中心等项目加快推进。投入3100多万元建设完善旅游景点基础设施,大龙口生态休闲山庄获评广西五星级农家乐,簕山古渔村获评广西四星级乡村旅游区。全年接待国内游客986万人次,增长26.4%;国内旅游消费92.3亿元,增长42%。

(五)全面提升城市品质。推进城市管理体制改革。东兴大道等城市主干道路补光提升工程改造完成,沙企大道、企茅一级路(港口段)建成通车,滨海、渔洲城等5个老旧小区配套基础设施改造工程竣工验收。建成新能源汽车充电桩383个,超额完成自治区下达任务。开展市容市貌专项整治行动,铁腕治理违章建(构)筑物7万多平方米,占道经营、私搭乱建等城市"顽疾"得到有效整治。生活垃圾分类管理实施范围进一步扩大,城市更加干净整洁。完成城区7个直排口雨污合流问题整改,植树造林2000亩,补植修复红树林18万株,空气优良天数比率98.6%,近岸海域水质达标率100%。

(六)纵深推进改革开放。主动融入国际医学开放试验区建设和防城港边境旅游试验区建设,助力打造东兴国家重点开发开放试验区升级版。企沙镇经济发达镇行政管理体制改革顺利通过自治区评估。持续深化"放管服"改革,一般社会投资类项目办理建筑许可环节压缩至14个以内,办理时间压缩至35个工作日以内,企业间不动产转移登记实现"1个环节、1小时办结"。新登记市场主体5100多户,在业市场主体突破3万户。撬动"桂惠贷"投放68.3亿元,减税降费2.15亿元。支持金川、大海粮油、澳加粮油、富味乡等企业积极开展对外贸易。

(七)持续增强民生保障。投入2.5亿元发展教育事业,建设教育项目14个,其中桃源小学教学综合楼、北港武钢小学改造等10个已投入使用。教育短板加速补齐,教师津补贴稳步提高,教育教学质量持续提升。扎实推进"双减"工作,无证校外学科类培训机构动态清零。发热哨点、公共卫生应急指挥中心、新冠检测实验室等一批医疗卫生设施建成使用。实现城镇新增就业4260人、农村劳动力转移就业新增1922人,城镇登记失业率1.45%。社会救助、最低生活保障标准稳步提升,社会福利制度持续完善。公共文化事业繁荣发展,区文化馆获评全国二级文化馆。全区社会和谐稳定，没有发生较大以上生产安全、农机安全和食品药品安全事故。

我们持续加强政府自身建设，深入开展党史学习教育，认真开展“解放思想、转变作风、提升能力”专项行动，落实“三个重大”“三个创先”，提高政府系统政治能力和执行力。自觉接受人大法律监督、工作监督和政协民主监督，人大代表建议和政协委员提案办复率达100%。以党建引领政府系统各项工作，持续推进党风廉政建设，驰而不息纠“四风”树新风，大力精文减会，“三公”经费持续下降。

一年来，司法、统计、审计、税务、医保、消防、打私、保密、信访、粮食、外事侨务、海防、人防、退役军人事务、应急管理、水库移民、农机、社会科学、地方志、档案、妇女儿童、老龄、残疾人、红十字、文学、双拥、国防、机关事务等工作取得长足进步。工会、共青团、妇联、工商联等群团组织在经济社会发展中发挥了重要作用。全区民族团结，社会和谐稳定，人民安居乐业！

各位代表！奋斗伴随艰辛，汗水凝结收获。过去一年的成绩来之不易，这是市委、市政府和区委坚强领导的结果，是区人大、区政协和社会各界监督支持的结果，是各级各部门担当履职的结果，是全区各族人民团结奋进的结果。在此，我代表区人民政府，向全区各族人民，向各位人大代表、政协委员，向各民主党派、工商联、无党派人士和人民团体，向解放军指战员、武警官兵、政法干警、消防救援队伍，以及所有参与、关心和支持港口区发展的各界人士，表示衷心的感谢和崇高的敬意！

发展成绩令人鼓舞，但我们也清醒地认识到，政府工作还面临一些困难和问题，主要是：产业结构不够均衡、转型升级步伐偏慢；财政收支矛盾突出，财税管理体制机制不够顺畅；教育、医疗等民生领域还存在短板弱项；房地产领域、征迁安置等一些历史遗留问题有待加快解决；安全生产、生态文明建设等方面还有薄弱环节；城市品质提升和乡村振兴工作依然任重道远。对此，我们一定高度重视，认真加以解决。

二、2022年工作安排

今年是党的二十大召开之年，做好今年政府工作意义重大。今年政府工作的总体要求是：以习近平新时代中国特色社会主义思想为指导，深入贯彻落实习近平总书记视察广西“4·27”重要讲话精神和对防城港工作系列重要指示要求，全面落实自治区第十二次党代会、市第七次党代会和区第七次党代会的部署要求，聚焦建设现代化临港工业城市的发展定位，锚定“四个努力方向”，紧扣“12345”发展思路，坚持“稳字当头、稳中求进”，贯彻新发展理念，融入新发展格局，推动高质量发展，统筹疫情防控和经济社会发展，做好“六稳”“六保”工作，坚持政策为大、项目为王、环境为本、创新为要，推进“三大振兴”，深挖“三大潜力”，守住“三条底线”，打好“十场攻坚战”，抓好“三个重大”“三个创先”，保持经济运行稳健，民生持续改善，社会大局和谐稳定，在建成西部县域经济强区上取得新成效，争做建设现代化临港工业城市的主阵地、主力军和排头兵，以优异成绩迎接党的二十大胜利召开！

2022年主要预期目标是：经济增长11%，一般公共预算收入增长7.1%，规上工业增加值增长17.5%，固定资产投资增长16%，社会消费品零售总额增长8%，外贸进出口总额增长6%，节能减排降碳控制在自治区下达目标内，居民人均可支配收入与经济增长基本同步，确保粮食产量只增不减。

实现上述发展目标，我们必须加压奋进，埋头苦干，统筹和把握好以下几个关系：

把握好发展和安全的关系，要始终把人民群众生命安全和身体健康放在第一位，强化底线思维，着力做好疫情防控、安全生产、社会稳定工作，坚决防止发生重特大安全生产事故，防范化解重点领域安全风险。

把握好“稳”和“进”的关系，今年经济社会既要稳字当头，把稳增长放在更加突出位置，抓好工业之稳、投资之稳、企业之稳；也要稳中求进，以进固稳，继续深化改革开放，实施创新驱动，聚力转型发展，确保经济社会行稳致远。

把握好“量”和“质”的关系，坚定不移做大经济总量，把重大项目投资带动作用充分发挥出来；坚持不懈优化产业结构，推动传统产业高端化、智能化、绿色化，促进全产业链优化升级，推动经济发展实现量的合理增长和质的稳步提升。

各位代表！过去一年，我们团结一心、艰苦奋斗，取得了“十四五”开门红。相信在新的一年里，有区委的正确领导、有区人大、区政协和社会各界的监督支持、有全区24万人民的共同努力，我们一定能再创佳绩，以捷报喜讯迎接建区30周年！

今年重点抓好以下工作：

（一）加快推动产业集群发展，筑牢产业布局主阵地

做大做强临港绿色制造业。全力打造钢、铜、铝、粮油4个千亿级支柱产业，积极发展上下游产业，大力引进补链延链强链项目，推动要素集约化、链条集成化、企业集团化、产业齐全化，力争规模以上工业总产值2100亿元以上。钢产业，推动防钢2号炉、天地和等一批新产能项目达产满产，加快防钢3号炉、柳钢多元产业园建设。推动盛隆技改二期、广盛高强度钢等一批重大项目竣工投产。建成北部湾金属材料交易中心，谋划热轧卷板、冷轧卷板精深加工等下游项目。铜产业，抓好金川铜系统工艺及数字化升级、五金铜材卫浴产业园项目建设，引进特种电线电缆生产项目、年产1万吨铜箔生产线等延链补链强链项目。铝产业，推动华昇生态铝一期达产，推动久恒高端铝合金、东易特种氧化铝等项目落地。粮油产业，推动澳加、大海、惠禹等大型粮油企业扩产增量，加快益海嘉里新建面粉厂及酵母生产线等一批项目落地开工，大力引进饲料加工、粮油存储、食品检测等产业，建成全国重要粮油食品加工基地。

推动传统产业高端化、智能化、绿色化。加大“双百双新”和“千企技改”工程实施力度，促进产业价值链由低端向高端转变，做好工业成本调查，提高行业增加值率。以大马联钢600万吨钢坯深加工为基础，谋划引进节能与新能源汽车板材、高强度船舶用钢等项目。着力推进澳加粮油生物饲料添加剂、大海粮油综合技术改造等一批技改项目建设。加快望海大数据平台、盛隆智慧料场、华昇智能工厂等项目建设。推动盛隆国际钢材研究院开工建设，支持澳加粮油、小藻科技等一批企业建设工程技术研究中心，力争实现科技成果转化10项以上。重点推进长科二期、太洋科技铍及铍合金等项目，加快谋划长科三期、川金诺磷酸铁锂、电池用高纯硫酸锰等项目建设，规划建设电池新材料产业园。加快赤泥综合循环利用产业园、盛隆新能源固体二氧化碳生产、桂能余热利用等项目建设。

引进发展新产业新业态。引进培育新能源、新材料、电子信息、生物医药、高端装备制造等百亿级特色产业。大力发展海上风电、渔光互补等清洁能源，加快建设海上风电装备制造产业园、储能设备生产基地。推动核电3号机组投产，推动核电三期开工建设。加快推进盛隆屋顶光伏、金川屋顶光伏项目建设。

（二）全力以赴推进重大项目，勇当经济发展排头兵

抓征迁促交地。加快理顺征迁机制，统筹各现场指挥部力量，完成沙潭江大道、广盛高强度钢二期、盛隆热轧、川金诺磷酸铁锂等16个项目征迁交地，力争完成交地6000亩以上。加快企沙城东新区、大板二期、港安新区、三沙小区等25个安置点建设。逐步解决群众永久安置、集体发展留用地、被征地农民养老保险等历史遗留问题。主动对接自治区争取建设用地指标，保障盛隆技改二期等22个项目用地，力争获批用地3000亩以上，获批林地1000亩以上。积极开展盘活存量土地专项行动，盘活企沙城北区商住地等存量土地1500亩以上。

抓要素优服务。继续落实处级领导联系项目建设责任制，狠抓要素保障，全力保障项目用地用林用海需求。组织开展项目集中开竣工，推动太洋科技铍及铍合金、盛隆固废、久恒高端铝等一批重大基础产业项目开工建设，力争新开工项目30个以上。推进科栖小微产业园、益海嘉里粮油综合加工、五金铜材卫浴产业园、聚馨麦芽等项目竣工投产。加快赤沙作业区1#～3#泊位、企沙40万吨级码头及配套航道等一批专业化、大型化、智慧化港航设施项目建设，推动渔沥港区升级改造，加快潭油作业区建设。策划包装储备一批项目，争取更多中央预算内投资、地方政府专项债券等资金支持。

抓招商促发展。开展“双招双引”“三企入桂”“行企助力转型升级”系列专题招商，加强与大湾区产业集群精准对接，重点围绕金属新材料、五金铜材卫浴产业园实施组团式精准招商，引进一批总部经济、上市公司、龙头企业进驻落户，力争签约落地项目8个，总投资100亿元以上。打造港口区电池新材料产业园，完善配套设施，引进川金诺磷酸铁锂等钢铜铝产业中下游产业链项目落户，创建港口区自己的产业园区。

（三）全面推进乡村振兴，加快实现农业农村现代化

巩固脱贫攻坚成果与乡村振兴有效衔接。全面落实针对性帮扶举措和兜底性保障政策，坚决守

住脱贫人口不返贫和防止发生新的贫困底线。大力引导民营企业参与“万企兴万村”行动，加强就业帮扶车间建设，多渠道增加农民就业创业收入，促进农民收入增速高于城镇居民。争取2.5亿元开展乡村振兴项目建设，充分用好财政衔接推进乡村振兴补助资金，实施一批乡村振兴产业项目，培育壮大村级特色产业。建设农村分拣中心，推进“快递进村”。

加快发展现代特色农业。严格实行耕地保护党政同责，全面落实“田长制”，坚决扛稳粮食安全政治责任。执行最严格的耕地保护制度，坚决遏制耕地“非农化”“非粮化”，牢牢守住耕地保护红线和粮食安全底线。抓好栏冲水库除险加固等15个农田水利工程建设，新建高标准农田3000亩，确保粮食种植面积不低于4.9万亩，总产保持在1.3万吨以上。按照农业工业化、农村产业化、农民市民化的发展思路，大力发展深海远洋捕捞、深海网箱养殖，加快白沙生态种养殖农业产业园前期工作，推动渔光互补二期、小藻二期投产达产，积极创建第四批国家农村产业融合发展示范园、国家一级水产健康养殖示范区，打响滨海渔光田园综合体品牌。

建设国家级渔港经济区。助推企沙渔港经济区控制性详规加快落地，推动德城渔业码头改造、大龙二级渔港、进港航道、锚泊区疏浚4个工程建成投入使用，加快推进渔港经济区二期建设。推动企沙中心渔港发展远洋捕捞、渔货上岸、精深加工、冷链物流、水产品交易、文化旅游等业态。积极引进远洋企业、水产品加工企业落户企沙中心渔港，鼓励建设超低温冷库，发展修造船厂，逐步将企沙中心渔港打造成全国一流渔港经济区。

建设美丽宜居新农村。深入开展国家农村人居环境整治提升五年行动和乡村建设行动，继续抓好农村厕所革命和生活污水、垃圾收集处理，完成“三清三拆”“四建一通”任务，启动实施乡村道路“三项工程”，积极创建全国“四好农村路”示范区。建设村屯公路15公里，升级建设光坡镇乡村振兴公路、牛路桥头至山心沙岛道路、沙螺寮环岛公路等7个乡村振兴基础设施项目，推动滨海生态风情景观带建设。探索集体农用地租赁、农村集体经营性建设用地入市、集体建设用地入股、报批农用地转用等方式保障土地供应。加强乡村治理，涵养文明乡风、良好家风、淳朴民风。以“形、实、魂”赋能乡村振兴，让田野有希望、乡村有乡愁、农民有奔头！

（四）推动港产城融合发展，加快建设现代化临港工业城市

做大现代物流业。加强港口现代集疏运体系建设，壮大绿色制造业物流、冷链物流、保税物流、大宗商品物流等业态，建设港口型国家物流枢纽承载城市。重点推动北部湾国际生鲜冷链园区（一期）建成投产，二期开工建设；建好用好北部湾金属材料交易中心，加快西南有色金属矿石集散交割中心、五金铜材卫浴产业园、特种车辆服务基地等项目建设；抓好提升东湾物流园区、企沙物流园区基础设施和功能配套，推动保税物流中心升格为综合保税区，规划货车集疏运区、危化品装卸中心等新业态。

壮大现代服务业。依托港口区大工业所带来的大批发、大物流、大资源交易、人力资源等优势，积极培育发展壮大平台经济。打造批发服务平台，推动大型工业企业主辅分离，积极引导企业剥离原料采购、物流仓储、研发设计、劳务培训等内部服务活动，做大批发业。打造物流服务平台，重点推动盛隆、防钢、金川、大海粮油等大型企业在我区共建物流服务平台，共享物流信息，推动物流结算业务回流。打造再生资源交易平台，依托港口与产业优势，吸引废钢、废铜、废铝等废旧金属资源，建设再生资源循环利用基地，发展壮大再生资源经济。打造人力资源平台，引进和培育人力资源综合服务企业，整合全区各类零散人力资源，构建全链条人力资源体系。

持续提升城市品质。完成企沙镇城北区、光坡镇等4个城镇国土空间规划编制，推动城乡融合一体化发展。贯通东湾大道延长线、沙港路、海湾大道、企光路、1号路等一批断头路。开工建设和平配套路网等一批城镇路网工程。开展“十大专项行动”，打造恒大御景湾、康晨小区等一批示范小区，桃花湾等一批示范街区和珍珠路、桃源路、广场南路等一批示范街道，争创文明城市、卫生城市。推进城市管理数字化、智慧化建设，推动全域智慧停车项目开工建设。推广仙人湾社区杨超小区户主委员会治理模式，破解无物业小区管理难题。大力发展生态滨海游、红树林研学游、工业观光游等精品旅游路线，创建一批国家AAA级旅游景区和广

西五星级乡村旅游区，以滨海旅游示范带带动开发光企半岛滨海旅游资源，打造现代化临港工业后花园。

（五）持续深化改革扩大开放，打造开放开发先行区

推动重点领域改革。加快理顺财政管理、园区管理体制，持续推进乡镇财政、预算绩效、政府采购等领域改革。推动基层审批服务执法力量下沉，开展农村产权交易规范化建设。持续深化"放管服"改革，推行"一枚印章管审批"，深化"证照分离""照后减证"改革，推动企业开办半个工作日办结，推进招投标全流程电子化、企业注销便利化，加快打造国内一流营商环境。

推动高水平开放。抢抓国际医学开放试验区、RCEP发展机遇，与东盟国家在生物医药、疫情防控、文化经贸、互联互通等领域深化务实合作。加快山茶健康产业综合示范项目建设，建成山茶油健康品牌。主动融入西部陆海新通道建设，推动防城港口岸、企沙口岸扩大开放。发展粮油、煤炭、铁矿、铜矿等大宗商品供应链业务，加快打造西部陆海新通道大宗商品进口集散枢纽港。

激发市场主体活力。加大财政资金统筹整合力度，发挥地方政府债券作用，采取多元化融资手段，加大产业项目和重大民生工程支持力度。加强财政金融联动，推进财政贴息、"桂惠贷"、"重大产业项目贷"等系列信贷。继续落实各项减税降费政策和积极的财政政策，有效解决辖区企业特别是中小微企业、民营企业、个体工商户等融资难题，让市场主体轻装上阵、敢拼多赢！

（六）坚定抓好生态环境保护，打造生态宜居新港城

持续改善环境质量。不折不扣抓好中央生态环境保护督察组反馈问题整改。打好蓝天保卫战，协同治理$PM_{2.5}$和臭氧污染，持续抓好扬尘综合治理和秸秆综合利用，确保空气质量优良率达95.9%以上、$PM_{2.5}$控制在27.8微克/立方米以下。打好碧水保卫战，加强辖区45个入海口排查整治，继续巩固桃源路黑臭水体整治成果，确保近岸海域水质达标。打好净土保卫战，充分应用"三线一单"成果和数据共享应用平台，做好重点企业土壤污染防治监测，积极推进搬迁退出磷化企业污染地块修复工作，确保污染地块安全利用率不低于95%，让港城天更蓝、水更清、山更绿！

健全生态环境治理体系。全面落实"林长制""河长制"，加强督查和综合执法，对环境违法行为"零容忍"。强化国土空间规划和用途管控，落实生态保护、永久基本农田、城镇开发等空间管控边界。依法严厉打击违建别墅、乱占耕地建房行为。科学开发利用海洋和海岸线资源，合理规划调整养殖业布局，持续实施休渔期，保护渔业资源，防止过度捕捞。

推动绿色低碳发展。有序推进碳达峰碳中和，推动能耗"双控"向碳排放总量和强度"双控"转变，抓好煤炭清洁高效利用，推动煤炭和新能源优化组合利用。积极向上争取资金，继续完善提升园区排水、排污等基础设施建设，打造绿色园区。有序推进屋顶分布式光伏开发试点工作，深入开展公共机构节能工作和全民节能减排大行动。推广使用新能源汽车，倡导低碳生活绿色出行，建成新能源汽车充电桩280个以上。

（七）倾力增进民生福祉，争创共同富裕示范区

加快补齐教育短板。加大财政投入，推动和平幼儿园、滨海中学等校园项目9月份竣工开学，加快和平学校、沙港新区小学教师周转房等项目建设，推动公车中学宿舍楼、北港武钢小学教师周转房等项目建设，推进企沙中学、光坡中学迁建。实施"名师名校长"工程，公开招聘引进中小学名校长和学科带头人，补足学科结构紧缺专业教师，稳步提升教师待遇。加大教师培训及教学教研投入，推动区内学校与外地名校结对帮扶，全面提升教师专业水平。扎实做好"双减"工作，规范校外培训机构管理。推动县域义务教育优质均衡发展。

加快补齐医疗短板。深化医药卫生体制改革，建设医共体信息化管理平台，完善"远程医疗"和"分级诊疗"等信息化平台建设，实现全民家庭医生服务签约率30%以上。推动区人民医院业务用房、传染病房、企沙中心卫生院业务用房投入使用，加快推进国际康养驿站和区职业病医院项目前期工作。创建自治区慢性病综合防控示范区。

持续提升就业水平。完善失地失海农民、退役军人、农民工等重点群体多渠道就业创业支持体系。实施国家创业担保贷款政策，推进创业孵化基地建设。积极开展"春风行动"等常态招聘会，开展补贴性职业技能培训。实现城镇新增就业3700人

以上、农村劳动力转移就业新增900人以上，继续把城镇登记失业率控制在优质水平。

持续提升社会保障水平。全面落实兜底保障政策，加强弱势群体关爱救助。做好全民参保精准扩面，确保养老保险入库参保率96%以上。大力发展健康养老、婴幼儿照护、家政服务等新兴产业，建设一批综合养老服务中心。建设“幼有所育、劳有所得、病有所医、老有所养、弱有所扶”的社会保障体系，让港城老百姓感受到幸福安康。

（八）抓好防疫、稳定、安全“三件大事”，建设平安和谐港口区

全力抓好常态化疫情防控。持续巩固防疫成果，不断健全常态化防控和应急处置转换机制，做到全链条、全环节、全流程精准防控。通过严厉打击走私、“三非”等违法犯罪行为，筑牢疫情防线。加大疫情防控投入，提高医疗救治能力。

全面加强社会治安综合治理。完善智能化社会治安防控体系，加强大数据、天网、智慧小区建设。加大扫黑除恶、打私、打传、反电诈力度，持续巩固传销摘帽和扫黑除恶专项斗争成果。继续开展“亮剑”系列专项活动，严厉打击违法犯罪行为。采取“志愿服务”模式，成立“阳光大妈”“红袖章”等治安巡逻队，做到街巷楼群有人巡、重要部位有人控、突出问题有人报。严格落实食品药品安全责任制，积极化解房地产、征迁安置等领域问题，打造平安港口区。

坚决守牢安全生产底线。加快推进区应急指挥中心项目建设，搭建大应急平台，推动应急管理数据化、网络化、智能化。继续深入推进安全生产专项整治三年行动，动态更新问题隐患和制度措施“两个清单”，加大对危化、道路交通、水上交通、消防、燃气、建筑施工、安全用电、中小学生防溺水、旅游安全、农机安全10个重点领域的专项整治力度。严格落实“党政同责、一岗双责”，压实各部门的行业监管责任和企业安全生产主体责任，强监管、严执法，保持“打非治违”高压态势，全力确保辖区安全生产形势持续保持稳定。

三、全面加强政府自身建设

打铁还需自身硬。做好政府工作必须弘扬伟大建党精神，始终牢记政府前面“人民”两个字，进一步解放思想、转变作风、提升能力，落实“三个创先”，努力打造新时代人民满意的服务型政府。

建设法治政府。坚决践行习近平法治思想，紧扣法治政府建设工作要点，推动行政执法“三项制度”全覆盖，将政府行为全面纳入法治轨道。深入开展“八五”普法，提升依法行政水平。依法接受人大及其常委会的法律监督，自觉接受政协的民主监督，主动接受社会的舆论监督，深化政务公开，让政务运行更加阳光透明。

建设高效政府。扎实抓好“三个重大”“三个创先”，引导干部牢固树立担当实干新风正气，全面增强“七种能力”。继续推进精文简会，切实为基层松绑减负。坚持从严管理与正向激励相结合，充分调动各级干部干事创业积极性、主动性和创造性。持续推进“提质效促落实”专题行动，进一步加强和规范政府督查，强化跟踪问效，全面提高政府效能。

建设廉洁政府。坚决贯彻全面从严治党要求，坚决执行中央八项规定精神，扎实推进政府系统党风廉政建设。强化工程建设、公共资源等重点领域廉政风险防控，加强审计监督，筑牢反腐防线。严格执行“三重一大”和重大事项请示报告制度，规范重大行政决策程序，把权力关进制度笼子。做好零基预算，加强财政预算管理，不断提升资金使用效益，用政府“紧日子”换来老百姓“好日子”。

各位代表！征程万里风正劲，奋楫扬帆再启航！让我们更加紧密地团结在以习近平同志为核心的党中央周围，在区委的坚强领导下，在区人大、区政协的监督支持下，踔厉奋发，勇毅前行，加快建成西部县域经济强区，争做建设现代化临港工业城市的主阵地、主力军和排头兵，以优异成绩迎接党的二十大胜利召开！

区政协工作报告

——在政协第六届防城港市港口区委员会
第二次会议上

（2022年2月21日）

2021年工作回顾

2021年是中国共产党成立100周年，是党和国家历史上具有里程碑意义的一年，是港口区改革发展史上具有特殊重要性的一年。在港口区委的坚强领导下，港口区政协及其常委会坚持以习近平新时代中国特色社会主义思想为指导，深入学习贯彻党的十九大和十九届历次全会精神，以庆祝中国共产党成立100周年和服务“十四五”规划实施为主线，以增进大团结大联合为目标，贯彻落实自治区第十二次党代会和市、区第七次党代会精神。坚持团结和民主两大主题，围绕中心大局，聚焦改革发展，为实现“十四五”开好头、起好步，凝心聚力推动我区经济社会持续健康发展作出了积极贡献。

一、围绕工作重点，突出抓好“三件大事”

围绕年度工作重点，紧守初心，紧扣中心，积极履职尽责，突出抓好年度“三件大事”：

（一）高质量抓好港口区政协六届一次会议，圆满完成区政协换届工作。2021年是换届年，在区委的坚强领导下，成功召开区政协七届一次会议。大会组织周密、推进有序，依法依规、风清气正，选举产生了新一届区政协领导班子，全部以满票当选。新的领导班子和政协委员代表性强、议政水平高、德才兼备、群众认可，委员的界别设置、知识结构、性别结构、年龄结构更加科学合理，呈现出年轻化、专业化的特点。新一届领导班子正式接过了接力棒，为推动港口区高质量发展增动力、添活力。

（二）高质量抓好政治理论学习、党史学习教育及庆祝中国共产党成立100周年系列活动。始终把学习贯彻习近平新时代中国特色社会主义思想作为首要政治任务和长期战略任务，深入学习领会习近平总书记在庆祝中国共产党成立100周年大会上的重要讲话、党的十九届六中全会和自治区第十二次党代会精神，准确把握习近平总书记视察广西“4·27”重要讲话精神和对广西工作系列重要指示精神，深入学习习近平总书记在党史学习教育动员大会上的重要讲话精神。全年开展理论学习中心组、党组会议、主席会议、常委会会议集体学习共10次。扎实开展庆祝中国共产党成立100周年系列活动，组织区政协党组及机关干部到“三光企”革命武装起义纪念碑、湘江战役纪念馆开展现场学习教育、通过“周末讲堂”开展党史学习教育宣讲等。引导和带领广大政协委员和各族各界人士通过党史学习教育，深刻感悟伟大的建党精神，深刻领会“两个确立”的决定性意义，深刻理解党的百年奋斗重大成就和历史经验，不断增强拥护“两个确立”的政治认同、思想认同、情感认同，不断强化践行“两个维护”的政治自觉、思想自觉、行动自觉。

二、围绕三大职能开展履职，推动政协工作提质增效。

2021年是“十四五”规划开局之年，区政协围绕“政治协商、民主监督、参政议政”三大职能，紧盯社会重大关切，展现政协的履职担当，促进各项工作提质增效。

凝心聚力开展协商议政。2021年以来，常委会全面落实经区委批准的2021年度调研计划。围绕完善农村经营管理体制和社会保障体系巩固我区脱贫攻坚成果、港口区无物业住宅小区市场化管理、发展民族医药助力国际医学试验区建设、加快全域旅游发展等课题，组成5个调研组，先后到区内外先进城市进行考察学习，完成调研报告5篇，并以常委会的名义报送区委、区政府，部分意见建议得到了区委、区政府及有关部门的重视和采纳。针对以往协商平台不足、协商覆盖面不够广等问题，通过积极搭建各种履职新平台，补齐协商短板，充分发挥委员和群众在协商中的主体作用。在港口辖区6个镇（街道）设立并完善了委员联络站，实现了镇（街道）政协联络站100%覆盖，成为协商议政向基层延伸的有效衔接载体。

提案办理实效显著增强。提案是政协的经常性和全局性工作。政协六届一次会议以来，委员们围绕港口区高质量发展主题深入调查研究，共收到提案119件，立案91件，并案12件，其中委员提案96件，参加单位、党派和政协专委23件，委员提案参与率达86%。常委会高度重视提案办理工作，召开会议专题研究，遴选重点提案，落实重点提案领导领办、督办、跟踪督办工作机制，坚持重要提案报请区委书记、区长阅批办理。继续执行政协主席会议成员分别牵头督办重点提案制度，进一步发挥提案办理的示范引领作用，推动重点提案的办理落实。如委员提出的关于控制数教师同工不同酬问题的建议，区教科局会同编办、区财政局、区人社局联合印发出台《防城港市港口区中小学、幼儿园使用聘用教师控制数人员考核入编办法（暂行）》，经报政府同意，成功解决了我区控制数教师编制问题。积极完善提案工作制度，修订《提案办理实施意见》等制度，促使提案办理工作常态化、长效化，进一步提高质量和实效，得到了上级的肯定，港口区在广西政协提案工作经验交流会上代表防城港市县（市、区）政协作提案工作经验交流发言。在参加自治区政协办公厅开展的“中国共产党领导的多党合作和政治协商制度”理论研讨会征稿中，我区选送的论文《探索政协协商同社会治理相结合的新形式》获收录自治区《中国共产党领导的多党合作和政治协商制度理论研讨会成果汇编》。

优化委员服务管理。进一步完善《中国人民政治协商会议防城港市港口区委员会委员履职工作规则（试行）》，建立联络制度，规范委员履职管理，提高委员履职效率和管理水平。完善优秀委员考评机制，优化委员履职量化考核办法，开展优秀政协委员、优秀提案评选表彰活动，积极引导委员争当“优秀政协委员”，激发委员的履职热情。联合农行防城港市分行开展农行实物贵金属展示和中国茶艺文化品鉴活动，为委员企业融资牵线搭桥。充分发挥委员视察平台作用，重点视察全区重大决策、重点工作的落实情况。先后组织政协常委、委员围绕我区经济发展、城市管理、乡村振兴、项目征地搬迁等工作，提出了一批意见建议，得到区委、区政府充分肯定，有效助推了我区经济社会各项事业发展。

三、勇挑重担，在服务中心工作中体现政协担当

积极服务征地搬迁和项目工作。根据区委的统一部署，区政协班子领导分别担任光坡镇、企沙镇、沙潭江街道、王府街道等片区征地搬迁现场指挥部的指挥长、副指挥长等职务。班子成员深入征地搬迁工作一线，积极开展统筹、协调、指导等工作，全力以赴完成好征地搬迁安置各项任务，出色完成了东湾大道延长线（港口区段）的征地搬迁任务。积极响应自治区党委、政府工业振兴大会的号召，选派两名精干政协干部担任工业振兴特派员，在协调解决问题、推进项目建设、促进工业指标增长、推动政策落实、优化营商环境等方面积极开展工作，取得了显著成效，为港口区工业振兴作出了积极贡献。

助力巩固拓展脱贫攻坚成果同乡村振兴有效衔接。乡村振兴是2021年区委重点工作，区政协坚持把巩固脱贫攻坚成果、助力乡村振兴作为履职的重要内容，发挥优势，主动作为，贡献力量。区政协领导班子聚焦推进“万企兴万村”等课题深入调研，组织开展“乡村振兴委员行动”，广大政协委员积极响应党和国家号召，履行社会责任，投身乡村振兴工作。区政协班子领导、机关干部结对帮扶企沙镇兴企社区等10个村（社区）共39户对象户，深入挂钩村（社区），认真排查薄弱环节，落实帮扶措施，筹措5万元分配到各挂钩村（社区），市政协支持15万元，助力港口区乡村振兴产业项目发展。

四、突出团结合作，凝聚发展共识持续增强

（一）友好交流增情谊。加强与外地政协联谊交流，先后接待省内外政协来港口区考察20多批次，就县域经济发展、乡村振兴、政协工作创新进行沟通和交流。开展“乡情联谊·我来牵”活动，加强

与区外知名人士的联络，搭建关心支持家乡建设的平台，建立密切友好关系。

（二）加强宣传扩影响。广泛传播委员在经济社会发展中发出的好声音、提出的好建议，传递社会正能量，凝聚发展共识，持续提升政协影响力。注重运用报刊、电视、广播、网络等媒体宣传政协工作，年内在《广西政协报》、广西政协网等报刊、网站上刊发稿件20多篇，荣获2021年度广西政协报刊宣传工作先进单位二等奖。

（三）倾力打造政协文史馆。充分发挥文史资料工作“存史、资政、团结、育人”的作用，深挖历史底蕴，讲好港口区乡土文化故事，区政协倾力推动港口区政协文史馆建设，通过图文史料、场景、多媒体影视等形式，广泛收集港口区文史资料，全面展示港口区政协的光辉历史和履职成果。按照自治区政协文件要求，文史馆建设资金由自治区政协拨付补助资金30万元，本级财政配套70余万元，于年内建成开馆。

五、突出强基固本，提升政协工作质量和水平

区政协始终把夯实自身基础、加强自身建设作为一项重要的工作来抓，以“解放思想、转变作风、提升能力”专项行动为契机，深入抓好党风廉政建设和委员培训，不断提升履职能力。

（一）强化履职能力建设，提升政协机关效能。持续推进履职能力现代化建设，坚持解放思想、担当实干，激发政协干部干事创业活力。加强机关内务管理，明确工作分工，落实工作责任，以事事有人干、人人有事干为原则，提升政协机关工作效率和规范化水平。组织机关党员干部到市检察院、市委党校等廉政教育基地参观，接受廉政警示教育。贯彻落实中央八项规定精神和整治形式主义，精减文件和会议，促进了机关服务水平全面提升。

（二）强化委员培训，打牢履职基础。通过举办培训班、专题讲座，组织政协委员深入基层调研等多种形式开展委员学习培训。专题学习《中共中央关于加强人民政协工作的意见》等，举办了以“人民政协与政协委员履职”为主题的委员培训班。政协换届后，针对新任委员占比较大、大部分委员初次履职的实际，邀请自治区政协知名专家开展以“懂政协，强化政协委员责任担当”和“政协提案撰写的规范要求”为内容的专题培训会，就如何履行好政协委员职责、如何撰写政协提案等方面开展培训，帮助委员尽快进入角色。完善委员小组制度，构建委员横向联系、纵向沟通平台，为委员提供高效优质服务，委员履职积极性和创造性显著提高。

各位委员，过去一年，我们在履职实践上开展了卓有成效的工作，取得了较好的履职成果，这是区委坚强领导的结果，是区人大、区政府全力支持的结果，是全体委员和各民主党派、政协各参加单位、工商联、人民团体、无党派人士团结协作、共同努力的结果。在此，我代表区政协常务委员会表示衷心的感谢和崇高的敬意！

在总结成绩的同时，我们也清醒地认识到我们的履职工作还有一些需要加强和改进的地方。比如，履行职能的制度化、规范化和程序化还需进一步完善；协商能力建设需要进一步加强；委员提案的质量有待进一步提高；专委会基础性作用和委员的主体作用有待进一步发挥等。这些问题都需要认真研究，并在今后工作中不断加以改进。

2022年工作部署

2022年是中国共产党第二十次全国代表大会召开之年，也是实施“十四五”规划承上启下的重要一年。港口区第七次党代会，描绘了未来五年港口区改革发展的新蓝图，提出了“建成西部县域经济强区”的奋斗目标。港口区政协要毫不动摇高举中国特色社会主义伟大旗帜，坚持以习近平新时代中国特色社会主义思想为指导，全面贯彻落实中共十九大和十九届历次全会精神，深入贯彻落实习近平总书记视察广西时的重要讲话精神和对广西及防城港工作系列重要指示要求，全面落实市、区第七次党代会决策部署，围绕建设现代化临港工业城市的发展定位，在坚持党的全面领导彰显中国式民主的独特优势、发挥政协独特作用上展现新作为，奋力谱写新时代港口区政协事业发展新篇章，为助推港口区高质量发展贡献智慧和力量。

一、毫不动摇坚持党的全面领导，增强做好政协工作的使命感和责任感

毫不动摇坚持党的全面领导，坚持正确的政治

方向，坚持党的领导这一最高政治原则，忠诚捍卫“两个确立”，把坚持党的领导贯穿到政协全部工作之中。要按照区委的决策部署，引导委员深刻理解和把握中共十九届六中全会的精神实质，深刻理解和把握习近平总书记系列重要讲话精神，深刻理解和把握自治区第十二次党代会和市、区第七次党代会提出的发展思路、奋斗目标、战略任务和重大举措，牢固树立“四个意识”，不断增强“四个自信”，做到“两个维护”，进一步增强做好政协工作的使命感和责任感。中共二十大召开后，要及时组织政协各参加单位、各民主党派、工商联、各人民团体、各族各界人士学习贯彻大会精神，通过常委会议、主席会议、中心组学习、专题报告、培训讲座等形式，迅速在区政协和广大政协委员中掀起学习贯彻热潮，切实把思想和行动统一到大会精神上来，把智慧和力量凝聚到大会确定的目标任务上来。

二、继续推进人民政协协商民主建设，强化民主监督职能

要更好发挥专门协商机构作用，丰富协商形式，搭建协商议政平台，坚持调研、协商、监督一体化。进一步完善协商机制，健全发扬民主和增进团结相互贯通、建言资政和凝聚共识双向发力的程序机制，发挥好政协组织及其协商平台作用。加强政协协商与政党协商、人大协商、政府协商、人民团体协商、基层协商、社会协商的衔接配合，助推我区协商民主广泛、多层、制度化发展。认真落实年度协商计划，精心选择关注度高、切口小、聚焦准、深入透彻的议题开展专题协商、对口协商、界别协商、提案办理协商，提出一批切合实际、操作性强的意见建议，更好地服务我区经济社会发展。大力推进政治协商、民主监督、参政议政制度建设，构建结构合理、层次明晰、科学规范的政协协商民主制度体系，不断提高政协协商民主制度化、规范化水平。

不断强化民主监督职能，持续提高民主监督实效。重点围绕中央和自治区党委、市委、区委重大改革举措、重要政策贯彻执行情况和“十四五”时期重要指标的落实，贯彻中共十九届六中全会精神和中央八项规定精神，在乡村振兴资金使用的监督和管理、重大民生建设项目等方面开展民主监督，坦率地提出批评和建议。要丰富监督形式，鼓励委员通过政协会议、提案、调研、视察、大会发言等载体，务实高效地开展民主监督。

三、进一步加强团结联谊工作，为我区经济发展、社会进步汇聚力量

不断探索团结联谊工作的有效方法，调动一切可以调动的积极因素、团结一切可以团结的力量，为全区经济发展、社会进步凝聚力量。加强与各党派、工商联和无党派人士沟通联系，积极宣传党的方针政策，特别是积极宣传党的十九届六中全会、二十大会议精神。邀请民主党派、工商联和无党派人士参加政协政治协商、民主监督、参政议政活动，挖掘一切资源，调动一切积极因素，共同致力于推动港口区高质量发展。引导社会各界坚定不移地以习近平新时代中国特色社会主义思想为指导，把坚持和发展中国特色社会主义作为巩固共同思想政治基础的主轴，最大限度地凝聚共同奋斗的共识，不断增进对中国共产党和中国特色社会主义的政治认同、思想认同、理论认同、情感认同。加强同民族宗教界人士的联系沟通，认真贯彻落实党的民族宗教政策，促进各种社会力量良性互动。

四、服务中心大局，积极助推征地搬迁安置和乡村振兴

围绕中心、服务大局是人民政协履行职能必须遵循的重要原则。要认真贯彻落实区委关于项目建设和乡村振兴的决策部署，把助推征地搬迁安置和乡村振兴作为履职的重要内容。围绕征地搬迁和乡村振兴工作中的重点、难点问题开展调查研究，多建管用之言、多献可用之策。发挥民主监督作用，促进相关政策措施落到实处，发挥效应。充分动员机关干部和委员积极参与征地搬迁工作，深入一线联系群众，宣传政策，为征地搬迁工作贡献力量。发挥自身优势，引导社会力量参与乡村振兴，务实推动巩固拓展脱贫攻坚成果，守住不发生规模性返贫底线，力促形成各种社会资源融合联动、各级各界共同推动的乡村振兴工作格局。

五、聚焦民生改善，在服务民生中争取新成效

坚持以人民为中心发展思想，把更好满足人民日益增长的美好生活需要作为政协全部工作出发

点和落脚点。紧紧围绕教育卫生、社会保障、社会安全等群众最关心、最直接、最现实的利益问题，组织政协委员深入开展“走进企业、走进社区、走进乡村”联系群众活动，深入调查研究，广泛收集社情民意，通过民主监督、委员提案、民主评议等形式，提出有针对性的意见建议，向党委政府及时反映社会各界呼声，力争推动一批民生政策落实、民生工程的实施和民生问题解决，筑牢与人民群众的“连心桥”，积极发挥各界别委员主体作用，力争协调解决更多困难群众生产生活问题，持续提升人民群众获得感、幸福感。

六、加强履职能力建设，提高政协工作质量和水平

加强政协机关建设，深化“解放思想、转变作风、提升能力”专项行动，牢固树立“四个一线”意识，持续改进工作作风。认真贯彻落实中办《关于加强和改进新时代市县政协工作的意见》，有效解决“两个薄弱”问题。要按照“懂政协，会协商，善议政”的总要求加强委员学习培训，提高学习培训的针对性、时效性。加强委员管理，完善委员履职评价量化体系。要创造良好的服务环境，为委员履职尽责提供条件，让委员在政协干事有平台，建言有渠道，履职有作为。要加快完成政协文史馆建设，完善文史资料库，充分发挥文史资料团结咨政作用。要加强党风廉政建设，巩固深化党史学习教育成果，建设讲政治、守纪律、负责任、有效率的模范机关。

各位委员、同志们，我们正昂首阔步行进在实现中华民族伟大复兴的道路上，我们唯有踔厉奋发、笃行不怠，方能不负历史、不负时代、不负人民。让我们更加紧密团结在以习近平同志为核心的中共中央周围，在区委的坚强领导下，同心同德、克难攻坚，不断推动我区政协事业向前发展，为打造现代化临港工业城市、建成西部县域经济强区作出新的更大贡献，以优异的成绩迎接中共二十大胜利召开！

概　况

港口区概貌

【历史】 距今6000~7000年前，港口区境域就有人类活动的足迹。

秦始皇统一岭南之前，今港口区为百越之地，属岭南骆越文化圈，境内人不仅从事农渔生产，还利用舟楫通过海上交通进行商品交易。

秦始皇统一岭南后，设桂林郡、南海郡、象郡，今港口区属象郡。

秦末汉初（约前204—前111年），代行南越尉赵佗趁秦乱之际，攻占桂林郡和象郡，自立为南越武帝。今港口区境属南越国地。西汉元鼎六年（前111年），汉武帝平定南越国，将南越原桂林、南海、象三郡划为交趾刺史部，下设苍梧、郁林、合浦、南海、交趾、九真、日南七郡，今港口区属交趾郡西于县。东汉建武十九年（43年），析西于县置封溪、望海两县，今港口区属交趾郡封溪县。东汉建安八年（203年），今港口区属交州交趾郡封溪县。

三国时属吴国。吴国设荆、扬、交三州，今港口区属交州交趾郡封溪县。

晋时，今港口区属交州武平郡封溪县。

南北朝，属南朝。梁大同元年（535年），析封溪县地置黄州，同时置辖宁海郡。宁海郡辖安平、海平（治所在今东兴市西南）、玉山（治所在今钦州市钦南区大翻坡镇）三县，今港口区属黄州宁海郡安平县，治所在今东兴市东兴镇。

隋开皇十七年（597年），改黄州为峰州；十八年（598年），改峰州为玉州；二十年（600年），安平县改名为海安县。隋大业三年（607年），海安县更名为安海县；同时废玉州，海平、玉山两县并入安海县；今港口区属宁越郡安海县，治所不变。

唐武德四年（621年），析安海县置海平县，仍属安海县，治所不变。武德五年（622年），海安改为安海县，今港口区境属钦州总管府玉山州安海县地。唐贞观元年（627年），废钦州都督府；二年（628年）废玉山州，安海县改属钦州，今港口区境属钦州安海县地。唐总章元年（668年），分出安海县东部（即旧玉山县地）置乌雷县，今港口区境属钦州乌雷县地。唐上元二年（675年），分乌雷县西北部复置玉山县，今港口区境属陆州玉山县地。唐天宝元年（742年），玉山县改为华清县，今港口区境属玉山郡华清县地。唐乾元元年（758年），玉山郡复改为陆州。唐大历三年（768年），省华清、乌雷两县，以其地入宁海县，今港口区境属陆州宁海县地。

五代时，今港口区境属南汉宁海县地。

北宋初，今港口区境属广南路。北宋开宝五年（972年），废宁海县，以其地入安京县，今港口区境属钦州安京县地。北宋至道三年（997年），广南路析为广南东路和广南西路，今港口区境属广南西路。北宋景德三年（1006年），安京改名为安远县，今港口区境属钦州安远县地。

元至元十四年（1277年），安远、灵山县隶属钦州路安抚司，至元十七年（1280年），安抚司升为总管府。

明洪武七年（1374年），废安远县，以其地直属钦州。洪武九年（1376年）四月，降钦州为钦县，今港口区境属广东布政司雷州府廉州钦县地。洪武十四年（1381年）五月，钦县复升为钦州。

清光绪十四年（1888年），钦州升为直隶州，分前州防城、如昔二司地置防城县，隶属钦州直隶州。防城县境为典史、县丞、如昔巡检司分治之地。今港口区境属防城县地，防城县典史治地。

民国28年（1939年）11月15日晨，侵华日军由企沙疏鲁登陆，企沙守军奋力抵抗不敌，企沙失守，侵华日军16日抵防城。

民国36年（1947年），防城县分为23个乡镇，今港口区境分属三波乡、光坡乡、企沙镇辖地。抗日战争胜利后，内战爆发。5月14日上午8时，中共防城县委为响应中共中央发出《迎接中国革命的新高潮》的号召，带领当地工人、农民、渔民和革命师生200余人，策反三波乡、光坡乡、企沙镇国民党军政人员50余人参加“三光企”革命武装起义，成立“农民翻身独立大队”，投入解放战争为武装夺取政权而斗争。

1949年12月，防城县解放。防城县1951年2月前隶属广东省，1951年3月至1955年6月划归广西省，1955年7月至1965年7月复归广东省，1965年8月再次划归广西僮族自治区。1949—1952年，防城县分为东、西、南、北4个行政区，港口区境域属东区辖地。1952—1956年，防城县分为11个行政区，境域属第二（企沙）行政区辖地。1957年，将防城县分为十万山僮族瑶族自治县和防城县，境域仍属防城县地。1958年5月，十万山僮族瑶族自治县更名为东兴各族自治县；12月，防城县并入东兴各族自治县。1978年11月，国务院批准把县治从东兴镇迁至防城镇，并将东兴各族自治县改名为防城各族自治县。1980年10月，防城港镇成立，原防城公社的白沙沥、渔洲坪2个大队划归防城港镇管辖。1985年5月，防城港区成立，防城港镇划归防城港区管辖。1985年5月至1993年5月，境内的光坡、公车、企沙3个镇属防城各族自治县辖地；白沙沥、渔洲坪2个街道属防城港区防城港镇辖地。1993年5月，设立防城港市港口区，同时撤销防城港区和防城各族自治县，港口区辖原防城港区的防城港镇和原防城各族自治县的企沙镇、光坡乡以及附城乡的白沙、公车、埡港、冲孔4个村。

港口区设立后，同时成立公车镇（由原光坡乡沙港村和原附城乡白沙、公车、埡港、冲孔村以及由东兰县移民组成的王府村组成）和白沙沥、渔洲坪2个街道（原防城港镇分设）。2015年11月，撤销公车镇，设立沙潭江和王府2个街道。至此，港口区辖企沙、光坡2个镇和白沙沥、渔洲坪、沙潭江、王府4个街道。

至2021年年底，港口区境域不变。

【位置与面积】 防城港市港口区位于防城港市东南部，北纬21°32′45″～21°44′59″，东经108°19′32″～108°35′42″。东邻钦州市钦南区，南濒北部湾，西、北与防城区相连。南北最大纵距20.92千米，东西最大横距21.49千米，行政区域总面积409.95平方千米。

【地形地貌】 港口区东南西三面临海，地势西北高东南低。地貌以低山丘陵为主，山峦高多为20～25米，最高峰为海拔103.7米的仙人山；沿海为海岸地貌，以海积地貌为主，有零星海蚀地貌。

【环境】 2021年，港口区空气质量监测有效天数365天，优良天数360天，污染天数5天，优良率为98.6%，超过自治区及防城港市下达的考核目标（95.5%）3个百分点；$PM_{2.5}$平均浓度为23微克/立方米，低于考核目标（29微克/立方米）6微克/立方米，各项指标均优于广西平均水平。

【气候】 港口区属亚热带海洋性季风气候区。四季不明显，春秋相连，夏无酷暑，冬无严寒，降水丰沛，气候宜人。2021年，港口区平均气温23.3°C，全年1月最冷，7月最热，全年降雨量2126.4毫米，全年日照时数1630.9小时。

【水文】 2021年，全区有各类水库4座，其中，小（1）型水库1座，为官山辽水库；小（2）型水库3座，分别为南蛇山水库、栏冲水库、三沟水库。山塘148座，坡坝6座。港口区现共有海堤防长度41.127公里，堤防保护人口20.9万人，保护耕地面积6.72万亩。港口区自来水厂日供能力为2.2万立方米，有农村饮水安全工程1处，改善9.28万名群众饮水困难问题。

【矿产资源】 港口区矿产资源主要有石英砂、铁矿、钛矿和砖用页岩4种。石英砂主要分布于企沙镇山新村和光坡镇沙螺寮村一带，储量约80万吨，为限制开采区。铁矿主要分布于光坡镇茅坪一带，品位、储量不详。钛铁矿分布于防城港（港口）西海湾，储量不详，被设为禁采区。砖用页岩分布较广，企沙镇、光坡镇、王府街道均有分布，储量不详。

【海洋资源】 港口区全区三面环海，海岸线总长342.83公里，由企沙半岛、渔沥半岛两个半岛构成，地理位置十分优越，南濒北部湾，东邻粤港澳，西与越南隔海相望，是中国进出东盟各国最重要的中转基地和大西南最便捷的出海通道。港口区海域面积2488平方公里，是陆域面积的6倍，广阔的海域和丰富的海洋资源使港口区拥有发展海水养殖、远洋捕捞、海洋生态旅游等海洋经济的巨大潜力。港口区渔、港、景、涂、岛等海洋资源十分丰富，是一个海洋资源大区。

【旅游资源】 辖区有西湾旅游景区（AAAA）、火山岛旅游风景区（AA）2个A级旅游景区；簕山古渔村被评为全国休闲农业与乡村旅游点、广西四星级乡村旅游区和广西特色旅游名村；广西五星级农家乐1家：大龙口生态休闲山庄；广西三星级农家乐4家，分别为小八黑生态家庭农场、夏海之约、海角七号度假小旅馆、海澜澜客栈。

【土特产品】 光坡鸡 港口区光坡鸡是一种肉用型地方良鸡种，在光坡独特的气候环境和地理位置户外放养。鸡的外貌特征为羽毛、嘴、脚、皮肤均为黄色。体形略似圆，前躯较小，后躯丰满。其肉质鲜美，骨细肉多，营养价值高。1983年在广西畜禽产品肉质鉴定评比会上获得第一名。

红树林海鸭蛋 为北部湾沿海生长有连片红树林或海草及无污染、大面积的浅海滩涂为养殖基地，纯天然放养。海鸭所生产的海鸭蛋，蛋壳坚厚，蛋清浓稠，蛋黄颜色为橙红至鲜红，含有非常丰富的卵磷脂，100克海鸭蛋含有的卵磷脂相当于普通鸡蛋的6倍，能够有效补充人体所需营养。

光坡红香薯 该品种在两广一带仅在防城港市港口区光坡镇可栽培，每年仅在8月可种植。由于薯色红润，具有糯香味，故命名为光坡红香薯。该品种含有丰富的膳食纤维，胡萝卜素，维生素A、B、C、E及钾、钙、铁、锌、铜、硒等对人体有益的矿物质。

【人口】 2021年，港口区常住人口24.73万人，比2019年末（按照人口普查基数修订后，2020年末常住人口为24.46万人）增加0.27万人；户籍总人口14.93万人，比2020年末增加0.19万人。全年出生人口1762人，出生率9.06‰；死亡人口380人，死亡率1.95‰；自然增长率7.11‰，比2019年下降0.8个千分点。

【行政区划】 2021年，港口区行政区划为企沙、光坡2个镇，王府、沙潭江、渔洲坪、白沙沥4个街道，下设17个村委会和26个社区。

2021年港口区行政村、社区名称一览表

表1

4个街道、2个镇	26个社区、17个村
渔洲坪街道	5个社区：渔洲、珠砂港、车辽、桃花湾、长山
白沙沥街道	4个社区：仙人湾、沙沥、插排尾、兴港
王府街道	3个社区、1个村：公车社区（原公车村）、沙港社区（原沙港村）、王府社区（原王府村）、白沙村
沙潭江街道	5个社区：冲孔社区、金海湾社区、沙潭江社区、和平社区、东海湾社区
光坡镇	2个社区：大坡社区、龙兴社区
	8个村：光坡、大龙、潭油、中间坪、新兴、栏冲、红沙、沙螺寮
企沙镇	7个社区：南港、东港、兴企、乐业、大船、向阳、企英
	8个村：牛路、北港、山新、坳顶、板寮、赤沙、虾箩、华侨渔业

【民族】 2021年末，全区有汉族11.88万人，少数民族3.05万人，占总人口的20.43%。共有28个少数民族(以壮族为主)。

【语言】 港口区的4个世居民族均使用汉语方言，即粤语、廉州语、客家话和山瑶以及正字(龙门话)，多数使用粤语，外来语言以桂柳话汉语方言和壮语为主。普通话为国家推广语言，学校、机关及公众场合使用较多。

经济和社会发展

【经济发展概况】 2021年，是中国共产党成立100周年，是开启全面建设社会主义现代化国家新征程的第一年，也是实施“十四五”规划的开局之年。港口区始终在市委、市政府的坚强领导下，学习贯彻落实习近平总书记在庆祝中国共产党成立100周年大会上的重要讲话精神和习近平总书记视察广西重要讲话精神，深入贯彻中共十九大和十九届六中全会精神、自治区第十二次党代会、市第七次党代会和港口区第七次党代会精神，围绕“建成西部县域经济强区”奋斗目标，坚定不移贯彻新发展理念，坚持稳中求进工作总基调，加快特色产业发展，强化“六稳”举措，落实“六保”任务，实现全区经济平稳运行。

【强化监测预测预警】 加强经济运行监测分析调度，有效巩固拓展疫情防控和经济社会发展成果，荣获“2020年度广西高质量发展先进城区”称号。2021年，港口区地区生产总值完成514.58亿元，突破500亿元大关，占全市比重63%左右，同比增长11.7%，高于年初预期目标1.7个百分点，总量和增速排名全市各县(市、区)第1位。其中，一产增长4.1%，二产增长16.0%，三产增长4.6%。农林牧渔业总产值37.85亿元，增长4.2%。全区规模以上工业总产值增长54.5%，规模以上工业增加值增长19.9%；社会消费品零售总额增长11.4%，批发、零售、住宿、餐饮业分别增长9.2%、20.2%、6.1%、20.3%；全区规模以上服务业实现营业收入同比增长10.7%；资质等级建筑业总产值80.2亿元，增长8%；港口货物吞吐量1.48亿吨，增长21.5%；财政收入22.76亿元，增长0.7%。农村居民人均可支配收入20645元，增长11%；城镇居民人均可支配收入42539元，增长7%。

【项目建设】 2021年，港口区198个重大项目稳步推进，柳钢2号高炉、盛隆高强度钢、天地和、沙企大道等项目实现竣工投产，防城港核电二期、盛隆技改(第二阶段)、新能源产业基地等重大产业项目顺利推进。2021年，港口区实现竣工项目20个，新开工项目27个，在建项目75个，前期工作加快推进项目76个，形成竣工一批、开工一批、储备一批、谋划一批的良好局面。牵头推进自治区层面重大项目3项，总投资14.4亿元，年度计划投资1.3亿元，已完成投资1.15亿元。完成“双百双新”项目投资89.6亿元，防城港市上德电力设备有限公司智能高低压电力产品项目、广西魏码实业有限公司防城港冶金智能装备制造项目开工建设。2021年，申报服务业专项资金项目2个，目前已下发资金300万元；下发普惠托育项目5个，下发资金共330万元。2021年，获得乡村振兴补助项目4个，补助资金3217万元。完成“三企入桂”协议履约率100%，新增开工项目2个，新增竣工项目2个，新增资金到位6.1亿元，均已超额完成2021年港口区“三企项目”落实“四率”增量目标任务。开展“行企助力转型升级”行动，开展招商引资活动6次，接待来访客商126人次，洽谈项目24个。参加第18届东盟博览会和2021广西对接行业领军企业(上海)项目洽谈会，举行2021年“行企助力转型升级”行动重大项目集中签约仪式，2021年共签约盛隆冷轧项目、93兆瓦厂区屋顶分布式光伏开发试点等10个项目，总投资额101.2亿元。

【开放合作】 重点领域改革取得进展。加快推进政务服务一体化建设，全面提升网上办事能力，实现100%依申请政务服务事项“最多跑一次”。推动网络办事大厅与实体大厅“线上线下”“双线协同”结合，网上可办率达100%，网上办理率86.59%。推动政务服务事项集中办理，实行“一窗进出”，“一站式”办结，实现“应进必进”，进驻率100%。

营商环境持续优化。制定《2021年港口区持续优化营商环境行动方案》，加快推进“自助办理”和“智能审批”，进一步推进证照分离改革。2021年，港口区新登记市场主体5158户，同比增长14.93%，为新开办企业减免印章6203枚，为企业减免费用73.26万元。深化工程建设项目审批制度全流程、全覆盖改革，进一步提升工程建设项目审批效率和服务水平，一般社会投资类项目办理建筑许可环节压缩至14个工作日以内，时间压缩至35个工作日内。深入推动"互联网+不动产"办理覆盖面，提高部门间信息共享，巩固企业间不动产转移登记"1个环节、1小时办结"。着力营造公平竞争的市场环境，加强市场准入、包容审慎、信用、"双随机、一公开"及招投标方面的监管。加大对民营、中小微企业的支持力度，全力帮助企业融资纾困，1—12月，港口辖区累计发放"桂惠贷"贷款业务832笔，放贷68.3亿元。

科技创新取得新成果。2021年3月，广西防城港核电有限公司的防城港市核电运维关键技术研究应用工程技术研究中心获认定为市级工程技术研究中心。2021年9月，港口区鑫润水产养殖星创天地获得自治区科技厅认定。科技研发经费投入明显提高，港口区2020年全社会研发投入R&D经费支出18.732亿元，占全市的97.56%。2021年，港口区企业申报高新技术企业复审认定通过12家，高新技术企业保有量33家。促进科技成果转移转化，辖区内企业申报实施重大科技成果转化25项，通过自治区科技厅核验25项；共推荐11家企业申报2021年防城港市本级科技项目15项，获得立项15项。2021年，港口区内企业完成科技成果登记35项。推进知识产权保护及质量强区工作，截至第四季度，港口区有效商标注册1689件，同比增长27.47%；全年有效发明专利408件，同比增长6.53%；截至12月底，获得有效质量认证证书207张，其中高端品质认证证书4张。

开放发展水平实现新提升。深入贯彻落实自治区构建全方位开放格局的战略部署，主动融入西部陆海新通道、粤港澳大湾区、北钦防一体化建设，全面构建海边山现代化经济体系。主动融入防城港国际医学开放试验区建设，用足用好防城港国际医学开放试验区15条改革创新政策措施。通关业务实现"一口对外、一次办理"。进出口货物全面实施"一次查验"、报关业务全面实行"自报自缴"模式，不断优化通关通行便利化；做大做强物流规模，有序推进北部湾金属材料交易中心、盛隆冶金智慧料场项目（码头延伸仓储）、防城港市产城融合、固体废弃物综合收储处置中心等项目建设，2021年完成投资额2.31亿元。全面提升企沙港整体竞争力，企沙港区万吨级以上泊位加快建设，渔澫港区401号、513～516号泊位和企沙港区赤沙作业区5号、17号、18号泊位竣工验收投产，防东铁路加快建设。

【公共服务】 强化公共卫生服务。优先保障"三保"需求，以"三保"作为预算支出的保障重点。2021年全区"三保"支出8.44亿元，其中，保工资4.3亿元，保运转1.36亿元，保民生2.78亿元。"三保"支出占一般公共预算支出的67.46%。

就业形势总体稳定。举办"春风行动""我为群众办实事"等各类现场招聘会8场次，提供就业岗位5000多个。2021年，全区实现城镇新增就业4260人，城镇失业人员再就业591人，就业困难人员再就业368人，农村劳动力转移就业新增1922人，分别完成全年指标任务的118.3%、281.4%、920%、192.2%。城镇登记失业率为1.45%，控制在4.5%的目标范围内。

全面参保稳步推进。深入实施全民参保计划，推进社会保障全覆盖工作。2021年，港口区职工基本养老保险参保人数4.59万人，城乡居民基本养老保险参保人数约4.13万人，失业保险参保人数3.26万人，工伤保险参保人3.59万人，分别完成年度指标任务数的125.51%、117.88%、177.97%、183.56%。全区基本养老保险入库参保率达95.49%。

【社会民生】 教育振兴工程深入实施。进一步完善"十四五"和中长期（2021—2030）学校布局和教育项目建设规划，金湾小学扩建项目、光坡中心校扩建、和平小区九年一贯制学校（含幼儿园）二期等一批2021年专项资金新建项目开展立项、可研、设计等前期工作。抓好学前教育，2021年港口区学前三年入园率为98.5%。2021年春、秋季学期符合申请标费补助的幼儿共计1831人，共拨付资金约82.4万元。稳妥推进"双减"工作，抓好教师转编、资助和能力提升相关工作。按照"双线四包"方案逐项稳妥推进控辍保学工作，辍学人数保持"动态"

双清零。

做好兜底保障工作。做好留守人员、残疾人、孤儿等人群补助金额发放工作。截至2021年12月，全区共有17名社会散居孤儿，累计发放金额19.9万元；共为2272人发放残疾人生活补贴，累计发放金额217.85万元；事实无人抚养儿童为52人，累计发放补贴金额为46.54万元。城乡特困供养人员共264人，累计救助金额205.21万元。享受低保待遇961户1909人，累计保障金额842.80万元。

全面推进医疗卫生工作。新建成乡镇卫生院及社区卫生服务中心发热哨点6个、区级公共卫生应急指挥中心1个、新冠检测实验室2个、传染病房1个，购置一批医疗设备配备到各级医疗机构。

加强社会治安管控。推进扫黑除恶和禁毒工作，严格落实安全生产责任制，全年化工、水上交通、渔业船舶、铁路路外等重点行业领域无伤亡事故发生，没有发生较大以上安全生产事故。加强食品药品、产品质量和特种设备安全监管，严厉打击假冒伪劣商品和不正当竞争行为，保持打击传销整治工作常态化，守住市场监管领域安全底线。

【统筹城乡融合发展】 落实市政设施、园林绿化、环境卫生、路灯照明等精细化管理工作，城区市政设施功能配套进一步完善，城市形象进一步提升。加大建筑市场和燃气企业网点安全隐患排查治理工作，依托港口特有的海洋资源，打造精品示范村，全域开展乡村风貌提升，开展全域基本整治"三清三拆"工作，继续抓好农村厕所革命和生活污水、垃圾收集处理。

发展生态经济。实施一批节能减排降碳重点工程，落实新能源汽车工作。坚持问题导向、靶向施策、全民治污，协同防控$PM_{2.5}$污染和臭氧污染，进一步推进产业结构、能源结构、运输结构和用地结构调整优化。

加快生态环境现代治理体系和治理能力建设。持续开展城市扬尘综合治理、秸秆禁烧和综合利用、烟花爆竹禁燃限放、柴油货车污染治理、工业窑炉大气污染综合治理、钢铁行业超低排放、挥发性有机物（VOCs）污染治理、污染天气应对8个专项治理行动。落实园区污水处理厂的提标改造工作，提高污水收集处理率，全面推行"河长制"，实施"一河一策"，提高河流管理科学化水平。深入开展土壤污染现状调查，保证土壤用地安全。加强辖区废塑料再生资源回收利用单位日常监管。中央第七生态环境督察组交办信访件全部处理完成。

（黄馨慧）

政治文明建设

【政党协商】 2021年港口区各民主党派、工商联和无党派人士针对经济社会发展中存在的热点、难点问题建言献策。按照区委2021年政党协商工作计划，共召开3次专题协商座谈会和1次重点考察调研成果通报座谈会，凝聚民主党派关心支持港口区经济社会发展的意见和建议，提升多党合作效能。

【参政议政】 港口区各民主党派始终把参政议政工作摆在首位，各民主党派组织中的市、区人大代表、政协委员，开展大量调研工作，了解政情、社情、民情，在市、区人大和政协会议上从经济、教育、交通、环境卫生等方面提出许多建议和提案。2021年，各民主党派共提交人大建议和政协提案41个。

【专题调研】 港口区财政对各民主党派开展社会调研给予经费支持，港口区6个民主党派全部参与港口区年度重点课题调研，并形成调研报告。

（翟翠莹）

【政务公开工作】 主动公开情况　利用港口区政府门户网站进行公开，及时回应社会关切问题。2021年，港口区通过门户网站主动公开信息7530条。

依申请公开情况　2021年，港口区各部门收到依申请事项3件，按时回复3件，回复率100%。

加强政府信息管理　编制试点领域基层政务公开事项标准政府信息公开标准目录、公开指南编制情况。根据要求，港口区在区政府门户网站公布了26个试点领域信息公开标准目录及《港口区政府信息公开目录》和《港口区政府信息公开指南》，并进行了补充完整及更新，明确各区直部门、各镇信息公示的栏目位置和时限，对依法申请公开政府信息的程序、方法按文件要求进行统一规定。群众通过“信息公开目录”一栏可以直观地查看到港口区信息公开的主要内容、责任主体、公开方式和公开时限，通过“信息公开指南”一栏可以清晰地了解到港口区主动公开的范围、形式、时限和依申请公开、监督方式及联系电话。

加强政府信息公开平台建设　加强政府门户网站日常维护，健全内容保障机制。扩大主动公开政府信息的渠道和载体，通过不断完善政务服务中心政府信息查阅点建设，配备政府信息查询专用电脑，最大限度地方便群众浏览和查阅。积极组织全区各镇政府、政府各部门按照《条例》规定通过区政府网站、政府信息公开统一平台等方式公布各自的政府信息公开工作年度报告。

监督保障　全面做好政府信息公开工作，按照“以公开为常态、不公开为例外”的原则，进一步强化机构和人员保障。成立由分管领导任组长，办公室主任为副组长的政府信息公开工作领导小组，下设领导小组办公室，负责指导、协调和监督局政府信息公开工作的开展。并安排专人具体负责政府信息公开工作的集中推进和日常管理工作，实现领导、机构、人员“三到位”，政务公开工作被纳入港口区2021年度绩效考核指标。制定政府信息公开工作检查评议、责任追究制度，定期组织开展政府信息公开工作检查评议，对不按照《政府信息公开条例》履行政府信息公开工作职责的，视情况追究相关责任人的责任。

（李　卉）

精神文明建设

【新时代文明实践工作】　2021年，港口区宣传部组织开展乡村人居环境综合治理、“爱国卫生运动”、节水护水、“部校共建学党史　师生同心树新风”等新时代文明实践活动，群众参与度进一步提升。开展各类文明实践活动700多场，2.3万多名志愿者参加活动。

2021年，注册志愿者占常住人口的比例约为20%，累计活跃为度64.1%，有2021年志愿服务时长的注册志愿者总数占比达63.98%。《广西精神文明建设》期刊分别于2021年11月和12月刊发港口新时代文明实践工作经验做法《防城港市港口区：“五有五传五依托”，推动文明实践走深走实》《防城港市港口区企沙镇山新村：践行“初心”“同心”“民心”，乡风文明助推乡村振兴》。《做好“家文章”让理论“接地气”》入选自治区党委宣传部编印的《广西新时代文明实践工作方法31例》。白沙沥街道仙人湾社区先后被推选为防城港市最美志愿服务社区和自治区最美志愿服务社区。

【文明城市创建】　全力推进2021—2023年新一轮自治区文明城市创建工作。以创建自治区文明城市为具体目标，重点在提升城市品位、提高市民文明素质、提升志愿服务水平和群众满意度、加强宣传上下功夫。投放“文明健康　有你有我”公益广告，大力营造创建自治区文明城市的良好氛围。

【道德模范选树宣传】　2021年，组织慰问道德模范及提名奖获得者等模范人物，把党委和政府的关心、关爱切实带给道德模范及其他模范人物，树立“德者有得”的价值导向。积极做好第八届全国道德模范候选人评选推荐、第六届自治区道德模范评选推荐和第一届防城港市道德模范评选推

4月20日，港口区委宣传部与广西职业师范学院马克思主义学院联合开展新时代文明实践活动，图为志愿者到西湾海岸线清理海岸线垃圾

（港口区委宣传部　供图）

荐工作，张文举获第六届自治区道德模范提名奖，全区学习先进，讲道德、尊道德、守道德的氛围更加浓厚。

【未成年人思想道德建设】 2021年，区委宣传部联动区教科局扎实做好未成年人思想政治教育。组织开展“网上祭英烈”签名寄语活动。港口区各学校开展庆“六一”暨“童心向党”系列活动。防城港市桃源小学组织少先队员代表到防城港市档案馆开展“知党情、感党恩、听党话、跟党走”主题教育活动。港口区教科局、港口区科协、港口区光坡镇中心小学在港口区中小学生劳动实践科普教育基地组织开展“科普教育劳动实践”活动。

港口区关工委“五老”宣讲团深入辖区20所中小学，结合当地史实，开展“‘三光企’革命家风”“听故事，跟党走，做新时代好少年”等主题宣讲，全面开展青少年党史学习教育，覆盖学生2万多名。

港口区教科局组织辖区中小学开展“传承红色基因，争做时代新人”系列活动。在国庆节到来之际，港口区中小学组织开展迎国庆主题活动。港口区各学校少先队组织集中开展“红领巾心向党 争做新时代好队员”主题队日活动。2021年12月，防城港市桃源小学、防城港市金湾小学被命名为第二届防城港市“文明校园”。

9月23日，在光坡镇中心小学开展新时代文明实践“中华民族一家亲 科普服务进校园”志愿服务活动 （港口区委宣传部 供图）

4月8日，港口区第三小学“红领巾党校”学党史实践活动 （港口区委宣传部 供图）

【群众性精神文明建设】 坚持以人民为中心，持续深化“五大创建”活动。2021年，按照要求做好第二届防城港市文明校园、第十五批防城港市文明村镇和文明单位评选推荐工作，防城港市桃源小学、防城港市金湾小学荣获第二届防城港市文明校园称号。全区43个村（社区）完成村规民约和居民公约修订工作。深入开展文明村镇创建工作，有县级以上文明村镇18个，占村镇总数的94.7%。

（蒙祥洋）

【青年志愿服务活动】 2021年，开展青年志愿服务活动，在疫情防控形势向好的情况下组织开展2次清洁海滩志愿服务活动，120余人次参与服务；结合3月“学雷锋月”开展5场“学雷锋”系列志愿服务活动，1000余人次参与服务；2021年，累计组织2000多人次青年志愿者参与疾病防控工

9月11日，团港口区委组织共产党员、团员青年志愿者、爱心企业人士及村里乡贤、村屯群众等，联合在企沙镇簕山古渔村、山新村等地开展乡村人居环境综合治理志愿服务活动 （团港口区委 供图）

作，有效保障新冠疫情防控工作有序开展；组织300余名志愿者参与“乡村振兴 我们在行动 共建美好家园”乡村人居环境综合治理志愿服务活动；联合市中医医院开展进社区志愿服务系列活动，为社区50余名老人开展免费诊疗服务、宣讲卫生知识。

（简建毅）

生态文明建设

【主要活动】 2021年港口生态环境局组织开展了世界环境日、安全生产月活动，大力宣传环境保护知识，提高群众环境保护意识。将每月党日活动作为党支部年度计划，每月组织一次全体党员活动，提高党员党性修养。

【生态环境宣传教育】 港口生态环境局多角度、全方位加强环境保护宣传工作，以世界环境日、消费者权益日、安全生产月、宪法宣传日等节日为契机，利用制作宣传栏、安排业务人员向群众讲解环保知识、张贴横幅、发放宣传手册等多种方式向群众传播环保知识，不断提高群众环保意识，提高公众参与环境保护的自觉性和积极性。

【环境影响评价】 2021年，受理建设项目（非辐射类）环境影响报告表（含发生重大变动，建设单位重新报批建设项目的环境影响报告表）审批22件（其中有1件是在2020年12月底受理，2021年1月初办结），涉及总投资246826万元，其中环保投资4537.6万元；建设项目环境影响登记表备案87项；危险废物管理计划备案53件，危险废物申报登记备案35件，企业事业单位突发环境事件应急预案备案91件，要求危险废物经营单位定期报告危险废物经营活动情况2件，夜间建筑施工许可123件，一共受理数325件，办结数350件。PC端、微信196件，手机App申请123件。

（黄雄巍）

【生态工业发展】 2021年，在港口区委、区政府的坚强领导下，港口区工业和信息化局坚持以习近平新时代中国特色社会主义思想为指导，深入贯彻习近平总书记系列重要讲话精神，培养和实践节约循环利用的资源观，倡导勤俭节约的社会风尚，广泛宣传节约资源和保护环境，务实开展工业污染防治、生产企业扬尘污染治理等生态环境保护工作。

（朱文清）

【生态农业建设】 港口区着力开展乡村风貌提升三年行动，全力抓好农村人居环境整治，以垃圾污水治理、厕所革命、村容村貌提升为重点，加强村庄环境综合整治和美化村容村貌，集中治理农村人居环境，打造生态乡村示范区并推进生态村创建活动。推进“扶贫车间”、养殖示范基等生态农业项目，提高辖区养殖业标准化规模生产水平，实现种养结合、生态养殖，促进防城港市养殖业规模化、标准化建设，稳定防城港市畜牧产业发展，向社会提供优质、安全的产品。

（郑 翔）

【海洋生态修复】 完善项目 东湾红树林生态修复工程项目一期、二期工程，山心沙岛生态岛礁项目一期、二期工程已完成结算工作。同时，完成港口区红树林科普中心的建设任务并顺利开馆、完成东湾红树林区域太阳能庭院灯项目的实施及验收、完成港口区红树林智能化监控系统的实施及验收。

海域清洁 以政府采购服务工程的形式与专业公司签订合作

11月30日，港口区海洋局及港口区人民检察院到山心沙岛开展海域垃圾清理公益活动（黄泽英　摄）

协议，对倒水坳大桥以东至暗埠江大桥沿岸（含生牛卜）、烟草码头至东湾红树林片区、红沙码头片区至栈桥片区、沙螺寮至榄埠片区等14个辖区海域开展垃圾清理整治工作，集中整治4次，投入经费约70万元，港口区海域环境保持干净、整洁。

组织机构负责人名录

中共防城港市港口区委员会

书　记：黄炳利（壮族，任至6月）
　　　　朱　靓（女，7月任职）
副书记：朱　靓（女，任至7月）
　　　　邱祖猛（任至7月）
　　　　李广斌（7月任职）
　　　　钱天鹏（7月任职）
常　委：黄炳利（壮族，任至6月）
　　　　朱　靓（女）
　　　　李广斌（7月任职）
　　　　邱祖猛（任至7月）
　　　　钱天鹏（7月任职）
　　　　丁细辉（任至10月）
　　　　刘青文（11月任职）
　　　　钟恒栋（任至10月）
　　　　周　明（7月任职）
　　　　班克海（壮族，任至7月）
　　　　覃　祎（女，壮族，7月任职）
　　　　何　苗（女）
　　　　王　华
　　　　吴乃华（7月任职）
　　　　卢　增（壮族）
　　　　傅政华
　　　　吴俊凯（挂职，任至7月）

区委办公室

主　任：傅政华
常务副主任：刘陶华
副主任：黄　秋（壮族，任至2月）
　　　　马尉岚（壮族，任至6月）
　　　　沈奕权（瑶族，任至4月）
　　　　苏树人（4月任职）
　　　　邓钧译（壮族，4月任职）
　　　　骆晓明（女，8月任职）

防城港市港口区人民代表大会常务委员会

主　任：刘明奕（任至9月）
　　　　黄晓昀（女，京族，9月任职）
副主任：卢建玲（女，瑶族，任至9月）
　　　　沈爱东（瑶族）
　　　　黄国庆
　　　　简崇成
　　　　林　琳（女，9月任职）

区人大常委会办公室

主　任：苏　武（任至6月）
　　　　钟幸東（6月任职）
副主任：张振锦
　　　　吴狄蔓（女）

区人大代表选举联络工委

主　任：陈宪满

区人大财政经济委

主　任：朱丽蓓（女，9月任职）

区人大社会建设和监察法制司法委

主　任：龙　钦

区人大科教文卫与民族工委

主　任：骆艺华（女）

防城港市港口区人民政府

区　长：朱　靓（女，任至9月）
　　　　李广斌（9月任职）
副区长：钟恒栋（任至7月）
　　　　周　明（9月任职）
　　　　荣　斌
　　　　陈佳佳（女，壮族）
　　　　吴乃华（任至7月）
　　　　邓珊珊（女，任至7月）
　　　　王廷峰（9月任职）
　　　　鲍基石（9月任职）
　　　　吴俊凯（任至6月）

区政府办公室

主　任：邱　宽（任至8月）
副主任：韦信钦（瑶族）

戚汝梅(女,任至5月)
覃　颖(任至4月)
张守闽(女,壮族)
黄　腾
张　康
杨延彬(4月任职)

区政务服务监督管理办公室

主　任:戚汝梅(女,兼,任至5月)

区政务服务中心

主　任:凌琼蕾(女,壮族)

区政府信息中心

主　任:张　伟(任至11月)

区打击走私综合治理办公室

主任:韦信钦(瑶族)

政协防城港市港口区委员会

主　席:陈　乐
副主席:王立强(任至3月)
蔡　硕(任至9月)
张显超(壮族,任至9月)
林萍灼(女)
戚汝波(9月任职)
黄岸柳(女,壮族,9月任职)
符　柏(壮族,9月任职)

区政协办公室

主　任:邓创造(5月任职)
副主任:郑旭玲(女)
蔡　涛
覃　颖(4月任职)

区政协提案法制和科教卫体委

主　任:黄　媚(女,壮族)

区政协农业农村和经济委

主　任:凌瑞敏(女,壮族,9月任职)

区政协文史和华侨民宗委

主　任:钟凉德(壮族)

中共防城港市港口区纪律检查委员会　港口区监察委员会

书　记:班克海(壮族,任至7月)
覃　祎(女,壮族,7月任职)
副书记:王立进(任至5月)
武路云(5月任职)
黄　荣
常　委:班克海(壮族,任至7月)
覃　祎(7月任职)
王立进(任至5月)
刘付桂浪
潘思源(5月任职)
徐和英(女,任至5月)
监察委员会主任:班克海(壮族,任至7月)
覃　祎(女,壮族,7月任职)
副主任:王立进(任至5月)
黄　荣
武路云(5月任职)

党委工作机关及挂设单位

区委组织部

部　长:卢　增(壮族)
常务副部长:钟幸束
刘文镇(5月任职)
副部长:林广莉(女)
黄岸柳(女,壮族,兼,任至8月)
刘文镇(任至5月)
文德浩(8月任职)
江　源(兼)

区老干部局

局　长:林广莉(女,兼)

区公务员局

局　长:刘文镇(兼)

区党建办

主　任:肖　超(任至8月)

区委机构编制委员会办公室

主　任:江　源

区事业单位登记管理局

局　长:邓春莲(女,壮族)

区委宣传部

部　长:何　苗(女)
常务副部长:韦庆禄(女,壮族)
副部长:陈从刚
黄鸿燕(女,壮族,任至5月)
莫金龙(仫佬族,8月任职)

区互联网宣传管理中心

主　任:吴　丹(女,壮族)

区新闻出版局

局　长:韦庆禄(女,壮族,兼)

区精神文明建设委员会办公室

主　任:陈从刚(兼)
网信办主任:黄鸿燕(女,壮族,任至5月)
莫金龙(仫佬族,8月任职)

区委统战部

部　长:吴乃华(7月任职)
常务副部长:朱　健
副部长:李科君(壮族)
钟海德(瑶族)

区民族宗教事务局

局　长:钟海德(瑶族,兼)

区委台湾工作办公室
(区政府台湾事务办公室)

主　任:朱　健(兼)

区侨务办公室

主　任:李科君(壮族,兼)

区委政法委员会

书　记:王　华
第一副书记:荣　斌
常务副书记:卢丽莉(女,壮族)
副书记:曾兴荣
沈奕权(7月任职)

区直属机关工委

书　记:黄海燕(女)
副书记:冼锦霞(女)

区委机要保密办

主　任:邓全文

区档案局

局　长:刘陶华(兼)

区委区政府督查和绩效考评办公室

主　任:陈　莉(女)
副主任:庞家和(壮族)

区绩效评估中心

主　任:吴肖绮(女,瑶族)

区信访局

局　长:沈奕权(瑶族,任至4月)

邓钧译(瑶族,4月任职)

区委巡察办

主　任:刘付桂浪

副主任:李　栋

第一巡察组组长:徐和英(女)

第二巡察组组长:韦忠流(壮族)

港口区人民法院

院　长:钟　健(京族)

副院长:宋丞致(壮族)

李明娟(女)

港口区人民检察院

检察长:钟志海(黎族,任至7月)

黄　纯(壮族,9月任职)

副检察长:苏　恒

池国权(任至7月)

何培源(任至8月)

区委、区政府直属事业单位

区委党史研究和地方志编纂办公室

主　任:阮一峰(壮族)

区档案馆

馆　长:韦清洁(女,壮族)

副馆长:骆泽生

区招商促进局

局　长:黄丽梅(女)

副局长:杨有明

区机关后勤服务中心

负责人:苏树人(兼)

副主任:黄国欢

区委区政府接待办

主　任:王光杰

区土地征收储备中心

主　任:甘文堂(任至8月)

盘恒星(瑶族,8月任职)

副主任:温　媚(女,任至5月)

曾宜栋

刘世珍(女)

韦彩香(女,壮族)

吴汉堃(4月任职)

区融媒体中心

主　任:骆振华(任至5月)

苏　武(5月任职)

副主任:李林霞(女)

群团机关

区总工会

主　席:沈爱东(兼,瑶族)

常务副主席:项　麟(4月任职)

副主席:钱进华

团区委

书　记:宾龙辉

副书记:文　玮(女,任至9月)

区妇联

主　席:刘爱玲(女)

副主席:周小燕(女)

区科协

主　席:唐子惠(女,瑶族)

副主席:陈开云(任至8月)

区文联

主　席:张永志(京族,任至5月)

黄鸿燕(壮族,女,5月任职)

区社科联

主　席:李学英(女,瑶族)

副主席:刘明阳

区侨联

主　席:杨孙艳(女)

副主席:傅春坚(女,任至4月)

陈运平(4月任职)

区残联

理事长:沈如毅(任至7月)

庞兴就(7月任职)

副理事长:骆丽华(女)

区红十字会

常务副会长:黄　琛(壮族)

区工商联

主　席:杨纯环(女)

专职副主席:韦洪海(壮族)

民主党派

民革港口区总支部

主　委:凌瑞敏(女,壮族)

民盟港口区支部

主　委:蔡　硕

民建港口区支部

主　委:邓春莲(女,壮族)

民进港口区支部

主　委:方　爵

农工党港口区支部

主　委:周国伟(壮族)

致公党港口区支部

主　委:王冠学

区政府部门

区发展和改革局

局　长:吕文平(壮族,任至8月)

吴能文(8月任职)

副局长:黄政平(壮族,任至5月)

凌　源(女,京族)

朱扬光

区教育和科学技术局

局　长:戚汝波(任至8月)

邱　宽(8月任职)

副局长:黄怀谷(女)

黄荣菲(女,壮族,8月任职)

区工业和信息化局

局　长:陈　雄(壮族,8月任职)

副局长:潘　瑜

区民政局

局　长:庞兴就(任至9月)

吴　勇(9月任职)
副局长:刘　静(女)
区司法局
局　长:邓钧译(瑶族,任至5月)
陈　滴(女,壮族,5月任职)
副局长:骆泳东
李娟娟(女)
区财政局
局　长:杨佰篙
副局长:刘　静(女)
项慧玲(女)
莫海滨(5月任职)
区人力资源和社会保障局
局　长:黄岸柳(女,壮族,任至8月)
苏链辉(8月任职)
副局长:陈燕婧(女,壮族)
李飘彰(5月任职)
区自然资源局
局　长:黄兴杰(瑶族,任至7月)
甘文堂(9月任职)
副局长:吴　勇(任至9月)
钟　鹏(瑶族)
黄鸿霖
韦才培(12月任职)
区林业局
局　长:钟　鹏(瑶族,兼)
区不动产登记局
局　长:黄鸿霖(兼)
区住房和城乡建设局
局　长:钟　科(6月任职)
冯云峰(壮族,任至6月)
副局长:姚祥忠(任至5月)
申　凯
覃江韬(壮族)
刘萍(5月任职)
区交通运输局
局　长:吴尚贵(任至5月)
赖胜东(5月任职)
副局长:吴健培
黄　云
区农业农村水利局
局　长:林明滨
副局长:夏如军
张坤胜(任至4月)
梁佳力(女)
李就仪(4月任职)
区商务和口岸管理局
局　长:苏链辉(任至8月)
唐时秀(女,8月任职)
副局长:卢振洁
文　玮(10月任职)
区文化广电体育和旅游局
局　长:吴钱仁(壮族,任至5月)
戚汝梅(女,5月任职)
副局长:林爱兵
吕文平(壮族,8月任职)
卢少丽(女)
区卫生健康局
局　长:梁　满(壮族)
副局长:陈雪萍(女)
张青信(女,瑶族)
区医疗保障局
局　长:黄恒师(壮族)
副局长:陈　欣(女,4月任职)
医保中心主任:潘　滢(女,京族,5月任职)
区退役军人事务局
局　长:钟志杰(瑶族)
副局长:吴雪松(毛南族)
区应急管理局
局　长:黄广尚
副局长:吴尚东(任至6月)
姚祥忠(6月任职)
李就仁
韦克斌(瑶族)
区审计局
局　长:陆丹丹(女,壮族)
副局长:苏铪辉(任至3月)
张文浩
区外事和海防人防局
局　长:刘晓东
副局长:庞远程(4月任职)
区市场监督管理局
局　长:黄广平(女,壮族)
副局长:黄集良(壮族)
邓俊殷(瑶族)
吴立平
韦龙兴(壮族)
区统计局
局　长:毛玉虹(女,任至8月)
冯信初(9月任职)
副局长:邓创造(任至4月)
杨家梅(女,壮族)
戴文龙(4月任职)
区城市管理监督局
局　长:骆东辉
副局长:罗绍俊(壮族)
邓　铭
区海洋局
局　长:王立进
副局长:许富军
(区扶贫办)区乡村振兴局
主　任:唐时秀(女,壮族,3月任职,任至8月)
副主任:莫金龙(仫佬族,任至8月)
局　长:肖　超(8月任职)
副局长:庞家欣(壮族,8月任职)
刘　阳(8月任职)

镇、街道

企沙镇
党委书记:王廷峰(任至4月)
冯云峰(壮族,4月任职)
副书记:吴能文(任至4月)
骆振华(任至4月)
陈　滴(女,壮族,任至4月)
黄国志(挂职,任至4月)
赵梦华(壮族,任至1月,兼职)
赖胜鑫(4月任职)
罗　韬(壮族,兼职,任至10月)
人大主席:陈　滴(女,壮族,任至4月)
张坤胜(4月任职)

副主席：杨钦辉（壮族）
镇　长：吴能文（任至4月）
　　骆振华（4月任职）
副镇长：吴明泰（任至4月）
　　莫海滨（任至4月）
　　叶胜林（4月任职）
　　李就仪（任至4月）
　　朱权武（4月任职）
　　林芳羽（女，4月任职）
　　黄乾峰（壮族，4月任职）

光坡镇

党委书记：唐　鹏（壮族）
副书记：侯洪波（土家族，任至4月）
　　温　媚（女，4月任职）
　　张国权（任至4月）
　　唐上武（兼）
　　刘德漫（4月任职）
人大主席：张国权
副主席：黄举鹏（任至4月）
镇　长：侯洪波（土家族，任至4月）
　　温　媚（女，5月任职）
副镇长：徐瑞锋
　　戴文龙（任至4月）
　　李峻峰（壮族，任至4月）
　　张志强（4月任职）
　　刘靖文（女，京族，4月任职）
　　苏桂环（4月任职）

白沙汀街道

党工委书记：赖胜东（任至5月）
　　侯洪波（土家族，5月任职）
副书记：盘恒星（瑶族，任至5月）
　　蔡始兵（5月任职）
　　左　将（任至5月）
　　韦雪雯（女，壮族，5月任职）
人大工委主任：左　将（任至5月）
　　韦雪雯（女，壮族，5月任职）
办事处主任：盘恒星（任至5月）
　　蔡始兵（5月任职）
副主任：黄举鹏（4月任职）
　　李林春静（4月任职）
　　黄华宇

渔洲坪街道

党工委书记：周志成
副书记：龙喜云（任至2月）
　　蔡始兵（任至5月）
　　左　将（5月任职）
人大工委主任：蔡始兵（任至5月）
办事处主任：龙喜云（任至5月）
　　左　将（5月任职）
副主任：韦雪雯（女，任至5月）
　　董　敏（女，壮族，5月任职）
　　黄洪宇
　　缪　勇（瑶族）

沙潭江街道

党工委书记：黄　可（2月任职）
副书记：黄　可（任至2月）
　　黄　秋（壮族，2月任职）
　　陈健宁
人大工委主任：陈健宁
办事处主任：黄　可（任至2月）
　　黄　秋（壮族，2月任职）
副主任：韦后额（壮族）
　　黄祖青（女）
　　廖　明（壮族）

王府街道

党工委书记：冯明龙（京族）
副书记：赖胜团
　　梁余华
人大工委主任：梁余华
办事处主任：赖胜团
副主任：张　璐（女）
　　龙艳毅

驻港口区单位

防城港市港口生态环境局

局　长：杨家文（任至8月）
副局长：黄艳华（女，挂职）

港口区税务局

局　长：范建新
副局长：林天帅（3月任职）
　　张国航（6月任职）
　　黄君炜（壮族）

防城港市公安局港口分局

局　长：荣　斌
政　委：姚必擘
副局长：李　晖（任至8月）
　　宋　来（瑶族，任至12月）
　　石熙华
　　钟汝敏（壮族）
　　李桂涛（12月任职）

防城港市公安局海港分局

局　长：王建喜
政　委：唐　勇（瑶族，任至9月）
　　范吴捷（侗族，9月任职）

防城港市公安局企沙工业区分局

政　委：张文华
副局长：文　豪（壮族）
　　曾　东

市交警支队港口交警大队

大队长：陈积毅（壮族）
教导员：黄诚军
副大队长：莫祖胜（壮族）
　　粟智林

（领导机构党派团体及领导人由各部门提供资料）

政　治

中共防城港市港口区委员会

区委常务委员会

【重要会议】 召开经济工作暨重大项目推进工作会议　2月24日，港口区召开经济工作暨重大项目推进工作会议。会议传达学习贯彻中央、自治区经济工作会议，自治区“奋战一季度，加力开新局”工作视频会议和全市经济工作暨重大项目推进工作会议精神；总结港口区2020年经济工作及听取“奋战一季度、实现开门红”经济工作推进情况，研究部署2021年全年及一季度经济工作。

召开第六届纪律检查委员会第七次全体会议　3月3日，港口区召开中国共产党防城港市港口区第六届纪律检查委员会第七次全体会议。会议总结了2020年纪检监察工作，部署2021年任务，审议通过了班克海代表区纪委常委会所作的《推动新时代纪检监察工作高质量发展，为港口区“十四五”发展开好局提供坚强保障》工作报告。

部署开展党史学习教育　3月5日，港口区召开党史学习教育动员大会，对全区开展党史学习教育进行动员部署。会议强调，要提高政治站位、明确目标要求、强化组织领导，更加紧密地团结在以习近平同志为核心的党中央周围，铭记光辉历史，传承红色基因，真正做到学史明理、学史增信、学史崇德、学史力行。

召开迎接中央第二轮第三批生态环境保护督察工作专题推进会　4月12日，港口区召开迎接中央第二轮第三批生态环境保护督察工作专题推进会。会议听取区工信局、区海洋局、港口生态环境局等相关单位及各镇（街道）迎检工作情况汇报。会议要求，全区各级各部门要进一步提高政治站位，牢固树立全区“一盘棋”思想，压实工作责任，强化督查问责，坚决落实好督察要求，确保中央督察工作高质量开展。

召开中国共产党港口区第七次代表大会　7月18—20日，港口区召开中国共产党防城港市港口区第七次代表大会。大会总结回顾了港口区第六次党代会以来的工作，明确今后五年工作的指导思想、奋斗目标和主

7月19日，中国共产党防城港市港口区第七次代表大会隆重开幕

（港口区委办　供图）

要任务，选举产生新一届中国共产党防城港市港口区委员会和纪律检查委员会；选举产生港口区出席中国共产党防城港市第七次代表大会代表；通过了中国共产党防城港市港口区第七次代表大会《关于中国共产党防城港市港口区第六届委员会报告的决议》和《关于中国共产党防城港市港口区第六届纪律检查委员会工作报告的决议》。

召开重大项目建设暨征地搬迁工作会议 7月30日，港口区召开2021年港口区重大项目建设暨征地搬迁工作会议。会议听取了区发改局、区征储中心、企沙现场指挥部、王府现场指挥部、沙潭江现场指挥部关于重大项目建设和征地拆迁工作情况的汇报。会议强调，重大项目建设工作时间紧、任务重，慢不得更等不得，各级各部门要加强对重大项目建设的领导，直面问题，剖析原因，找准难点、痛点、堵点，靶向施策，全力保障重大项目建设。

召开区委农村工作领导小组第一次（扩大）会议 7月30日，港口区召开2021年中共港口区委员会农村工作领导小组第一次（扩大）会议。会议听取了区农水局、区乡村振兴局和企沙镇、光坡镇、王府街道关于上半年乡村振兴和“三清三拆”工作情况的汇报，以及关于2021年县级党政领导班子和领导干部及镇（街道）推进乡村振兴战略实绩考核指标的分析说明。会议强调，各级各部门要提高政治站位、明确目标任务、凝聚强大合力，以蓬勃向上、克难攻坚的精神状态，以只争朝夕、不负韶华的历史担当，奋力谱写港口区乡村振兴新篇章。

召开年中工作暨重大项目建设会议 8月30日，港口区召开2021年年中工作暨重大项目建设会议。会议传达学习2021年自治区及市年中工作暨重大项目建设现场会议精神，总结上半年经济运行情况，部署下半年工作。会议听取了区发改局、区财政局、区工信局、区住建局、区交通局、区农水局、区商务局、区招商局、区自然资源局、区卫健局、区教科局、区文旅局、区市场监督管理局、区征储中心等部门单位和6个镇（街道）的2021年上半年工作情况汇报。

部署“解放思想、转变作风、提升能力”专项行动和“三个创先”工作 10月22日，港口区召开“解放思想、转变作风、提升能力”专项行动动员会暨“三个创先”工作部署会。会议传达学习了习近平总书记在中央党校（国家行政学院）中青年干部培训班开班式上重要讲话精神，部署全区“解放思想、转变作风、提升能力”专项行动和“三个创先”工作。会议强调，全区各级各部门要全面贯彻落实党中央、自治区党委、市委及区委的决策部署，把开展专项行动以及“三个创先”工作作为当前和今后一个时期推动全区高质量发展的重中之重，理清思路、拿出措施、狠抓落实，奋力跑出新发展阶段高质量发展加速度。

部署巩固脱贫成果后评估反馈问题整改暨迎接国检工作 12月20日，港口区召开港口区巩固脱贫成果后评估反馈问题整改暨迎接国检工作部署会。会议传达学习了防城港市委书记谭丕创关于巩固脱贫成果后评估工作有关批示精神，研究部署问题整改和迎检工作。会议强调，全区各级各部门要统一思想认识，从严压实责任，坚持问题导向，突出重点难题，全面对标对表，狠抓整改落

10月22日，港口区召开“解放思想、转变作风、提升能力”专项行动动员会暨“三个创先”工作部署会 （港口区委办 供图）

实。要进一步巩固拓展脱贫攻坚成果，切实以整改转作风、补短板、强弱项、促提升，以更高标准、更高质量迎接国家巩固脱贫成果后评估。

召开绩效工作专题会　12月20日，港口区召开2021年港口区绩效工作专题会。会议通报了港口区2021年绩效工作开展情况，研究部署相关工作。会议强调，各级各部门要认清形势，进一步增强责任感、紧迫感和危机感，认真对照考核指标，找准突破口，不等、不靠，采取必要措施，用真功夫、下大力气抓好该项工作。要紧扣考核细则，在把基础工作做扎实的同时，要持续与上级对口部门无缝衔接、精准汇报，时刻关注指标完成进度，及时掌握各项工作的综合位次。

召开2022年经济工作务虚会　12月20日，港口区召开2022年经济工作务虚会。会议听取了各相关部门关于2022年经济工作目标、重点工作任务以及工作思路、举措的汇报。会议强调，要强化工业主导地位，营造良好营商环境，全力以赴服务重大项目建设；要结合乡村振兴工作，推进产城融合发展，打造一批乡村示范亮点项目；要切实推进民生工程，建设一批教育、医疗、道路交通基础设施，打造区内优质名校，补齐医疗事业短板，打通区内部分“断头路”；要树立争先创优意识，全力以赴向全年经济任务目标冲刺攻坚；要统筹做好经济社会发展工作，坚决守住安全生产底线。

【重要活动】　圆满完成换届选举任务　在自治区和市委督导组的指导下，圆满完成港口区的区镇村（社区）三级党组织，区镇两级人大、政府和区政协换届选举，换届后领导班子成员平均年龄明显下降、学历素质显著提升、班子结构更加优化。

举行“光荣在党50年”纪念章颁发仪式　6月28日下午，为庆祝中国共产党成立100周年，港口区举行“光荣在党50年”纪念章颁发仪式。仪式上，区委主要领导朱靓为港口区党龄达到50年的12名老党员代表颁发纪念章，并表彰了为港口区发展作出贡献的428名党员。

6月28日，为庆祝中国共产党成立100周年，港口区举行庄重的“光荣在党50年”纪念章颁发仪式　（港口区委办　供图）

【重要决策】　7月19—20日，中国共产党防城港市港口区第七次代表大会圆满召开。会议选举产生中国共产党防城港市港口区第七届委员会委员29名、候补委员6名；选举产生中国共产党防城港市港口区第七届纪律检查委员会委员17名；大会审议通过了《关于中国共产党防城港市港口区第六届委员会报告的决议》和《关于中国共产党防城港市港口区第六届纪律检查委员会工作报告的决议》。《中国共产党防城港市港口区第六届委员会报告》提出，要高举中国特色社会主义伟大旗帜，以习近平新时代中国特色社会主义思想为指导，团结带领全区广大党员和干部群众，奋进新时代，闯出新路子，建成西部县域经济强区，奋力谱写港口区高质量发展新篇章。主要任务是“十四五”期间经济社会发展目标分“两步走”。第一步，到2023年，即“十四五”中期，全区地区生产总值年均增长10%；规模以上工业总产值年均增长14.6%。第二步，“十四五”期末，全区地区生产总值年均增长10%；规模以上工业总产值年均增长24.5%以上。经济总量力争进入西部县域前50位。

3月12日，区委六届第一百四十三次常委会召开。会议审议通过了《防城港市港口区国民经济社会发展第十四个五年规划和二〇三五年远景目标纲要》。

9月13日，区委七届六次常委会召开。会议审议通过了《关于成立港口区农投集团有关事项的请示》。

11月21日，区委七届十一次常委会召开。会议审议通过了《港口区关于聚焦建设西部县域经济强区战略进一步激励干部担当作为的若干措施》《港口区纪委监委支持干部担当作为干事创业二十条措施》《港口区在重大工作一线考察选用干部工作办法》《港口区年轻干部培养选拔工作办法》《港口区区管领导班子和领导干部平时考核暂行办法》《港口区区管领导班子和领导干部年度考核暂行办法》《港口区区管领导班子和领导干部任期考核暂行办法》《港口区区管领导班子和领导干部专项考核暂行办法》8个激励干部担当作为集成改革试点工作配套文件。

【区委办公室工作】 2021年以来，区委办坚持以习近平新时代中国特色社会主义思想为指导，圆满完成了全年重点工作及领导交办的各项任务，为全区疫情防控、推进重大产业项目、乡村振兴、社会治理、信访和网格化等重点工作提供了强有力保障，2021年9月，获市委、市人民政府颁发的“2020年防城港新时代发展贡献奖”。围绕习近平总书记中办讲话“五个坚持”要求，进一步加强班子建设和干部管理，扎实做好“三服务”各项工作，不断提高办文水平、办会质量、办事效率，全面提升综合协调能力，确保了区委各项工作的有效运转和各项重大决策部署的贯彻落实，助推港口区经济社会高质量发展。

（吴艺滨）

组织工作

【概况】 截至2021年12月，港口区共有507个基层党组织，其中，党委6个，党总支26个，党支部477个；区委派出工委5个；党组40个。全区党员总数5985名，其中，农村（含乡镇社区）党员1582名，城市社区党员1081名，党政机关工作人员党员1541名，非公企业和社会组织党员1297名，离退休及其他人员党员484名。

【基层组织和党员队伍建设】 着力提高政治站位，夯实党员干部思想根基。把学习宣传贯彻习近平新时代中国特色社会主义思想作为首要政治任务，进一步增强“四个意识”、坚定“四个自信”、做到“两个维护”。强化领导干部思想建设。举办港口区学习贯彻习近平总书记视察广西时的重要讲话精神暨党的十九届五中全会精神专题轮训班。统筹推进培训工作。每月举办党史教育专题讲座，邀请区内外专家、学者及有关领导作专题辅导，面向全区各单位干部进行集中授课。紧扣庆祝中国共产党成立100周年主题，分别在福建古田和井冈山举办港口区直机关党务工作党性教育专题培训班以及港口区基层工会主席及党建工会业务骨干培训班，进一步提升基层党员干部的党性修养。着力搭建精品平台。坚持打造“先锋讲堂”精品讲座，创建“按需点单”培训模式，通过征集干部需求，按单送课，邀请区内外知名专家、教授举办党史教育、应急管理、海防业务、审计知识等专题讲座18期，培训干部1800余人次，有效提高各级领导干部“七种能力”。发挥基层党校作用。充分利用镇、村党校资源，举办专题党课、党务知识专题培训、发展对象和入党积极分子培训、创业指导和养殖实用技能培训等各类培训10期，培训400余人次。持续深化“党课开讲啦”“周末讲坛”“先锋讲堂”等学习培训活动，培训干部580人次。发挥新媒体网络平台宣传优势，“港口先锋”微信公众号推动党建工作经验和信息无缝交流，累计关注用户1170人，发布新闻信息93条。

【领导班子和干部队伍建设】 聚焦选优配强，锻造政治忠诚过硬队伍。注重抓好各级换届工作。圆满完成区镇村三级换届工作，自治区换届督导组两次到会现场指导，给予充分肯定。换届后，领导干部年龄和学历结构呈现出“一降一升”特点，班子结构进一步优化。注重激励干部担当作为。制定出台重点工作一线考察选用干部工作办法等8个政策文件，构建激励干部担当作为“1+N”政策体系框架，为干部担当作为保驾护航。突出凭实绩选人用人原则，注重在一线选拔干部，大力任用年轻干部，2021年提拔任用一线干部和35岁左右及以下年轻干部占提拔总人数的60%和50%以上，干部队伍整体结构得到进一步优化。注重锤炼干部干事本领。把艰苦岗位、基层一线作为培养锻炼干部的主战场和重要平台，选派

100多名干部到乡村振兴、服务重大项目等一线担当重任，选派12名干部到自治区、市级单位跟班学习，分层次、分领域把38名优秀年轻干部放到乡镇、农村任职锻炼，进一步锤炼干部服务基层、应急处突能力。

（周　健）

11月7—11日，港口区委组织部在南宁举办2021年港口区人才工作者专题培训班，全区共30位人才工作者参加培训　（港口区委组织部　供图）

【人才工作】 实施“聚才扬帆”计划，构建人才集聚发展新高地出台《党政机关和事业单位引进培养急需紧缺人才管理办法》，引进党政机关和事业单位人才28人。以“百名博士防城港行”“港城学子家乡行”等活动为契机，吸引20名专家、学者和青年学子赴港口调研，搭建了企业与高校、科研院所间沟通交流的桥梁。落实人才工作补贴、一次性安家费、租房补贴等人才优惠政策，发放人才补助经费44.3万元。围绕产业发展需求，以项目为抓手，建成鑫润水产养殖星创天地等2个自治区级以上创新创业平台。举办人才工作业务等专题培训班3期，培训人员140余人，加强人才干部队伍建设。

（江文书）

【干部教育】 突出政治建设，切实加强干部党性党史教育　不断强化领导干部思想。围绕深入学习党的创新理论，举办习近平新时代中国特色社会主义思想研修班、学习贯彻习近平总书记视察广西时的重要讲话精神暨党的十九届五中全会精神专题轮训班等主题班次，实现对处级及科级以上领导干部的全员轮训、全员覆盖。结合中国共产党成立100周年，定期举办党史教育专题讲座，在福建古田、井冈山等红色革命教育基地开展党建业务培训、党性教育等培训活动，进一步提升党员领导干部的党性修养。突出需求导向，持续抓实专题培训教育。推行“固定动作”和“按需点单”培训模式，采取“线上+线下”“理论+实践”“行动学习+”等形式，围绕干部能力需求，积极开展在职干部教育培训工作。全年共举办女领导干部能力提升培训班、人才工作者专题培训班、“十四五”重大项目管理与创新培训班等各类主题培训班19期，培训各类干部1800多人次。

夯实教育阵地，着力搭建精品平台　加大对干教培训的平台建设投入，不断完善干部培训软硬件设施，积极为干部教育培训创造良好的学习环境。持续深化“先锋讲堂”精品讲座，创新开展

7月20—26日，防城港籍大学应届毕业生及在读高年级本科生、硕士研究生和博士研究生共计20人到港口区企沙镇参加助力乡村振兴实践活动

（港口区委组织部　供图）

5月14—20日，区委组织部联合区直属机关工委在福建古田举办2021年港口区直机关党务工作者党性教育专题培训班，图为学员在古田会议旧址重温入党誓词　　（港口区委组织部　供图）

“组工学堂”等学习培训活动，共培训干部2500余人次。

（王李凤）

老干部工作

【思想政治建设】 落实政治待遇，坚持理论武装，推进老干部思想政治建设。强化政治引领，全面加强离退休干部党建工作。2021年5月，成立港口区离退休干部党工委，建立健全组织机构，有序推进离退休干部党建工作。精心谋划部署，围绕中国共产党成立100周年，开展“银龄向党”离退休干部党员专题党课活动。加强思想政治教育，为离休干部赠阅《老年知音》《参考消息》等报纸杂志；通过“线上+线下”学习相结合的方式，组织离退休老干部持续深入学习习近平新时代中国特色社会主义思想和十九届五中全会精神，引导离退休干部参加线上观看全国离退休干部网上报告会、网上答题活动等，确保老干部思想紧跟时代步伐，与中央保持一致。

【生活服务】 强化工作措施，不断提升老干部工作服务质量。2021年以来，港口区委老干局积极对接区财政局、人社等相关单位，根据政策协同做好离休干部一次性生活补助、物业补贴的发放工作，按期为离休干部社保卡医疗账户配账10000元/人，并根据自治区相关文件精神，及时调整春节期间离退休干部和处级干部的慰问标准和对接落实增发港口区离休干部2个月的基本离休费，确保各项政策兑现、落实到位，保证老干部生活待遇不打折扣。坚持离退休干部走访慰问联系制度，开展“登门入户解难题”活动。按照分级负责的原则，结合“登门入户解难题”活动，在春节、“七一”、中秋期间，组织全区各单位通过登门、到医院看望、集中座谈、电话等多种形式对离退休干部进行慰问，并详细了解离退休干部各类基本信息和需求信息，建立特殊困难详细清单，研究制定解决方案，顺利帮助离休干部解决难题。全年共组织慰问老干部500多人次，为离退休干部解决难题78个。

【文化建设】 建立完善老年大学各项规章制度，规范教学管理工作。课程设置上，开设了太极、舞蹈、声乐、书法4门课程，不定期邀请专家讲授中医养生等各类讲坛。联合区关工委、老科协等部门，组织老干部积极开展主题征文写作、工艺品制作等活动，进一步丰富老干部精神文化生活，展现老干部精神风貌。

5月27日，港口区委老干部局在区老干部活动中心二楼会议室举办港口区“银龄向党”离退休干部党员专题党课活动（港口区委老干局　供图）

10月13日，港口区委老干部局组织离退休干部党员开展"观红色电影 忆峥嵘岁月"主题活动
（港口区委老干局 供图）

【作用发挥】 2021年以来，积极引导老干部参与港口区中小学党史、国史教育宣讲活动，通过活动进一步激发学生爱党、爱国热情，教育，引导中小学生认识党史、了解党史、学习党史、尊重党史，树立广大青少年"感党恩、听党话、跟党走"的爱国情怀。2021年，港口区各级"五老"宣讲团受邀为各中小学进行党史宣讲活动21次，受教育学生达3500余人。组建老干部志愿服务队，在社区社会治理等工作中发挥积极作用，全年老干部参与开展社区治理巡逻120余次。

（王李凤）

宣传工作

【概况】 2021年，区委宣传部以中共十九大及其历次全会精神和习近平新时代中国特色社会主义思想为指导，认真贯彻落实中央、自治区党委、市委和区委关于宣传思想文化工作部署要求，围绕中心，服务大局，自觉承担起举旗帜、聚民心、育新人、兴文化、展形象的使命任务，强化意识形态责任落实，扎实推进党史学习教育、正面宣传、文明创建、新闻出版等各项工作。

【理论宣传】 区委宣传部、区委组织部制定和印发《关于2021年港口区理论学习的通知》。2021年，区委理论学习中心组召开4次区委常委班子党史学习教育专题学习暨区委理论学习中心组会议，开展学习研讨。深入学习领会习近平新时代中国特色社会主义思想；关于学习党史的重要论述；新民主主义革命时期历史和社会主义革命、建设时期历史、专题学习改革开放新时期历史、中共十八大以来的历史；深入学习领会习近平总书记对广西及防城港工作的重要指示精神、习近平总书记视察广西时的重要讲话和重要指示精神、习近平总书记在庆祝中国共产党成立100周年大会上的重要讲话精神、防城港市第七次党代会精神等内容。坚持领导干部率先垂范，以"关键少数"示范带动"绝大多数"，进一步带动全体党员干部主动学、深入学，激发全区各级领导班子、领导干部的内在动力和学习热情。各级党组织通过开展党史学习教育学习会、理论学习中心组会议以及组织党员干部通过集中学、自主学、交流学、场景学等学习形式500余场次。

扎实开展理论宣讲进机关、进农村、进社区、进企业、进学校活动，推动党的理论宣传群众化、

11月4日，自治区党委讲师团赴港口区沙耙墩"岛上党支部"开展理论宣讲
（港口区委宣传部 供图）

普及化。广泛吸纳理论宣讲人才，组建港口区宣讲团开展宣讲，领导干部带头宣讲，依托"新时代文明实践所（站）"阵地宣讲等形式，开展港口区党史学习教育、乡村振兴以及十九届六中全会精神、习近平总书记在庆祝中国共产党成立100周年大会上的重要讲话精神、习近平总书记视察广西时的重要讲话精神、自治区第十二次党代会、中国共产党防城港市第七次代表大会精神暨防城港市"解放思想、转变作风、提升能力"专题等重大主题宣讲活动1000余场次，受众人数约3.5万人。

【意识形态工作】 加强意识形态阵地管理，团结巩固壮大主流思想。坚持主管主办和属地管理原则，加强对新闻媒体、期刊出版、农家书屋、村级公共文化服务中心及各类意识形态阵地的建设。开展了中国共产党成立100周年、党史学习教育、贯彻落实习近平总书记视察广西时的重要讲话和重要指示精神社会宣传等主题社会宣传，营造良好的社会氛围。

2021年，区委常委会共研究部署宣传思想文化工作5次。4月21日，召开港口区宣传思想文化系统党的建设和党风廉政建设工作会议，部署2021年党建工作，压实政治主体责任。2021年10月31日至11月5日，组织全区各镇（街道）、区直单位分管意识形态工作的领导干部在南宁广西财经学院举办港口区期新时代加强党员干部意识形态工作能力专题培训班，强化港口区党员干部和宣传干部队伍理想信念，切实提升综合素质能力水平。9—10月，开展意识形态工作专项督查，以听取汇报、查阅台账、现场反馈等形式，对港口区各镇（街道）、区直单位就贯彻落实《中国共产党宣传工作条例》和落实意识形态工作责任制情况进行全面督查。

【网络宣传和信息化管理】 2021年，围绕中心工作有效利用政务微博、微信平台等新兴网络媒体，推出"网络中国节"传统节日、争做"中国好网民、八桂好网民"、"2021国家网络安全宣传周"等系列主题宣传，在网络阵地唱响主旋律。同时，进一步加强网络管理，对辖区互联网应用程序及网络工作群、电子邮箱、关键信息基础设施和新媒体等可能存在安全隐患的部分进行全面摸排，扎实、有序推进有关打击网络侵权盗版"剑网2021"、"清朗"系列等专项整治行动，及时清理整治涉网络侵权盗版、网上历史虚无主义、未成年人网络环境、"饭圈"乱象等有害信息。

【对外宣传工作】 2021年，港口区制作的区位优势宣传片《防城港市港口区欢迎您》通过Facebook在柬埔寨、老挝、越南等东南亚地区宣传播放。创作的《全力以赴　共同抗疫　共克时艰，同舟共济，一定能更好走下去》抗疫视频，在瑞典《北欧时报》上融合推送，进一步加强了港口区的国际传播。2021年，港口区举办8场新闻发布会，开设14个专题专栏，联动媒体加强对热点事件的深度和系统宣传。加强与人民网、新华社、《广西日报》、《南国早报》、广西新闻网、《防城港日报》、防城港电视台等新闻媒体的沟通联系，通过签订合作协议、邀请采访、参加新闻发布会和大力推送稿件等方式，不断加大对外宣传力度。

【新闻工作】 2021年，着力抓好宣传引导，总共上稿1万多篇，其中专题重点稿3300余篇。在中央级媒体发布新闻稿件18条，省级媒体发布新闻稿件65条，市级媒体发布稿件1376条，区本级媒体发布稿件2000多条，大大提升了港口区的对外影响力和知名度。紧贴区委、区政府的乡村振兴、党史学习、政法队伍整顿、征地拆迁安置、绩效考评等中心工作，推进媒体融合发展，精心策划新闻题材，选准报道方式，开展各类重大主题宣传，及时准确、全面深入地宣传报道港口区经济和社会事业发展的新思路、新举措、新典型、新成效。策划推出的开海节、乡村振兴、《破浪疍家人》MV等融媒体作品，网络点击率超过2000万人次。刊发乡村振兴类新闻稿件200多条，党史学习类稿件190多条，政法队伍整顿类稿件80多条，"学习强国"学习平台发稿110多条，协助策划和拍摄《港口先锋》《党史学习教育》等专题片。

【其他主要工作】 党史学习教育　2021年，港口区党史学习教育在区委党史学习教育领导小组领导下开展，由区委宣传部、区委组织部牵头负责。成立区委党史学习教育领导小组，区委主要领导担任组长。领导小组下设办公室，办公室设在区委宣传部，具体负责日常工作。区委党史学习教育领导小组办公室设立7个工作组，区委党史学习教育领导小组各成员单位各司其职，形成工作合力。

区委党史学习教育　领导小组办公室坚持“规定动作”与“自选动作”有机结合，制定专项活动方案，明确各项目标任务。召开专题工作会议8次，传达学习中央、自治区、市及港口区关于开展党史学习教育活动的相关文件精神，听取工作进展，明晰下一步安排。印发及转发上级工作文件约40件，编制工作简报26期，编发手机报30余条，确保专题学习、专题宣讲、专题培训、主题实践活动等各个环节落细落地。

港口区党史学习教育　注重融入日常、抓在经常，以“会议+”“活动+”“课堂+”“宣传+”等集成式，同步谋划同步开展。2021年，共组织开展“感党恩　跟党走”系列主题活动1万多场次，覆盖干部、群众、学生10多万人次。筹办“庆百年华诞　为党旗增辉”主题晚会，创新组织“伞画绘党史”“寻找身边的共产党员”等主题活动，创新设立“红领巾”党校，创新开展“五老宣讲进校园”，创新举办“红心向党·献礼建党100周年”抖音短视频大赛，创新创作党史历程小动画、港口区党史学习教育成就巡望专题宣传片等。通过开展“三服务、四健全、五强化”的实践活动，聚瓶颈、做实事、解难题，全年为群众办实事方面总投资超亿元，为群众办实事2000多件。在防城港市深入推进党史学习教育工作会暨“我为群众办实事”项目现场会上，港口区作典型经验发言，党史学习教育工作得到市级表扬。

（蒙祥洋）

统一战线工作

【党外代表人士队伍建设】　注重教育培训　将党外干部培训纳入全区干部教育培训计划，精心选择培训课程，创新培训方法，确保培训效果。2021年，在广西民族大学举办1期党外干部培训。

注重选拔任用　从年轻干部、非中共人大代表和政协委员中挑选党外代表人士，纳入党外后备干部库。加大党外干部的选拔任用力度。严把素质关，对特别优秀的党外干部，组织部与统战部共同进行重点培养，并推荐选拔任用。做好党外代表人士的政治安排工作。认真贯彻党外代表人士安排的政策要求，结合换届工作，做好党外人大代表和党外政协委员的推荐提名工作。2021年，港口区政协委员中的党外人士共83名。

【民主党派工作】　加强思想政治引领　组织各民主党派学习领会习近平新时代中国特色社会主义思想。召开领导班子民主生活会，提升组织活力，提高能力素质。召开全区各民主党派党史学习教育部署会，组织各民主党派开展“同心向党、奋进新时代”主题活动。

加强党派队伍建设，注重培养与任用　支持各民主党派完成换届工作。加强与各民主党派市委（总支部）做好换届人事安排的协商和沟通，按照换届工作要求，指导民盟、民进、民建、农工、致公各支部（总支）在届满时完成换届工作。重视民主党派干部队伍建设工作。将民主党派干部培训纳入全区党外干部培训计划，2021年在广西民族大学举办党外干部培训班，港口区6个民主党派全部选员参加培训。合理提拔任用民主党派干部，2021年共提拔晋升民主党派干部2名。2021年，人大、政协换届，其中2名民主党派代表人士当选为区人大代表，推荐28名优秀民主党派代表人士担任区政协委员，推荐1名民主党派代表人士担任市政协委员。

10月19—23日，港口区党外干部和少数民族干部专题培训班在广西民族大学举办
（港口区委统战部　供图）

【新的社会阶层人士和无党派人士工作】 召开市新联会港口区分会成立大会，进一步搭建参政议政平台。认真贯彻落实《中共中央关于加强新时代党外知识分子思想政治工作和无党派代表人士队伍建设的意见》。加大无党派人士培养力度，在全区范围内开展无党派人士政治面貌认定工作。

10月21日，港口区"万企兴万村"行动启动仪式在区老干部活动中心三楼举行

（港口区委统战部　供图）

【港澳台统战工作】 健全职能，做好服务　协助市台办做好台籍高考学生身份审核确认工作。协调有关部门解决台资企业有关问题。

走访慰问，增进感情　节日走访慰问台胞、台商等，增进港澳台同胞对祖国和家乡的认识和感情，引导他们更多地关注支持和参与港口区的开放开发。

【服务非公有制经济发展】 加强思想建设　依托广西统一战线网络学院等平台，组织民营经济人士学习习近平总书记在民营企业座谈会上的讲话精神，促进民营经济人士健康成长。推荐民营企业家参加自治区党委统战部和市委统战部举办的中国人民大学防城港市民营企业高级人才培训班。

加强沟通联系　落实联系服务非公有制企业和非公有制经济代表人士制度，听取非公有制企业和人士的意见和建议，解决企业生产经营过程中存在的困难与问题。区委统战部、区工商联深入企业开展民营企业走访慰问活动，详细了解企业经营状况和企业存在问题以及企业发展、营商环境建设方面的意见。区工商联、区司法局与律师事务所签订《"万所联万会"律师法律服务合作框架性协议》，搭建律师服务民营企业新平台，助力法治民企建设，营造良好的法治化营商环境。

积极助力乡村振兴和疫情防控　深入贯彻落实习近平总书记关于乡村振兴和"万企兴万村"行动重要指示精神，印发《防城港市港口区开展"万企兴万村"行动的实施方案》，鼓励引导广大民营企业开展村企结对共建，对16个村和9个社区进行重点帮扶。助力疫情防控工作，捐资捐物。

【加强统一战线思想政治引领】 强化领导力度，落实责任到位　把意识形态工作纳入全区统战工作重点和统战部重要议事日程，在领导班子和全区统战成员单位

1月8日，防城港市新的社会阶层人士联谊会港口区分会正式成立

（港口区委统战部　供图）

11月1日，港口区“感党恩　跟党走”民营经济人士庆祝建党100周年文艺会演活动在广西盛隆冶金有限公司举办　（港口区委统战部　供图）

中坚持强化政治意识、大局意识、核心意识、看齐意识。

强化理论学习，筑牢思想共识　组织统战人士通过参加广西统一战线视频学院、宣讲会、统一战线工作会议、专题座谈会和情况通报会等方式，集中学习、传达重大会议、重大理论观点、重要方针政策和决策部署，切实加强思想引导。组织各民主党派代表、新的社会阶层代表人士开展“同心向党、奋进新时代”主题活动，组织工商联、民营企业党员代表开展“学习百年党史、传承红色基因、共圆复兴梦想”主题活动、“感党恩　跟党走”民营经济人士庆祝中国共产党成立100周年文艺会演活动，组织宗教界开展“爱党、爱国、爱社会主义”主题教育活动。

（翟翠莹）

机构编制

【概况】 2021年，中共防城港市港口区委员会机构编制委员会办公室（简称港口区委编办）贯彻落实区委、区政府各项中心工作，做好机构改革完结、党建、双拥、保密、理论学习等各项工作，落实中央八项规定等党风廉政建设工作。完成机构编制年度统计报表的汇总、统计、上报工作。

【企沙镇行政管理体制改革】 根据《防城港市港口区企沙镇行政管理体制改革实施方案》工作要求，做好企沙经济发达镇行政管理体制改革试点改革工作，并于2021年10月份通过自治区评估。

【基层整合审批服务执法力量改革】 完成镇、街道机构改革，做好推进基层整合审批服务执法力量改革工作，加强乡镇“四所合一”机构履职能力建设，提升基层农房管控水平，推进港口区2个镇、4个街道审批服务和综合执法“两个平台”、政务服务和基层治理“两张网”建设，打通群众诉求解决与便民服务“两个通道”。

【地方党政机构改革完结】 2021年，各领域没有重大体制机制和职责调整，港口区委编办继续做好地方党政机构改革后续工作，完善地方党政机构职能体系，落实好部门“三定”规定，及时研究解决运行中发现的问题，推动机构改革向纵深发展。组织修订区人社局、区工信局、区住建局、区红十字会的“三定”方案，并报区委、区政府审定，由区委办、政府办联合发文或区委办发文。

【调整扶贫工作机构设置】 2021年，为贯彻中央、自治区和防城港市关于进一步推动当前和今后一个时期乡村振兴战略实施的部署要求，巩固拓展脱贫攻坚成果同乡村振兴有效衔接，经市委、市人民政府批准，并获市委编办批复，及时调整港口区扶贫工作机构设置。将防城港市港口区扶贫开发办公室重组为防城港市港口区乡村振兴局，为防城港市港口区人民政府工作部门，规格为正科级，由港口区农业农村水利局统一领导和管理。主要负责巩固拓展脱贫攻坚成果、统筹推进实施乡村振兴战略有关具体工作。重组后的防城港市港口区乡村振兴局，原有人员编制、领导职数及所属事业单位保持不变，内设机构根据新职能作相应调整，不再保留防城港市港口区扶贫开发办公室。

【优化资源配置】 争取编制资源，在市委编委的支持下，2021年获得市委编委批复下达行政编制1名，用于森林防火应急工作。根据疫情防控需要，在港口区内调剂15名事业编制增核到区疾控中心，为今后疫情防控提供必要的编制保障。充分利用“周转编制”，为港口区教育高质量发展提供坚实保障。2021年，港口区获分配使用“周转编制”488名，2021年9月，港口区教科局已将全部“周转编制”划分到各中小学校。港口区委编办高度重视控制数教师使用“周转编制”的入编办理工作，其中控制数教师使用事业编73名，控制数教师使用“周转编制”360名，实现全面达到国家基本标准，历史性解决中小学教职工编制总量配备不达标问题，为港口区教育高质量发展提供坚实保障。

【第二次全国机构编制核查】 按照上级编委的工作部署，于2021年11份按时按质完成港口区的机构编制核查工作。该次核查工作共对全区55个党政群（含镇、街道）机关及所属154个事业单位的机构设置，人员编制，领导职数配备及纳入机构编制实名制系统管理的控制数、非实名编制、编外人员使用情况进行梳理、核查，对部分人员信息录入不规范、错误以及内设机构未按照“三定”规定进行设置的情况进行整改，进一步规范港口区机构编制管理工作。

【事业单位机构升格】 向市委编委申请升格机构，区不动产登记中心、区医疗保障服务中心获批提升为副科级。根据中共防城港市委员会机构编制委员会办公室《关于港口区医疗保障服务中心机构规格的批复》精神，将防城港市港口区医疗保障服务中心定为副科级事业单位，设主任1名；根据中共防城港市委员会机构编制委员会办公室《关于港口区不动产登记中心机构规格的批复》精神，将防城港市港口区不动产登记中心定为副科级事业单位，设主任1名。

【事业单位机构更名】 向市委编委申请更名，港口区公车中心校获批更名。根据中共防城港市委员会机构编制委员会办公室《关于防城港市港口区公车中心校更名为防城港市港口区第五小学的批复》精神，将防城港市港口区公车中心校更名为防城港市港口区第五小学。

【机构编制管理】 严格执行国务院“约法三章”和自治区、市有关减编控编工作要求，按照“控制总量，盘活存量，优化结构，有减有增”的原则，一律在核定的编制总量内调整，坚决守住机构编制“只减不增”的底线。2021年，港口区行政编制未突破中央下达的总量控制数，事业编制总量基本达到中央要求控制水平。

【事业单位法人登记管理】 港口区事业单位登记管理局主要负责辖区内事业单位法人设立登记、变更登记、注销登记等工作，并在每年1～3月负责受理辖区事业单位的年度报告公示。2021年度，全区共有163个事业单位，需办理年度报告148个，年报率达100%。年内，办理事业单位新设立登记9个，变更登记54个（共计80个事项），注销登记12个。清理不符合《条例》规定的“双重法人”事业单位2个。登记局还负责港口区机关、群团统一社会信用代码赋码、日常管理等工作。2021年度办理机关统一社会信用代码证变更25个，因工作需要给予赋码的特殊机关统一社会信用代码证变更3个，群团统一社会信用代码证变更2个，并完成垂直管理机关（税务局）赋码工作。

（廖培伶、邓春莲）

机关党务

【概况】 防城港市港口区直属机关工委是中共防城港市港口区委工作机构，负责统一组织规划部署区直属机关党的工作。2021年，港口区直属机关工委管辖区直基层党组织98个，其中机关党委2个、党支部96个，党员1416名。2021年，在区委的坚强领导下，坚持以习近平新时代中国特色社会主义思想为指导，以政治建设为统领，抓好机关党的思想政治建设、组织建设、作风建设和党风廉政建设，以及其他党务工作。制定下发《2021年港口区直机关党的建设工作要点和2021年港口区直机关纪检工作要点》，细化机关党建工作目标。坚持把意识形态工作、党风廉政建设作为党的建设工作的重要内容纳入议事日程，坚持意识形态工作、党风廉政建设工作与党建工作同步落实、同步思考、同步研究、同步筹划。扎实开展“星级党支部”创评，围绕中心、服务大局，不断提升全区机关党建工作质量和水平。

【机关思想政治建设】 2021年，港口区直属机关工委指导区直机关各党组织开展集中学习1100

多次，持续推动区直机关党员干部做到学思用贯通、知信行统一，联合区纪委重点围绕严守政治纪律和政治规矩情况开展机关党建综合督查4次，对区直单位党组(党委)年度民主生活会进行督导，加强和规范“三会一课”、民主评议党员、领导干部过双重组织生活等党内政治生活制度的执行。深化对党忠诚教育，大力弘扬民族精神和时代精神，加强党史、新中国史、改革开放史教育，指导区直机关党组织举办“书香机关、阅读圆梦”读书活动。实施“四大工程”焕发机关党员干部干事创业的激情。积极推进巡视巡察反馈问题和2020年党建述职评议反馈问题整改落实工作。

6月29日，“学党史　上党课　办实事”主题活动

（港口区机关工委　供图）

【机关组织建设】 加强基层队伍建设。大力优化基层党建工作队伍，选齐配强党务干部，加强党务工作者培训，进一步提升党务工作的能力和水平，2021年举办党务工作者专题培训班2期，协办广西领导干部“时代前沿知识”系列讲座3期，进一步提升党员理论素养及党建业务水平。严格执行到期换届提醒制度，指导31个区直机关基层党组织进行换届，指导新成立9个基层党组织，办理党组织关系转移181人次，批复基层党组织书记和专职副书记任免157人。撤销3个党支部。大力推进“星级党支部”创评，联合区委组织部印发《港口区直机关“星级党支部”创评管理实施办法》。抓细、抓实党员发展工作，2021年发展党员65名，其中，企业党员5名，教师党员24名，机关党员36名；女性党员47名，占72%；本科、大专以上学历61名，占94%；35岁以下53名，占82%；少数民族干部22名，占34%。举办入党积极分子、发展对象培训班4期，深入区教科局、区人民医院、区城管局等单位指导发展党员工作。严格落实“三会一课”、谈心谈话等制度，指导区直机关各党组织开展讲党课300余场次、党日活动1100余次。

【机关作风与党风廉政建设】 2021年，把全面从严治党工作与区委、区纪委监委的部署要求紧密结合起来，扎实抓好机关党风廉政建设和反腐败工作。明确主要领导是党风廉政建设“第一责任人”职责、班子成员抓党风廉政建设的工作任务。坚持和发扬民主集中制，认真执行重大事项报告、重大问题议事和决策制度。2021年，召开工委委员会讨论研究党建、党风廉政、意识形态、“三重一大”事项等工作共22次。结合岗位工作，开展廉政风险防控点排查，围绕人权、财权、物资采购等方面建立完善廉政风险防控机制。正确运用监督执纪第一种形态，班子成员与党员干部之间开展谈心谈话共5次，提出工作和勤政廉洁要求，坚持抓早抓小，防微杜渐。开展纪律教育和廉政警示教育，把廉政教育及纪检员业务培训纳入党务工作者培训重要内容，结合党务工作者专题培训班对党支部纪检委员进行专题业务培训1期，组织发展对象参观廉政教育基地1次，开展“打卡红色教育基地”2次。进一步做好节日期间正风肃纪工作。认真贯彻落实区委、区政府和区纪委监委关于节日期间工作部署要求，加强对党员干部的教育、管理，在重要时间节点及时向区直机关各基层党组织发出廉政提醒7次。严肃执纪问责，向区纪委、区直属机关纪检监察工委提出6名违纪党员干部党纪处分意见。制定《港口区直属机关工委“弘扬好家风、培育好家教”活动工作方案》，紧扣活动主题，明确活动时间、活动内容及相关工作要求，通过领导班子成员领学党规党纪，

5月19日，开展2021年港口区直机关党务工作者党性教育专题培训班
（港口区机关工委　供图）

举办主题座谈会，主要领导与班子成员家属进行家访交谈，组织观看专题教育片等形式，确保主题活动取得实效。多形式开展警示教育，通过主题党日活动、集中学习及党员培训等形式组织党员干部学习党纪党规，传达对典型案例通报精神以及观看警示专题片12次。

【机关推优选举】　2021年，做好自治区、市、区三级“两优一先”评选表彰推荐工作，区直机关有22人获自治区级以上各类先进表彰，10人荣获防城港市优秀共产党员称号，5人荣获防城港市优秀党务工作者称号，3个基层党组织荣获防城港市先进基层党组织称号，20人荣获港口区优秀共产党员称号，6人荣获港口区优秀党务工作者称号，7个基层党组织荣获港口区先进基层党组织称号。协助做好“光荣在党50年”纪念章颁发等工作。圆满完成区第七次党代表换届及区人大代表换届选举工作。在代表产生和大会选举工作中，强化党组织主导作用，充分发扬民主，严格依法按章办事，确保规范有序、严密细致、扎实到位。共选举产生区直机关出席区第七次党代会代表45名，七届人大代表区直机关代表5名。

【其他党务工作】　认真贯彻落实习近平总书记关于疫情防控工作重要指示精神以及中央、自治区、市委、区委关于疫情防控的决策部署，积极推动区直机关基层党组织和党员干部投入疫情防控工作。

（农永琪）

督查和绩效考评

【概况】　港口区委区人民政府督查和绩效考评办公室（以下简称港口区委区政府督考办）是区委工作机关，为正科级单位。

港口区督考办主要职责　推动党的路线方针政策贯彻执行，负责对上级党委、人民政府及区委、区人民政府重大决策、重要文件、重要会议、重要工作部署以及区委常委会、区人民政府常务会等其他重要会议议定事项贯彻落实情况进行督促检查。负责上级党委、人民政府领导和区委、区人民政府领导的批示指示、交办事项落实情况的督办反馈。承办区绩效考评领导小组日常工作。修订和完善绩效考评指标和考评办法，审定考评对象年度绩效计划，督促检查考评对象绩效目标完成情况，开展日常评估工作。对各镇（街道）和区直部门进行年度绩效考评。指导各镇（街道）和区直部门组织所直属机关开展督查及绩效考评工作，督办各级人大代表建议案、政协提案工作，完成区委、区人民政府和区绩效考评领导小组交办的其他任务。

港口区绩效评估中心主要职责　协助做好综合考评社会评价和绩效评估工作；负责综合考评数据的采集、统计、分析和绩效信息平台建设与管理工作；负责绩效评估与绩效管理的指标体系、技术方法、绩效考评机制等问题的调查研究。

【督查督办】　2021年，完成稳电保供、遏制农村乱占耕地建房、防汛减灾、安全生产、中小学生防溺水、校园安全防范等习近平总书记指示批示件8件，自治区党委主要领导指示批示件12件，防城港市委主要领导指示批示件17件，区委主要领导指示批示件19件。其中，办理市委主要领导指示批示件工作得到市委书记谭丕创2次肯定性批示。用好督查“利剑”，贯彻落实好中央八项规定精神及基层减负工作。将贯彻落实中央八项规定精神纳入年度督查检查考核事项清单，联合区纪委监委，采取明察与暗访相结合的方式，进一步推动各级党委落实狠抓中央八项规定和作风建设的主体责任。2021年，港口区各级各部门“三公”经费不超标、不超支，领导出访调研、公务用车等事项均符合文件要求。进一步明确精文减会的标准和尺度，改进督查检查考核方式方法，印发区本级基层减负方案，成立基层减负办公室，动态监测发文办会情况，要求责任部门分别于年中、年末报送减负工作落实情况，重点整治督查检查考核过多、“文山会海”等问题。发文方面，2021年以港区发、港区办发文号印发文件同比下降10%、20%，以港区政发、港区政办发文号印发文件同比下降55%、14%。办会方面，2021年党委召开各类会议82次，同比下降9.8%；政府召开各类会议94次，同比下降2.1%；其他事项如领导调研、督查检查考核等均符合文件要求，无擅自开展评优评选、擅自签订“责任状”、一票否定等违规情况发生。严格按照中央、自治区及防城港市整治形式主义、官僚主义，切实为基层减负工作要求开展规范督查检查考核工作，收集全区各级各部门督查检查考核事项，综合形成《2022年防城港市港口区督查检查考核计划(送审稿)》。于4月中旬，该计划经自治区党委督查室，防城港市委、市政府督查办审核通过，共有21项督查检查考核事项，比2021年减少1项。

4月2日，港口区召开2020年市绩效考评初步结果复核会

（港口区督考办　供图）

【绩效考评】 制定《2021年度港口区机关绩效考评工作方案》，《2021年度驻港口区单位服务港口经济社会发展绩效评价工作方案》和《2021年度港口区绩效考评加减分细则》《港口区2021年度镇(街道)推动高质量发展绩效评价综合考评指标体系及评分细则》《港口区2021年度区直单位推动高质量发展绩效评价综合考评指标体系及评分细则》《港口区2021年度推动高质量发展绩效评价综合考评反向扣分指标体系及评分细则》，印发《2020年度自治区绩效考评反馈防城港市港口区存在问题的整改方案》与《2020年度防城港市绩效考评反馈港口区存在问题的整改方案》等一系列文件，绩效考评重点围绕经济高质量发展及为民办实事等内容。区委、区政府通过召开区委常委会、区政府常务会、绩效领导小组会、绩效工作推进会、协调会等听取绩效工作开展情况，对绩效工作遇到的问题给予协调解决。成立督查暗访组对2021年度各项指标完成情况和2020年度绩效考评存在问题整改工作情况开展定期不定期督查核验，严格对照评分标准核查工作台账、核查项目进度，发现问题或进度缓慢的项目及时反馈、限期整改，指导解决为止，顺利通过自治区、市年终察访核验。

荣获2021“广西高质量发展先进城区”称号，获自治区给予5000万元一次性财力奖励和300亩新增建设用地指标奖励。在全市绩效考评中，港口区以920.22的分数继续排名全市第一。

做好区本级2021年度绩效考评工作。制定《2021年度港口区本级年终绩效考评工作方案》，抽调人员组成年终考评工作组对全区51个区直单位、6个镇(街道)和6个驻港口区单位开展2021年度绩效考评工作。

（韦英省）

信访

【概况】 2021年，区信访局围绕区委、区政府中心工作大局，聚焦

1月6日，区政府副区长、市公安局港口分局局长荣斌（左三）接谈信访群众　　（港口区信访局　供图）

7月20日，区委政法委书记王华（左三）到王府街道办实地调研问题　　（港口区信访局　供图）

主业、锐意创新，扎实工作，全年港口区信访总量为866件、1295人次。

【**信访工作**】 压实信访工作责任，依法推动群众合理诉求有效解决　把推动解决群众合理诉求，维护社会和谐作为重点工作。2021年，港口区共受理初信初访件308件，到期办结308件，办结率100%。加大对中央集中治理重复信访、化解信访积案专项工作交办案件的办理力度。第一批交办的25件重复信访事项，港口区于7月底全部办结。对港口区重点疑难信访事项进行新一轮深入排查，9月印发《关于认真做好处级领导干部包案化解重点信访事项工作的通知》，由区四套班子领导包案化解排查出来的31件疑难信访事项。

扎实推进房地产领域信访突出问题化解工作　针对港口区房地产领域信访问题突出的实际情况，落实区领导包案化解江滨雅轩、兴港明城等楼盘信访问题，通过约谈开发商，派出工作组入驻项目现场的方式，为项目业主解决施工中遇到的问题，主动对接上访的购房者，使港口区房地产领域信访突出问题化解工作得到稳步推进。

【**信访工作队伍建设**】 加强党风廉政建设，努力提高队伍的素质。加强思想政治建设。开展党风廉政教育，引导信访工作人员牢固树立政治理想，严格遵守政治纪律。着力提升能力素质。统筹开展信访业务培训，严格按照国家信访局和自治区信访局关于办信、接访、网上投诉、复查复核、督查督办等业务办理的各项工作规则开展业务工作。强化纪律作风。全面加强纪律建设，抓好作风建设，建立一系列局内部内控制度，定期开展警示教育活动，进一步筑牢拒腐防变的思想防线。

（苏　姗）

港口区人民代表大会

【**概况**】 2021年9月换届前，港口区有区、镇两级人民代表大会3个，其中区级人民代表大会1个、镇级人民代表大会2个。港口区辖区各级人大代表323人，其中，自治区人大代表6人，市人大代表53人，区人大代表149人，镇人大代表115人。港口区第六届人大常委会组成人员25人，其中主任1人、副主任4人、委员20人。

2021年9月换届后，港口区有区、镇两级人民代表大会3个，其中区级人民代表大会1个、镇级人民代表大会2个。港口区辖区各级人大代表348人，其中，自治区人大代表1人，市人大代表55人，区人大代表163人，镇人大代表129人。港口区第七届人大常委会组成人员24人，其中，主任1人，副主任4人，委员19人，港口区人民代表大会常务委员会下设办公室和代表联络工作委员会、财政经济委员会、社会建设和监察法制司法委员会、科教文卫与民族工作委员会、农业农村与环资城建工作委员会5个工作机构。

2021年，港口区人大共组织召开代表大会2次、常委会会议11次、主任会议16次，常委会作出决议决定2项。2021年，共依法任命国家机关工作人员49人、免职22人，接受辞职12人，补选市区两级人大代表1人。检查1部法律法规实施情况，开展专题调研6项，听取和审议专项工作报告12项，办理代表建议意见34件。

【港口区第六届人民代表大会第七次会议】 3月17—19日，港口区第六届人民代表大会第七次会议在港口区会议中心三楼会议室召开。会议听取、审议和通过港口区人民政府、人大常委会、人民法院、人民检察院工作报告；审查和批准港口区国民经济和社会发展第十四个五年规划纲要；审查和批准港口区人民政府2020年国民经济和社会发展计划执行情况与2021年国民经济和社会发展计划草案的报告；审查和批准港口区人民政府2020年预算执行情况和2021年预算报告；表决2021年度港口区人民政府为民办实事项目。

【港口区第七届人民代表大会第一次会议】 9月14—17日，港口区第七届人民代表大会第一次会议在港口区会议中心三楼会议室召开。会议听取、审议和通过港口区人民政府、人大常委会、人民法院、人民检察院工作报告；选举区人大常委会主任、副主任、委员；选举港口区人民政府区长、副区长；选举港口区监察委主任、人民法院院长、人民检察院检察长；选举港口区出席防城港市第七届人民代表大会代表；表决区人大社会建设和监察法制司法委员会、财政经济委员会组成人员。

【人大常委会会议】 2021年，共召开11次常委会会议，换届前召开了7次，即区六届人大常委会第四十次会议到第四十六次会议；换届后召开了4次，即区七届人大常委会第一次会议到第四次会议。

六届第四十次会议　会议于2月24日召开。会议听取和审议区六届人大常委会代表资格审查委员会关于区第六届人民代表大会个别代表变动情况的报告、区六届人大常委会代表资格审查委员会关于区第六届人民代表大会代表资格审查的报告；听取区人大常委会办公室关于区六届人大七次会议筹备情况的说明；审议了区六届人大七次会议有关事项、区人大常委会工作报告草案。会议任命了何瑞平、杨训杰为港口区人民法院审判员；任命韦钰滢为港口区人民检察院检察员。

六届第四十一次会议　会议于4月29日召开。会议听取和审议区人大常委会2021年工作要点草案；审查港口区2021年部门预算支出草案；审议区人大财经委《关于港口区2021年部门预算支出草案》的审查报告；审议区人大常委会《关于港口区新一届镇人民代表大会代表名额的议案》。会议作出了批准2021年港口区部门预算的决议；表决通过了《港口区人大常委会2021年工作要点》、关于港口区新一届镇人民代表大会代表名额的决定草案。

六届第四十二次会议　会议于6月1日召开。会议听取、审议和通过区人民政府关于贯彻实施《中华人民共和国固体废物污染环境防治法》情况的报告、区人大常委会农业农村与环资城建工委关于《中华人民共和国固体废物污染环境防治法》执法检查情况的报告、2021年港口区环境状况和环境保护目标完成情况的报告；会议审议和通过关于设立2021年港口区选举委员会的决定草案、关于设立2021年港口区各镇选举委员会的决定草案、关于设立2021年港口区各街道选举工作办公室的决定草案、关于2021年港口区区镇两级人大代表换届选举时间的决定草案、港口区人大常委关于2021年换届选举工作实施方案草案。会议任命钟幸東为港口区人大常委会办公室主任；任命韦雪雯为港口区人大常委会白沙沥街道工作委员会主任；任命甲世勇为港口区人大常委会渔洲坪街道工作委员会主任。免去苏武的港口区人大常委会办公室主任职务；免去左将的港口区人大常委会白沙沥街道工作委员会主任职务；免去蔡始兵的港口区人大常委会渔洲坪街道工作委员会主任职务。会议任命陈滴为港口区司法局局长；任命钟科为港口区住房和城乡建设局局长；任命赖胜东为港口区交通运输局局长；任命戚汝梅为港口区文化广电体育和旅游局局长。免去邓钧译的港口区司法局局长职务；免去冯云峰的港口区住房和城乡建设局局长职务；免去吴尚贵的港口区交通运输局局长职务；免去吴钱仁的港口区文化广电体育和旅游局局长职务。会议决定接受陈滴、左将、蔡始兵等3人辞去港口区第六届人民代表大会常务委员会委员职务的请求；接受陈滴辞去港口区第六届人民代表大会财政经济委员会委员职务的请求；接受蔡始兵辞去港口区第六届人民代表大会社会建设和监察法制司法委员会委员职务的请求。

六届第四十三次会议　会议于6月24日召开。会议决定接受朱靓辞去港口区人民政府区长职务的请求。会议任命李广斌为港口区人民政府副区长，并代理港口区人民政府区长职务。

六届第四十四次会议　会议于7月29日召开。会议听取、审议和通过了关于港口区2021年上半年国民经济和社会发展计划执行情况的报告、关于港口区2021年上半年预算执行情况的报告、关于港口区社会救助工作情况的报告、区人大社会建设和监察法制司法委关于港口区社会救助工作的调查报告、关于港口区中小学体育教育工作情况的报告、区人大科教文卫与民族工委关于港口区中小学体育教育工作情况的调查报告、区人民法院2021年上半年工作报告、听取和审议区人民检察院2021年上半年工作报告。会议接受钟恒栋、吴乃华、邓珊珊3人辞去港口区人民政府副区长职务的请求；接受钟志海辞去港口区人民检察院检察长、检察委员会委员、检察员职务的请求。会议任命黄纯为港口区人民检察院检察员、检察委员会委员、副检察长，并代理港口区人民检察院检察长职务。

六届第四十五次会议　会议于9月7日召开。会议听取和审议区六届人大常委会代表资格审查委员会关于对七届人大代表资格的审查报告（草案），会议同意代表资格审查委员会的审查报告，确认当选的163名区第七届人民代表大会代表资格有效。会议任命吴能文为港口区发展和改革局局长；任命邱宽为港口区教育和科学技术局局长，免去其港口区人民政府办公室主任职务；任命陈雄为港口区工业和信息化局局长，免去其港口区海洋局局长职务；任命吴勇为港口区民政局局长；任命苏链辉为港口区人力资源和社会保障局局长，免去其港口区商务和口岸管理局局长职务；任命唐时秀为港口区商务和口岸管理局局长；任命冯信初为港口区统计局局长，免去其港口区工业和信息化局局长职务；任命王立进为港口区海洋局局长；任命肖超为港口区乡村振兴局局长；免去吕文平的港口区发展和改革局局长职务；免去戚汝波的港口区教育和科学技术局局长职务；免去庞兴就的港口区民政局局长职务；免去黄岸柳的港口区人力资源和社会保障局局长职务；免去毛玉虹的港口区统计局局长职务。会议任命武路云为港口区监察委员会副主任；任命潘思源为港口区监察委员会委员；免去王立进的港口区监察委员会副主任职务；免去徐和英的港口区监察委员会委员职务。

六届第四十六次会议　会议于9月9日召开。会议听取和审议区人民政府关于第六届人民代表大会代表意见办理情况的报告；听取区人大常委会办公室关于区七届人大一次会议筹备情况的说明；会议审议和通过了区人大常委会工作报告（草案）、七届人民代表大会第一次会议议程（草案）、七届人民代表大会第一次会议主席团和秘书长名单（草案）；会议通过了列席七届人民代表大会第一次会议人员名单（草案）。会议接受班克海辞去港口区监察委员会主任职务的请求；接受刘明奕辞去港口区第六届人民代表大会常务委员会主任职务的请求。

七届第一次会议　会议于10月29日召开。会议传达学习中央人大工作会议精神，部署相关工作；会议听取、审议和通过了区监委关于开展脱贫攻坚监察监督工作情况报告，区人大社会建设和监察法制司法委关于开展脱贫攻坚监察监督工作的调研报告、关于港口区2020年财政决算的报告、关于港口区2020年度区本级预算执行和其他财政收支情况的审计工作报告，区人大财经委关于港口区2020年预算审查结果报告、关于港口区2020年度国有自然资源资产管理情况的专项报告、关于港口区2020年度国有自然资源资产管理情况的调研报告。会议审议和通过了关于设立港口区第七届人大常委会代表资格审查委员会的议案、关于港口区2020年度国有资产管理情况的综合报告（书面）；会议批准港口区2020年财政决算的决议草案。会议任命马小红为港口区人民检察院副检察长；任命杨珂为港口区人民检察院副检察长；免去池国权的港口区人民检察院副检察长、检察委员会委员、检察员职务；免去苏恒的港口区人民检察院副检察长职务；免去何培源的港口区人民检察院副检察长职务；免去武显伟的港口区人民检察院检察员职务。

七届第二次会议　2021年11月17日召开。会议听取区委组织部关于人事事项的说明。会议任命吴能文为港口区发展和改革局局长；任命邱宽为港口区教育和科学技术局局长；任命陈雄为港口区工业和信息化局局长；任命吴勇为港口区民政局局长；任命陈滴为港口区司法局局长；任命杨佰篙为港口区财政局局长；任命苏链辉为港口区人力资源和社会保障局局长；任命甘文堂为港口区自然资源局局长；任命钟科为港口区住房和城乡建设局局长；任命赖胜东为港口区交通运输局局长；任命林明滨为港口区农业农村水利局局长；任命唐时秀为港口区商务和口岸管理局局长；任命戚汝梅为港口区文化广电体育和旅游局局长；任命梁满为港口区卫生健康局局长；任命钟志杰为港口区退役军人事务局局长；任命黄广尚为港口区应急管理局局长；任命陆丹丹同志为港口区审计局局长；任命刘晓东为港口区外事和海防人防局局长；任命黄广平为港口区市场监督管理局局长；任命冯信初为港口区统计局局长；任命黄恒师为港口区医疗保障局局长；任命骆东辉为港口区城市管理监督局局长；任命王立进为港口区海洋局局长；任命肖超为港口区乡村振兴局局长。

七届第三次会议　会议于11月23日召开。会议审议代表补选事项。会议依法补选黄桦为防城港市第七届人民代表大会代表。

七届第四次会议　会议于12月29日召开。会议审议了《港口区人民政府关于提请审议2021年财政预算调整方案（草案）的议案》，同意区人大财政经济委员会的审查意见，决定批准港口区2021年财政预算调整方案。

【审议决定重大事项】　2021年作出关于批准2021年港口区部门预算的决议、关于批准港口区2020年财政决算的决议、关于批准2021年港口区预算调整方案的决议。

【专题调研】　年内区人大常委会组织委员、代表共开展6个调研活动，即：关于港口区社会救助专题调研、关于开展脱贫攻坚监察监督工作专题调研、关于港口区2020年度国有自然资源资产管理情况专题调研、关于中小学体育教育工作情况的专题调研、关于港口区环境状况和环境保护目标完成情况专题调研、关于开展乡村振兴工作的专题调研。每项调研活动都形成相应的调研报告。

【人大代表议案和建议办理】　六届人大七次会议代表提出建议、批评和意见共57件，交由24个单位

8月25日，港口区人大常委会党组书记、提名区人大常委会主任黄晓昀（正中）到牛路村进行迎检工作调研　（港口区人大办　供图）

承办。截至2021年底已全部办理答复，办理答复率100%。其中，已解决的（A类）有9件，占建议总数的15.8%；基本解决的（B类）有24件，占建议总数的42.1%；留作参考或待后解决的（C类）有24件，占建议总数的42.1%。

【国家机关工作人员人事任免】 2021年，共依法任命国家机关工作人员49人、免职22人，接受辞职12人，补选市区两级人大代表1人。

【机关自身建设】 常委会主动把握新时代新要求，以党的建设为统领，立足“两个机关”职能定位，切实加强常委会自身建设，不断夯实常委会依法履职的基础。一是加强理论武装。常委会机关按照上级的部署，认真开展党史学习教育和“解放思想，转变作风，提升能力”专项行动。常委会领导带头学习、带头办实事好事、带头查找问题、带头整改，以上率下，推动工作的深入开展。组织常委会组成人员深入学习中央和自治区人大工作会议精神，把常委会组成人员的思想认识统一到党中央、自治区党委、市委和区委对各项工作的决策部署上来，自觉在思想上政治上行动上与党中央保持高度一致，自觉把人大工作放在全区改革发展稳定大局中谋划和推进。二是服务大局。常委会领导深入镇街道、村屯开展挂钩帮扶工作，协调落实帮扶资金，抓好帮扶政策落实，因地制宜发展特色产业，指导发展壮大集体经济，改善群众生产生活，助推脱贫攻坚和乡村振兴的有效衔接。以服务重大项目为己任，全力推进防东铁路新建、盛隆冶金产业升级技改、失地农民安置等重大项目建设，紧盯目标任务，深入开展调查研究，全程跟踪服务，协调解决难题，取得了较大成效。抓好意识形态工作，坚持把纪律和规矩挺在前面，严格执行中央八项规定精神和党风廉政建设各项要求。认真学习贯彻《关于新形势下党内政治生活的若干准则》，班子成员严格执行双重组织生活制度，参加机关支部所开展的集中学习、活动和组织生活会。加强对镇街道人大工作指导，组织人大工作人员参加学习培训和调研视察活动，努力提高全区人大工作整体水平。

【执法检查】 4月，区人大常委会组织开展对人民政府贯彻实施《中华人民共和国固体废物污染环境防治法》进行执法检查，6月召开常委会会议听取和审议关于港口区贯彻实施《中华人民共和国固体废物污染环境防治法》情况的报告，并依法作出了区人大常委会关于区人民政府贯彻实施《中华人民共和国固体废物污染环境防治法》情况报告的审议意见。

（吴狄蔓）

港口区人民政府

政府重要会议

【政府常务会议】 2021年召开16次常务会议，即港口区六届人民政府第七十七次常务会议至第八十八次常务会议、港口区七届人民政府第一次常务会议至第四次常务会议。

港口区六届人民政府第七十七次常务会议 1月27日由区长朱靓主持召开。传达学习《中共中央、国务院关于实现巩固拓展脱贫攻坚成果同乡村振兴有效衔接的意见》、习近平总书记发表2021年新年贺词精神，研究相关工作；传达学习中央领导在中央农村工作会议上的讲话精神，研究相关工作；传达学习《政府督查工作条例》《中共广西壮族自治区委员会关于进一步健全落细落实习近平总书记重要讲话、重要指示批示精神和党中央决策部署长效机制的通知》等文件精神，研究相关工作；听取港口区疫情防控工作汇报，研究疫情防控相关工作；听取港口区安全生产工作情况汇报，研究春节期间安全生产相关工作；听取港口区春节、两会期间社会安全稳定形势分析研判汇报，研究相关工作；听取2021年春节期间食品安全工作情况汇报，研究相关工作；审议《防城港市公安局港口分局关于请求提高警务辅助人员保障经费的请示》。

港口区六届人民政府七十八次常务会议 2月5日由区长朱靓主持召开。审议2021年港口区《政府工作报告》；审议《关于请求审定〈关于港口区2020年国民经济和社会发展计划执行情况与2021年国民经济和社会发展计划草案的报告（送审稿）〉的请示》；审议《防城港市港口区国民经济和社会发展第十四个五年计划和二〇三五年远景目标纲要（送审稿）》；审议《关于请求审定编发

〈防城港市港口区红十字会改革实施方案〉的请示》;审议《关于春节前预发2020年度港口区本级机关绩效奖有关问题的请示》;审议《关于春节前预发2020年度区本级增加事业单位绩效工资总量有关问题的请示》;审议区人力资源和社会保障局《关于上报2020年度港口区不属于绩效考核相关人员一次性慰问金发放方案的请示》;审议《关于聘用工作人员的请示》;审议区财政局《关于港口区2020年预算执行情况和2021年预算草案的报告》。

港口区六届人民政府第七十九次常务会议 3月22日由区长朱靓主持召开。传达学习《防城港市消防安全责任制实施细则》,研究相关工作;听取港口区2020年生态建设和环境保护工作报告,研究相关工作;审议《关于请求收回防城港市港口区渔船修造厂生活区划拨土地、解决职工安置问题的请示》,研究相关工作;审议《防城港市港口区农旅发展集团有限公司组建方案》,研究相关工作;审议《关于提高森林消防专业队伍工资待遇的请示》;审议《关于补发2019年立案、受处分人员绩效奖金及增加事业单位绩效工资总量的请示》。

港口区六届人民政府第八十次常务会议 4月23日由区长朱靓主持召开。传达学习《自治区党委办公厅 自治区人民政府办公厅关于印发〈李家祥、翟青、鹿心社同志在中央第七生态环境保护督察组进驻广西开展生态环境保护督察工作动员会上的讲话〉的通知》,《自治区党委办公厅 自治区人民政府办公厅关于印发〈广西壮族自治区生态环境保护督察办法〉的通知》,《党的十九届四中全会、五中全会有关生态文明建设和生态环境保护相关要求》,《习近平生态文明思想核心要义》,《习近平总书记关于生态文明建设的重要讲话精神》,《生态环境部"十四五"生态环境保护工作的总体思路和2021年重点工作》,中央环保督察通报第一批、第二批典型案例等精神,听取迎接中央环保督察工作进展情况汇报,研究布置相关工作;传达学习市委主要领导在《领导批示件办理情况报告第3期》上的批示精神,研究布置相关工作;听取港口区2020年度省级政府安全生产和消防工作考核迎检准备情况以及防汛防台工作汇报,研究布置相关工作;传达学习中共中央办公厅、国务院办公厅印发《关于全面推行林长制的意见》《中华人民共和国森林法》《广西壮族自治区红树林资源保护条例》《广西壮族自治区森林防火条例》等文件精神,听取港口区林业工作汇报,研究布置相关工作;审议《关于审定〈防城港市港口区人民政府行政复议委员会工作规则(代拟稿)〉〈防城港市港口区人民政府行政复议员任命办法(代拟稿)〉的请示》;审议《防城港市区农村信用合作联社关于改制农商行化险的请示》。

港口区六届人民政府第八十一次常务会议 5月6日由区长朱靓主持召开。传达学习习近平总书记视察广西时的讲话精神;听取2020年国家脱贫攻坚成效考核反馈广西问题港口区整改落实情况汇报,研究布置整改工作;传达学习自治区、防城港市二季度经济运行分析调度暨优化营商环境电视电话会议精神,听取港口区经济运行分析及优化营商环境工作情况汇报,研究相关工作;传达学习《自治区教育厅关于进一步加强中小学幼儿园安全工作的紧急通知》精神,听取港口区校园安全工作情况汇报,研究相关工作;审议《关于请求审定〈港口区贯彻落实国家统计局第5统计督察组督察反馈意见整改方案〉的请示》;审议《区工业和信息化局关于审定〈防城港市港口区推进工业振兴三年行动方案(2021—2023年)〉(代拟稿)的请示》。

港口区六届人民政府第八十二次常务会议 6月30日由代区长李广斌、副区长钟恒栋主持召开。传达学习《习近平总书记在中共中央政治局就新形势下加强我国生态文明建设进行第二十九次集体学习上的重要讲话精神》,研究布置相关工作;传达学习中央、自治区关于遏制"两高"项目盲目发展有关文件精神,研究布置相关工作;传达学习中央、自治区关于开展违建别墅清查整治有关文件精神,研究部署相关工作;传达学习《中共广西壮族自治区委员会 广西壮族自治区人民政府关于实现巩固拓展脱贫攻坚成果同乡村振兴有效衔接的实施意见》,研究部署相关工作;传达学习自治区对新冠疫情防控工作的批示精神、市委批示精神,听取港口区疫情防控工作汇报,研究部署相关工作;传达学习广西推进产业振兴三年行动指挥部第一次全体会议暨全区工业投资视频调度会议精神,研究布置有关工作;传达学习自治区排查防范个人极端案事件风险隐患专项行动现场推进会精神，研究布置相关工作；传达学习关于新形势下重大决策社会稳定风险评估机制建设有关文件精神，听取港口区维稳工作开展情况汇报，研究布置相关工作；传达学习全区中小学幼儿园安全防范专项行动有关文件精神，研究布置相关工作；传达市委书记谭丕创关于做好防城港市上半年经济运行工作批示精神，听取港口区1—5月经济运行情况汇报，研究布置相关工作；听取近期港口区2021年1—5月应急管理工作情况汇报，研究布置相关工作；审议《防城港市港口区扶贫开发办公室关于审定港口区2020年扶贫资产产权归属的请示》，研究布置相关工作；审议《港口区统计协管员（协统员）聘用管理实施办法（试行）》；审议《2021年巩固拓展脱贫攻坚成果产业以奖代补实施方案》；审议《防城港市港口区退役军人事务局关于请求提高部分符合政府安排工作的城镇退役士兵工资待遇的请示》。

6月30日，港口区六届人民政府第八十三次常务会议召开

（港口区政府办 供图）

港口区六届人民政府第八十三次常务会议 6月30日由代区长李广斌主持召开。传达学习《习近平总书记在庆祝中国共产党成立100周年大会上的讲话（摘要）》，研究布置相关工作；传达学习《关于市委书记谭丕创同志有关调研、指示精神贯彻落实情况的报告》的批示，研究布置相关工作；传达学习《自治区党委督查室 自治区人民政府督查室关于开展防范中小学生溺水工作督查情况的通报》《自治区党委督查室 自治区人民政府督查室关于全区中小学幼儿园安全防范工作》，研究布置有关工作；传达学习自治区关于贯彻落实中央坚决遏制“两高”项目盲目发展有关文件精神，研究布置相关工作；传达学习《广西壮族自治区总林长制工作推进情况通报》精神，审议《防城港市港口区全面推行林长制的工作方案》，研究布置有关工作；审议港口区2020年度区本级绩效综合考评初步结果以及4个专项考评初步结果。

港口区六届人民政府第八十四次常务会议 7月23日由代区长李广斌主持召开。传达学习中央第七生态环境保护督察组督察广西情况反馈会精神，审议《防城港市港口区贯彻落实第二轮中央生态环境保护督察反馈意见整改方案（征求意见稿）》，研究布置港口区有关工作；审议港口生态环境局《关于审定〈防城港市港口区有关部门生态环境保护责任清单〉的请示》，研究布置相关工作；听取2021年上半年消防工作汇报，研究布置有关工作；审议《港口区乡村振兴局关于审定〈中共港口区委员会 港口区人民政府关于实现巩固拓展脱贫攻坚成果同乡村振兴有效衔接的实施方案（代拟稿）〉的请示》，研究布置相关工作；审议《2021年巩固拓展脱贫攻坚成果产业以奖代补实施方案（送审稿）》，研究布置有关工作；审议《港口区2021年村级水域巡查员公益性岗位实施方案（征求意见稿）》，研究布置有关工作；审议《防城港市港口区退役军人事务局关于请求审定2021年“八一”双拥活动方案的请示》，研究布置有关工作；审议区统计局《关于请求同意统计协管员参照新聘用事业单位工作人员的标准享受福利待遇的请示》，研究布置有关工作；审议《防城港市港口区财政局关于审定港口区2021年上半年预算执行情况的请示》，研究布置有关工作；审议《关于港口区2021年上半年国民经济和社会发展计划执行情况的报告（送审稿）》，研究布置有关工作；审议区人力资源和社会保障局《关于2020年度港口区本级机关单位、驻区单位绩效奖和事业单位工作人员及相关人员适当增加绩效工资总量发放有关问题的请示》，研究布置有关工作；审议《防城港市港口区商务和口岸管理局关于请求审定〈港口区培育扶持服务业企业上规入统奖励暂行办法(代拟稿)〉的请示》，研究布置有关工作。

港口区六届人民政府第八十五次常务会议 7月31日由代区长李广斌主持召开。审议区第七届人民代表大会第一次会议《政府工作报告(送审稿)》。

港口区六届人民政府第八十六次常务会议 8月9日由代区长李广斌主持召开。传达学习2021年7月30日中共中央政治局会议精神，听取全区上半年经济工作汇报，研究布置有关工作；传达学习习近平总书记和李克强总理对疫情防控工作的重要指示精神；传达学习国务院联防联控机制全国疫情防控工作电视电话会议、自治区疫情防控工作动员部署电视电话会议精神；传达自治区党委书记鹿心社的批示要求；传达学习市委书记谭丕创、市人民政府主要负责领导黄江在市疫情防控工作领导小组指挥部工作会议讲话精神；听取近期疫情防控工作汇报，研究布置有关工作；传达学习国务院第八次大督查广西筹备工作电视电话会议精神，听取港口区迎接国务院第八次大督查工作开展情况汇报，研究布置有关工作；传达学习《广西壮族自治区行政规范性文件制定程序规定》，研究布置有关工作；传达学习习近平总书记对防汛救灾工作重要批示精神，自治区党委书记鹿心社在全区年中工作暨重大项目建设现场会议上对全区防汛救灾工作的讲话精神，自治区主席蓝天立批示精神，市委常委会、市政府常务会有关指示精神，听取港口区当前防汛救灾工作情况汇报，研究布置有关工作；审议《港口区危险化学品生产安全事故应急预案》《港口区生产安全事故应急预案》《港口区烟花爆竹生产安全事故应急预案》，研究布置有关工作。

港口区六届人民政府第八十七次常务会议 8月19日由代区长李广斌主持召开。审议《港口区乡村振兴局关于审定〈防城港市港口区全面推进乡村振兴加快农业农村现代化实施方案(代拟稿)〉的请示》，研究布置有关工作；审议《防城港市港口区农旅发展集团有限公司组建成立方案》，研究布置有关工作。

港口区六届人民政府第八十八次常务会议 8月31日由代区长李广斌主持召开。听取社会安全稳定工作汇报，研究布置有关工作，研究相关工作；审议《广西防城港红沙核电5、6号机组利益相关者协调处理合作协议》，研究布置有关工作；审议《港口区农业农村水利局关于请求印发〈防城港市港口区企沙中心渔港港章(代拟稿)〉的请示》，研究布置有关工作。

港口区七届人民政府第一次常务会议 10月8日由区长李广斌主持召开。传达学习习近平总书记关于国家粮食安全系列重要讲话和重要指示批示精神以及中央、国务院、自治区党委、自治区人民政府关于粮食安全有关文件精神，研究布置有关工作；传达学习《中共广西壮族自治区委员会关于加强对“一把手”和领导班子监督的实施意见》文件精神，研究布置有关工作；传达学习自治区党委书记鹿心社在防城港调研时的指示精神、市委书记谭丕创关于落实鹿心社书记视察时的指示精神；传达学习《谭丕创同志在中国共产党防城港市第七次代表大会的报告》、《谭丕创同志在中国共产党防城港市第七届委员会第一次全体会议上的讲话》、市长黄江参加市党代会港口区代表团讨

8月31日，港口区召开六届人民政府第八十八次常务会议

(港口区政府办　供图)

论讲话精神；传达学习市七届人大第一次会议精神，市政协七届一次会议精神，书记谭丕创、市长黄江参加市七届人大第一次会议、市政协七届一次会议港口区代表团审议时的讲话精神；传达港口区第七次党代会精神、七届人大一次会议、政协七届一次会议精神，研究布置有关工作；传达学习《自治区党委办公厅 自治区人民政府办公厅印发〈关于深入推进自然灾害防治九项重点工程建设工作的意见〉的通知》文件精神，研究布置有关工作；传达学习《中华人民共和国土地管理法实施条例》，研究布置有关工作；传达学习《自治区党委办公厅 自治区人民政府办公厅关于印发〈广西进一步减轻义务教育阶段学生作业负担和校外培训负担实施方案〉的通知》文件精神，研究布置有关工作；审议落实双碳目标合作框架协议，研究布置有关工作；听取粮食购销领域腐败问题专项整治工作汇报，布置粮食购储工作；审议《港口区招商促进局关于审定起重机智能制造产业化等6个项目投资协议书的请示》，研究布置有关工作；审议区城市管理监督局《关于同意将港口区城建土地综合执法大队纳入港口区城市管理监督局管理的请示》，研究布置有关工作；审议《防城港市港口区评比达标表彰工作协调小组办公室关于审定2020年防城港市港口区服务重大项目突出贡献奖拟表彰名单的请示》，研究布置有关工作；审议《港口区乡村振兴局关于增配4名镇级防贫监测信息员的请示》，研究布置有关工作；审议区财政局《关于审定港口区2020年财政决算报告的请示》，研究布置有关工作；审议《广西防城港市中欣农业投资开发有限公司关于审定〈防城港市港口区农旅发展集团有限公司章程〉的请示》，研究布置有关工作。

港口区七届人民政府第二次常务会议 10月20日由区长李广斌主持召开。传达学习习近平总书记在纪念辛亥革命110周年大会上的重要讲话精神，研究布置有关工作；传达学习李克强总理在广西考察时的重要讲话和指示精神、自治区政府党组（扩大）会议有关要求精神，研究布置有关工作；传达学习自治区关于重大决策社会稳定风险评估机制建设有关文件精神，研究布置有关工作；传达学习7月3日国务院农村乱占耕地建房问题整治工作电视电话会议精神，研究部署港口区农村非法占用耕地建房处置工作；传达学习自治区《关于全面推行耕地保护田长制的实施意见》精神，研究布置有关工作；传达学习中央人才工作会议精神，研究布置有关工作；传达学习习近平总书记在中央民族工作会议上的重要讲话精神，听取港口区2021年民族宗教工作汇报，研究布置有关工作；听取2021年1—9月全区经济运行情况，研究布置冲刺四季度、坚决完成全年经济目标的下一步举措；听取港口区电力能源保障工作汇报，研究布置有关工作；听取港口区棚改工作汇报，研究布置有关工作；听取港口区近期打私工作情况汇报，研究布置有关工作；审议《港口区乡村振兴局关于审定港口区2013—2015年扶贫资产产权归属的请示》；研究解决化工园区安全距离范围内搬迁工作。

港口区七届人民政府第三次常务会议 11月8日由区长李广斌主持召开。传达学习习近平总书记在中央党校（国家行政学院）中青年干部培训班开班式上重要讲话精神，习近平总书记关于巩固脱贫攻坚成果和推进乡村振兴工作的重要论述精神，《关于立项督办中央和自治区领导同志对缺

11月8日，港口区召开七届人民政府第三次常务会议

（港口区政府办 供图）

电影响经济平稳运行批示的通知》文件精神,《广西壮族自治区人民政府办公厅关于印发“冲刺四季度　打好收官战”实施方案的通知》文件精神,研究布置有关工作;传达全区疫情防控工作会议精神、市水痘疫情防控暨秋冬季相关传染疾病防控工作视频会议精神,听取港口区疫情防控工作汇报,研究布置有关工作;传达学习2021年广西文化旅游发展大会精神,研究布置有关工作;传达学习《国务院安全生产委员会 国家防汛抗旱总指挥部关于切实加强城市安全工作的通知》文件精神,研究布置有关工作;听取全区2021年度自治区绩效考评指标完成情况汇报,研究布置有关工作,研究布置有关工作;听取港口区第二轮中央环保督察交办群众投诉件办理情况的通报,研究布置有关工作;听取港口区控辍保学工作汇报,研究布置有关工作;审议《港口区中小学幼儿园布局规划方案(2021—2030)》,研究布置有关工作;审议《关于请求审定〈关于提高全区行政村(镇社区)干部财政补贴、离任村级干部补助、村级干部绩效报酬标准的方案〉(送审稿)的请示》,研究布置有关工作;审议《港口区住房和城乡建设局关于审定〈2021年港口区农村生活垃圾治理及重点海域清理清洁奖补考核试行方案〉(代拟稿)的请示》,研究布置有关工作;审议《港口区城市建设投资有限责任公司关于城市公共停车管理特许经营权的请示》,研究布置有关工作。

港口区七届人民政府第四次常务会议　12月10日由区长李广斌主持召开。传达学习十九届六中全会精神和书记刘宁、主席蓝天立在防城港调研时的指示批示精神,书记谭丕创11月9日在港口区调研时的指示批示精神,研究布置相关工作;传达学习《广西壮族自治区人民政府关于印发防城港国际医学开放试验区总体方案的通知》文件精神,研究布置相关工作;传达学习全国城镇燃气安全排查整治动员部署电视电话会议精神,研究布置相关工作;传达学习《自治区党委办公厅 自治区人民政府办公厅关于印发〈广西巩固脱贫成果后评估办法〉的通知》《自治区党委办公厅 自治区人民政府办公厅关于印发〈广西实施乡村振兴战略实绩考核意见〉的通知》文件精神,研究布置相关工作;传达学习新《中华人民共和国安全生产法》《地方党政领导干部安全生产责任制规定》,听取港口区安全生产工作情况汇报,研究布置相关工作;听取港口区税务局关于开展规范行政事业单位补贴奖金和个人所得税扣缴专项工作的情况汇报,研究布置相关工作;听取港口区2021年法治政府建设工作情况汇报,研究布置相关工作;传达学习《自治区党委 自治区人民政府印发〈关于推进工业振兴三年行动方案(2021—2023年)〉的通知》《防城港市推进工业振兴三年行动方案(2021—2023年)》《防城港市港口区推进工业振兴三年行动方案(2021—2023年)》文件精神,听取港口区贯彻落实工业振兴三年行动工作的情况汇报,研究布置相关工作;审议《防城港市港口区新能源汽车推广应用三年行动计划(送审稿)》;听取港口区2021年食品安全工作情况汇报,研究布置相关工作;审议《关于审定〈防城港市港口区文化旅游产业高质量发展扶持奖励办法(代拟稿)〉的请示》;传达学习《关于整治突出毒品问题的实施意见》等文件精神,听取港口区禁毒工作情况汇报,研究布置相关工作;审议《港口区教育和科学技术局〈关于审定港口区中小学使用聘用教师控制数人员使用周转编制名单〉的请示》;审议《防城港市港口区财政局〈关于审定港口区2021年度财政预算调整(草案)〉的请示》;审议《港口区农旅发展集团有限公司关于请求无偿划转第一批国有资产的请示》;审议《港口区2021年城市低保档次划分认定情形方案(送审稿)》;审议《防城港市港口区海洋灾害综合风险普查实施方案(送审稿)》。

机关事务管理

【概况】　2021年,港口区机关后勤服务中心负责贯彻执行国家、自治区有关机关事务工作的政策法规,会同有关部门拟订全区机关事务工作的政策、规划和规章制度,以及全区机关事业单位后勤体制改革的政策、制度。年内,做好新冠疫情防控工作;办公用房、公务用车、公共机构节能、会务保障服务、资产管理等工作有序进行。

【机关后勤保障】　2021年,开展水电维修553次,进行会议服务800多次,无任何失误;做好来访登记,坚持24小时值班,安全保卫工作没有发生治安事件,维护机关单位正常的办公秩序和财产物资安全；开展节假日及重大节日政府大院的美化和生活垃圾分类工作，对大型活动场所进行消毒，卫生保洁质量稳中有升；机关饭堂实行提前报餐制度，计划用餐，制止餐饮浪费；举办全市机关后勤服务系统食堂饮食文化交流暨扶贫农产品展示活动1次。

【机关办公用房管理】 及时更新港口区党政机关办公用房情况，规范办公用房管理，对在外租房办公的单位进行调查摸底，为做好集中办公方便群众办事提供参考依据。

【公务用车管理】 加强车辆驾驶员的安全教育，不定期认真检查车辆确保车况良好，坚持文明行车，切实维护干部职工的生命财产安全；不定期查公务用车管理车辆运行实时情况，确保车辆运行规范；完成在港口区召开的“中国电子材料行业协会常务理事会”全国各地50多名参会人员从港口区与南宁机场不同时段往返的接送工作；2021年应急机要派车4100多次，无重大事故发生，无公车私用的情况，有力保障了港口区应急、机要通信等各项任务的用车。

【公共机构节能】 开展公共机构节能宣传，发送宣传短信20000条，悬挂横幅7条，制作板报2块；完成区第一小学既有建筑节能改造5000多平方米，建成白沙沥、区市场局、区教育局新能源汽车充电桩5个，共计10个充电头；25个单位开展节约型单位创建；将生活垃圾分类纳入单位党建工作，指定专人不定期上门指导区直单位生活分类，开展垃圾分类宣传教育活动8次，区直2个生活垃圾分类示范完成创建，生活垃圾分类工作有序推进。

（黄国欢）

政协防城港市港口区委员会

【概况】 2021年是中国共产党成立100周年，是党和国家历史上具有里程碑意义的一年，是港口区改革发展史上具有特殊重要性的一年。港口区政协圆满完成了换届工作，在区委的坚强领导下，坚持以习近平新时代中国特色社会主义思想为指导，深入学习贯彻中共十九大和十九届历次全会精神，以庆祝中国共产党成立100周年和服务“十四五”规划实施为主线，以增进大团结大联合为目标，贯彻落实自治区第十二次党代会和市、区第七次党代会精神。坚持团结和民主两大主题，围绕中心大局，聚焦改革发展，为实现“十四五”规划开好头、起好步，凝心聚力推动港口区经济社会持续健康发展作出了积极贡献。

重要会议

【政协全体会议】 五届七次全体会议 政协第五届防城港市港口区委员会第七次会议于3月16—18日在港口区召开。应出席会议委员133人，实出席会议委员112人。副主席张显超、林萍灼分别主持开、闭幕会。会议听取、学习中共港口区委书记黄炳利的讲话；听取、审议、通过政协常务委员会工作报告、五届六次会议以来提案工作情况报告、五届七次会议提案审查情况的报告和政治决议。政协委员列席港口区第六届人民代表大会

3月16—18日，政协第五届防城港市港口区委员会第七次会议在港口区召开 （钟凉德 摄）

第七次会议，听取和讨论区人民政府工作报告和其他报告。会议共收到提案72件，立案53件，立案率83.6%。

六届一次全体会议 政协第六届防城港市港口区委员会第一次会议于9月13—16日在港口区召开。应出席会议委员137人，实出席会议委员126人。陈乐主持预备会议、主席团会议、选举大会和闭幕会，戚汝波主持开幕会。会议听取、学习中共港口区委书记朱靓的讲话；听取、审议、通过区政协五届常务委员会工作报告、提案工作情况报告、区政协六届一次会议提案审查情况的报告和政治决议；审议通过区政协六届一次会议选举办法；协商确定区政协六届委员会主席、副主席、秘书长和常委委员候选人名单；选举陈乐为政协第六届防城港市港口区委员会主席，林萍灼、戚汝波、黄岸柳、符柏4人为副主席，邓创造为秘书长，王冠学、文玮、方爵、邓春莲、朱健、刘明奇、杨孙艳、杨志青、杨纯环、吴雪梅、项麟、凌瑞敏、唐明、唐子惠、黄丽梅、黄海波、戚汝梅17人为常务委员。政协委员列席区第七届人民代表大会第一次会议，听取和讨论区人民政府工作报告和其他报告。会议共收到提案119件，立案91件，立案率76.5%。

【政协常委会议】 **五届二十四次会议** 会议于3月11日在区政协会议室召开，港口区政协主席陈乐主持会议并作讲话。会议讨论区政协五届七次会议常委会工作报告（草案）、提案工作报告（草案）；审议通过召开区政协五届七次会议的有关事项、相关人事事项、《关于召开区政协五届七次会议的决定》；学习贯彻中央生态文明建设和生态环境保护重要文件和相关法律法规。

五届二十五次常委会议第一次会议 会议于3月17日在港宸国际大酒店三楼南海厅会议室召开，港口区政协主席陈乐主持会议。听取各组召集人汇报委员讨论情况；审议五届七次会议关于常务委员会工作报告的决议（草案）、五届七次会议政治决议（草案）。

五届二十五次常委会议第二次会议 会议于3月18日在港宸国际大酒店三楼南海厅会议室召开，港口区政协主席陈乐主持会议。会议听取了各组召集人汇报；审议通过政协第五届防城港市港口区委员会关于常委会工作报告的决议（草案）、提案审查情况的报告（草案）和政治决议（草案）。

五届二十六次常委会议 会议于5月10日在区政协会议室召开，港口区政协主席陈乐主持会议并作讲话。会议学习贯彻习近平总书记视察广西重要讲话和重要指示精神和关于换届工作的文件精神；审议通过政协第五届防城港市港口区委员会常务委员会2021年工作要点、2021年协商计划实施方案、政协五届七次会议党政主要领导阅批督办提案和2021年度政协重点提案（送审稿）、政协常委外出学习考察方案（草案）；审议相关人事事项。

五届二十七次常委会议 会议于9月7日在区政协会议室召开，港口区政协主席陈乐主持会议并作了讲话。区委统战部就区政协第六届委员会委员、常务委员协商情况作说明；协商提出区政协第六届委员会常务委员候选人建议名单，六届一次会议提案审查委员会主任、副主任、委员建议名单（草案），主席团、主席团会议主持人和秘书长建议名单（草案），副秘书长建议名单（草案）、主席团常务主席、常务主席会议主持人建议名单，选举大会《选举

中国人民政治协商会议第六届防城港市港口区委员会第一次会议，于9月13日至16日在港口区隆重召开。　　（港口区融媒体中心　供图）

办法（草案）》；审议通过区政协第六届委员会委员名单、六届一次会议召开的时间（草案）、议程（草案）、日程（草案）、常务委员会工作报告、提案工作情况报告及报告人（草案）及有关事项；审议人事事项。

六届一次常委会（议政性常委会） 会议于12月22日在区政协会议室召开，港口区政协主席陈乐主持会议并作了讲话。三级调研员蔡硕就《完善农村多种经营制度和社会保障体系巩固提高脱贫攻坚成果》专题调研报告作说明，与会人员作协商发言；会议通过了关于《完善农村多种经营制度和社会保障体系巩固提高脱贫攻坚成果促进乡村振兴》的建议案。

重大活动

【党的建设】 高质量抓好政治理论学习、党史学习教育及庆祝中国共产党成立100周年系列活动。始终把学习贯彻习近平新时代中国特色社会主义思想作为首要政治任务和长期战略任务，深入学习领会习近平总书记在庆祝中国共产党成立100周年大会上的重要讲话、党的十九届六中全会和自治区第十二次党代会精神，准确把握习近平总书记视察广西“4·27”重要讲话精神和对广西工作系列重要指示精神，深入学习习近平总书记在党史学习教育动员大会上的重要讲话精神。全年开展理论学习中心组、党组会议、主席会议、常委会会议集体学习共10次。扎实开展庆祝中国共产党成立100周年系列活动，组织区政协党组及机关干部到“三光企”革命武装起义纪念碑、湘江战役纪念馆开展现场学习教育，通过“周末讲堂”开展党史学习教育宣讲等。引导和带领广大政协委员和各族各界人士通过党史学习教育，深刻感悟伟大的建党精神，深刻领会“两个确立”的决定性意义，深刻理解党的百年奋斗重大成就和历史经验，不断增强拥护“两个确立”的政治认同、思想认同、情感认同，不断强化践行“两个维护”的政治自觉、思想自觉、行动自觉。联合农行防城港分行举办实物贵金属展示和中国茶艺文化品鉴活动。

【协商议政活动】 全体会议协商议政 区政协五届七次全体会议和六届一次全体会议围绕“一府一委两院”工作报告，组织委员代表与区政府领导及部门负责人，就港口区经济社会发展的热点、难点、焦点问题，开展零距离、面对面深入协商建言。委员共提出意见建议190件，在议政大会上，17名委员围绕做大做强“鼎鲜鸭”品牌助力乡村振兴、促进民营经济发展、发展公路物流产业、加快推进紧密型医共体建设、结合华侨村棚改区打造疍家文化和旅游文化产业、发展壮大农民专业合作社、实施农村智能微管网等议题发言，区政府主要领导对委员意见建议进行了点评回应，并要求政府有关部门将这些意见和建议认真整理归纳、研究分析，切实拿出可行的实施方案，及时吸收转化。

常委会调研协商 常委会全面落实经区委批准的2021年度调研计划。围绕完善农村经营管理体制和社会保障体系巩固港口区脱贫攻坚成果、港口区无物业住宅小区市场化管理、发展民族医药助力国际医学试验区建设、加快全域旅游发展等课题，组成5个调研组，先后到区内外先进城市进行考察学习，完成调研报告5篇，并以常委会的名义报送区委、区政府，部分意见建议得到区委、区政府及有关部

11月11日，港口区政协联合农行防城港分行在农行防城港分行十楼会议室举办实物贵金属展示和中国茶艺文化品鉴活动。（港口区融媒体中心 供图）

5月24—26日，港口区政协副主席林萍灼（前右三）率队到甘肃、青海等地开展“无物业小区管理”课题调研　　（钟淙德　吴季霖　摄）

门的重视和采纳。

提案协商实效显著　常委会高度重视提案办理工作，召开会议专题研究，遴选重点提案，落实重点提案领导领办、督办、跟踪督办工作机制，坚持重要提案报请区委书记、区长阅批办理。继续执行政协主席会议成员分别牵头督办重点提案制度，进一步发挥提案办理的示范引领作用，推动重点提案的办理落实。如委员提出的关于控制数教师同工不同酬问题的建议，区教科局会同编办、区财政局、区人社局联合印发出台《防城港市港口区中小学、幼儿园使用聘用教师控制数人员考核入编办法（暂行）》，经报政府同意，成功解决了港口区控制数教师编制问题。

【民主监督】　民主监督情系民生。认真贯彻落实《中共中央办公厅关于加强和改进人民政协民主监督工作的意见》，组织委员听取“一府一委两院”工作情况通报，开展协商讨论，推动社会关心的民生事项落实。选择事关全区发展大局的民生项目，开展委员视察和常委视察。推荐委员担任法院、检察院、税务局等单位的监督员。组织委员对区直部门开展民主评议活动，寓民主监督于支持部门开展工作当中。

【联谊活动】　友好交流增进情谊　加强与外地政协联谊交流，先后接待省内外政协到港口区考察20多批次，就县域经济发展、乡村振兴、政协工作创新进行沟通和交流。开展“乡情联谊·我来牵”活动，加强与区外知名人士的联络，搭建关心支持家乡建设的平台，建立密切友好关系。

加强宣传扩大影响　广泛传播委员在经济社会发展中发出的好声音、提出的好建议，传递社会正能量，凝聚发展共识，持续提升政协影响力。注重运用报刊、电视、广播、网络等媒体宣传政协工作，年内在《广西政协报》、广西政协网等报刊网站上刊发稿件20多篇，荣获2021年度广西政协报刊宣传工作先进单位二等奖。

【文化文史工作】　倾力打造政协文史馆。充分发挥文史资料工作“存史、资政、团结、育人”的作用，

9月24日，港口区政协副主席黄岸柳（正中）主持召开港口区政协文史馆筹建工作协调会　　（钟淙德　吴季霖　摄）

深挖历史底蕴，讲好港口区乡土文化故事，区政协倾力推动港口区政协文史馆建设，通过图文史料、场景、多媒体影视等形式，广泛收集港口区文史资料，全面展示港口区政协的光辉历史和履职成果。按照自治区政协文件要求，文史馆建设资金由自治区政协拨付补助资金30万元，本级财政配套70余万元。组织编写《港口区政协年鉴》工作，记录政协工作经验和做法，繁荣政协文化事业。组织人社、文旅、卫健、侨联、科协等单位，举办"法律、社保、文化、卫生、科技进村服务活动"，通过宣传义务教育法、免费为民义诊、赠送文化书籍等方式，助力解决群众生活生产遇到的问题，丰富村民精神文化生活。

【工业振兴】 根据区委的统一部署，区政协班子领导分别担任光坡镇、企沙镇、沙潭江街道、王府街道等片区征地搬迁现场指挥部的指挥长、副指挥长等职务。班子成员深入征地搬迁工作一线，积极开展统筹、协调、指导等工作，全力以赴完成好征地搬迁安置各项任务，出色完成了东湾大道延长线(港口区段)的征地搬迁任务。积极响应自治区党委、政府工业振兴大会的号召，选派2名精干政协干部担任工业振兴特派员，在协调解决问题、推进项目建设、促进工业指标增长、推动政策落实、优化营商环境等方面积极开展工作，取得了显著成效，为港口区工业振兴作出了积极贡献。

【乡村振兴】 乡村振兴是2021年区委重点工作，区政协坚持把巩固脱贫攻坚成果、助力乡村振兴作为履职的重要内容，发挥优势，主动作为，贡献力量。区政协领导班子聚焦推进"万企兴万村"等课题深入调研，组织开展"乡村振兴委员行动"，广大政协委员积极响应党和国家号召，履行社会责任，投身乡村振兴工作。区政协班子领导、机关干部结对帮扶企沙镇兴企社区等10个村(社区)共39户对象户，深入挂钩村(社区)，认真排查薄弱环节，落实帮扶措施，筹措5万元分配到各挂钩村(社区)，市政协支持15万元，助力港口区乡村振兴产业项目发展。

【提案工作】 *完善制度创先争优* 积极完善提案工作制度，修订《提案办理实施意见》等制度，促使提案办理工作常态化、长效化，进一步提高质量和实效，得到了上级的肯定，港口区在广西政协提案工作经验交流会上代表防城港市县(市、区)政协作提案工作经验交流发言。在参加自治区政协办公厅开展的"中国共产党领导的多党合作和政治协商制度"理论研讨会征稿中，港口区选送的论文《探索政协协商同社会治理相结合的新形式》获收录自治区《中国共产党领导的多党合作和政治协商制度理论研讨会成果汇编》。

强化培训打牢基础 通过举办培训班、专题讲座，组织政协委员深入基层调研等多种形式开展委员学习培训。专题学习《中共中央关于加强人民政协工作的意见》等文件，举办了以"人民政协与政协委员履职"为主题的委员培训班。政协换届后，针对新任委员占比较大、大部分委员初次履职的实际，邀请自治区政协知名专家开展以"懂政协，强化政协委员责任担当"和"政协提案撰写的规范要求"为内容的专题培训会，就如何履行好政协委员职责、如何撰写政协提案等方面进行培训，帮助委员尽快进入角色。完善委员小组制度，构建委员横向联系、纵向沟通平台，为委员提供高效优质服务，委员履职积极性和创造性显著提高。

优化管理积极履职 进一步完善《中国人民政治协商会议防城港市港口区委员会委员履职工作规则(试行)》，建立联络制度，规范委员履职管理，提高委员履职效率和管理水平。完善优秀委员考评机制，优化委员履职量化考核办法，开展优秀政协委员、优秀提案评选表彰活动，积极引导委员争当"优秀政协委员"，激发委员的履职热情。联合农行防城港市分行开展农行实物贵金属展示和中国茶艺文化品鉴活动，为委员企业融资牵线搭桥。充分发挥委员视察平台作用，重点视察全区重大决策、重点工作的落实情况。先后组织政协常委、委员围绕港口区经济发展、城市管理、乡村振兴、项目征地搬迁等工作，提出了一批意见建议，得到区委、区政府充分肯定，有效助推了港口区经济社会各项事业发展。

(钟凉德)

纪委检查和行政监察

【概况】 2021年，中共防城港市港口区纪律检查委员会(以下简称港口区纪委)和防城港市港口区监察委员会合署办公,履行纪检、监察两项职责,实行一套工作机构,两个机关名称。中共港口区纪律检查委员会、港口区监察委员会设置6个内设机构:办公室(同时履行干部管理、干部监督、研究法规职能)、党风政风监督室、信访室、案件监督管理室(同时履行宣传教育、预防腐败、预防职务犯罪职能)、案件审理室(案件申诉复查工作办公室)、纪检监察室。中共防城港市港口区纪律检查委员会。区纪委监委派驻(出)机构设置驻区委办纪检监察组、驻区政府办纪检监察组、驻区人民法院纪检监察组、驻区人民检察院纪检监察组和区直属机关纪检监察工委。

【纪检会议】 2021年3月3日,中国共产党防城港市港口区第六届纪律检查委员会第七次全体会议召开,全会以习近平新时代中国特色社会主义思想为指导,全面贯彻落实中共十九大和十九届二中、三中、四中、五中全会精神,按照十九届中央纪委五次全会、自治区纪委十一届七次全会、市纪委六届七次全会和区委六届十次全会工作部署,总结2020年纪检监察工作,部署2021年任务,审议通过班克海代表区纪委常委会所作的《推动新时代纪检监察工作高质量发展,为港口区“十四五”发展开好局提供坚强保障》工作报告。全会认真学习、深刻领会习近平总书记在十九届中央纪委五次全会上的重要讲话精神。一致认为,习近平总书记的重要讲话,充分肯定过去一年全面从严治党取得新的重大成果,深刻阐述全面从严治党新形势新任务,强调全面从严治党首先要从政治上看,不断提高政治判断力、政治领悟力、政治执行力,一刻不停推进党风廉政建设和反腐败斗争,充分发挥全面从严治党的引领保障作用,以强有力的政治监督,确保“十四五”时期目标任务落到实处。

全会指出,2020年,面对错综复杂的国际形势、艰巨繁重的改革发展稳定任务,在市纪委监委和区委坚强领导下,全区各级纪检监察机关学懂弄通做实习近平新时代中国特色社会主义思想,增强“四个意识”、坚定“四个自信”、做到“两个维护”,坚持严的主基调,稳中求进、坚定稳妥推进全面从严治党、党风廉政建设和反腐败斗争,推进清廉港口区建设,围绕贯彻落实习近平总书记重要指示批示精神和党中央、自治区党委、市委和区委重大决策部署强化政治监督,推动“两个责任”贯通协同。开展扶贫领域腐败和作风问题专项治理,落实中央八项规定及其实施细则精神,坚决纠治形式主义、官僚主义,防止享乐主义、奢靡之风反弹回潮,坚持“三不”一体推进,深入开展以案促改专项行动,深化纪检监察体制改革,强化政治巡察,全面加强纪检监察机关自身建设,为决胜全面建成小康社会、决战脱贫攻坚提供有力保证。

【执纪监督检查】 围绕落实党中央重大决策部署和习近平总书记重要指示批示精神,以及落实主体责任、执行民主集中制、廉洁自律等情况开展“一季一清单”政治监督,发现并督促整改问题43个,发出整改建议书5份,查处违反政治纪律、组织纪律7人。同时强化日常监督,开展换届纪律监督,紧盯区、镇换届工作跟进纪律监督,开展督导检查15次,督促整改问题18个,换届期间风清气正。深化优化营商环境“护航行动”,实施项目化、清单式监督,共开展6次专项监督,发现并督促整改问题7个,立案查处损害营商环境问题3起。加强对“一把手”权力运行情况监督,开展7次书记面对面谈心谈话23人次,开展同级廉政谈心谈话17人次。

【违纪违法案件查办】 2021年1—12月,港口区纪委共接收信访举报件69件,同比增长72.5%;立案71件,同比下降8.7%,涉及部门和单位“一把手”7人;结案78件,同比增长2.6%;处分71人,同比增长18.3%;移送检察机关3人。查处区房改办原主任吴某某受贿案及区残联原出纳廖某某挪用公款、贪污案,涉案金额均超百万元,消除港口区自监察体制改革以来无自办本级管理干部留置案件的空白点。开展工程建设领域腐败问题专项整治,查处工程建设领域案件4件。实行典型案件“一案一建议一督改”跟踪督促机制,针对典型案件暴露的突出问题共下发纪检监察建议书7份,建立完善制度10多项。开展“定制式”警示教育,结合工程领域腐败问题专项治理,组织全区6个镇(街)、15个区直单位“一把手”集中观看《工程建设领域腐败问题典型案件警示录》并现场旁听港口区政协办原主任科员吴某某严重违纪违法案公开庭审。注重家庭家教家风建设,区委和区纪委主要领导开展廉政家访7人。

【作风建设】 港口区纪委按市委、区委的统一部署，开展“解放思想、转变作风、提升能力”专项行动，着力纠治党员干部作风通病。深化治理贯彻落实中央决策部署只表态不落实、维护群众利益不担当不作为等形式主义官僚主义突出问题，查处形式主义和官僚主义突出问题17起。督促落实中央八项规定及其实施细则精神，查处违反中央八项规定精神问题。

【监察体制改革】 扎实推进监察工作向镇街延伸，区监委派出6个镇（街道）监察办公室全部挂牌成立，专职监察干部已全部配备到位。10月29日，率先在全市完成区监委向区人大常委会专项报告脱贫攻坚监察监督工作。出台《港口区纪委监委支持干部担当作为干事创业二十条措施》。为受到不实举报的2名干部澄清正名，对47名受处分人员开展回访教育，激励干部担当作为。

【巡察工作】 2021年，港口区纪委落实政治巡察要求，完成六届区委巡察全覆盖任务。把握形势任务突出监督重点，启动新一届区委首轮巡察。与自治区、市三级联动开展涉粮问题专项巡察，构建巡视巡察上下联动监督网。压紧压实巡视整改政治责任，扎实推进中央第二巡视组巡视广西反馈意见整改工作。全区研究制定整改措施81项，已完成整改73项（正在办理销号17项），取得阶段性成效8项。其中区纪委承接17项整改任务已全部完成整改并销号。

（刘小菲）

民主党派和工商联

民革防城港市港口区总支部

【组织建设】 民革港口区总支部坚定不移地接受中国共产党的领导，坚持走中国特色社会主义政治发展道路。学习习近平总书记在党史学习教育动员会上的重要讲话精神、习近平总书记《论中国共产党历史》和习近平总书记在广西考察调研时的重要讲话精神等，组织开展“学党史守初心，助推乡村振兴”主题活动、“学党史、感党恩、跟党走”主题教育活动和观看爱国电影《悬崖之上》等活动，进一步提升全体民革党员思想政治素质。

【参政议政】 2021年，民革港口区总支部通过反映社情民意、政协提案、专题调研等多种形式开展参政议政、民主监督工作。参加港口区委统战部召开的专题协商会议，就拆迁安置、乡村振兴、工业振兴、党风廉政和综治工作积极建言献策，并得到重视和采纳。完成调研课题《科学发展智慧农业　引航乡村产业振兴》的调研和撰写工作。

【社会服务】 2021年，民革港口区总支部开展组织生活、社会服务活动。

法律服务工作　参与同心合作工作站工作，参加防城港市检察院“守护海洋”公益诉讼专题座谈会和公益诉讼人民监督员评议案件会议。

乡村振兴工作　按照区委、区政府的乡村振兴工作部署，宣传乡村振兴政策，联系服务11户脱贫群众。参与民革市委会主办的“助力乡村振兴　防城港民革云直播带货”活动，宣传、助销乡村振兴项目农产品，共售出

2021年教师节，民建港口区支部开展“书法进校园”活动。图为邓春莲委员（中）与学生的互动　（民建港口区支部　供图）

上思红香橙5000多公斤，帮助当地农民有效解决销路不畅的问题。

民盟防城港市港口区支部

【组织发展】 按照中央关于民盟组织要突出教育界别特色的指示精神，经与区、市两级统战部门协商和民盟市委常委会议审批，2021年吸收3名教师为新盟员。截至年底，总支部成员总数达到23人，其中在职盟员15人、退休8人。

【参政议政】 2021年区、市换届时，黄美华当选为市人大代表，张晓霜担任市政协委员；黄丽梅、潘俊洁、唐国团、黄华杰担任区政协委员，黄丽梅同时担任政协常委，并在议政大会上代表民盟做议政发言。多次组织盟员外出参观学习和开展调研活动，5人次分别参加了市、区级2个课题的调研。其中，民盟港口区支部主委蔡硕以政协副主席身份领衔开展并撰写的《关于完善我区农村多种经营制度和社会保障体系、巩固提高脱贫攻坚成果促进乡村振兴的调研报告》，被选为区政协常委会的年度协商会的议题。此外，还完成了区委统战部下达的《关于我区乡村振兴方面的年度调研报告任务》；在区政府关于港口区工业发展的通报协商会上作了长篇发言，受到区委、区政府领导的高度肯定。

【社会服务】 2021年，组织以骨干盟员医生为主的医疗团队，积极参与由区政协牵头举办的乡村振兴“五下乡”活动。

（蔡　硕）

民建防城港市港口区支部

【概况】 民建港口区支部致力于做好民建基层组织工作，组织民建会员参观、走访港口区各重点项目，让会员及时了解港口区经济发展状况，以便知情明政，更好地参政议政。2021年，民建港口区支部提交议案6份、议政材料1份。

【组织建设】 2021年9月10日，港口区支部会同民建防城港市委会、民建防城港市书画院赴上思县思阳镇易和村开展书画进校园活动，并到昌墩村走访民建会员企业，与会员座谈讨论有关乡村振兴工作。

【参政议政】 民建港口区支部按照民建防城港市委会、港口区委统战部的要求，做好提案建议的撰写报送工作。《借鉴“毛竹山村”模式做好港口区乡村振兴工作》作为港口区政协五届六次会议议政大会的议政材料。提交的《关于储值会员制消费存在风险的改善建议和意见》《关于加强农村留守儿童管理的建议》《关于垃圾分类也要重视清运环节的建议》《关于利用好自媒体阵地的提案》以及《关于做好山心沙岛旅游工作的提案》等提案得到有关部门的重视。

（邓春莲）

民进防城港市港口区支部

【概况】 2021年，会员共有26名，会员中有市政协委员2人、区政协委员5人；有科级干部6人；教师共有12名都具有中级职称（其中1名副高职称）。2021年民进港口区支部提升社会服务工作能力水平，促进社会服务工作向专业化转变。在服务方式上，从“短期化”向“长期化”转型。积极探索流动服务与固定服务相结合的服务方式，形成长效机制。支部政协委员利用市、区政协例会的机会发言，就市、区政府工作报告提出了建设性的意见和建议，2021年，共向市、区两会提交提（议）案7件，采纳和办理均达100%。

【红色教育活动】 组织会员参加港口区委统战部组织的“同心向党，奋进新时代”主题教育活动。活动中，瞻仰中共防城县第一个支部——东兴支部成立纪念碑及参观东兴市侨批馆、白龙古炮台、防城港城市之窗。11月，为庆祝中国共产党成立100周年，民进港口区支部组织全体会员参加民进港口区支部联合工商联、民营经济等共同参加“‘感恩党、跟党走’——庆祝建党100周年文艺演出”活动。

【调研活动】 为了进一步学习、贯彻习近平总书记在庆祝中国共产党成立100周年大会上重要讲话精神，做好“带头学”“组织学”“现场学”“全员学”“对照

11月，民进港口区支部参加“‘感恩党、跟党走’——庆祝建党100周年文艺演出”活动
（港口区民进港口区支部　供图）

5月，民进港口区支部开展庆祝中国共产党百年华诞暨“重温奋斗历史　坚守合作初心”党史学习教育主题活动
（港口区民进港口区支部　供图）

学”工作，2021年民进港口区支部组织会员到港口区临港工业园、江山中学、江山镇白龙村、潭篷古运河、港口区临港工业园进行实地调研，开展“重温习近平总书记庆祝建党100周年讲话暨关于经济内循环为主背景下工业企业的机遇和挑战调研”活动。

【党史学习】 2021年5月，民进港口区支部开展庆祝中国共产党百年华诞暨“重温奋斗历史　坚守合作初心”党史学习教育主题活动。6月，组织支部会员参加民进防城港市委会在防城港市党群活动中心开展的庆祝中国共产党百年华诞“品读经典·守正初心”党史学习教育活动。会员代表讲述学习党史的心得、感受及亲身经历，自创的绘本、诗歌，及家书等。8月，支部在掌胜科技集团有限公司举行港口区支部“品读经典·守正初心”读书学习分享会。民进广西区委秘书长丘映含、中共防城港市委统战部副部长郑光萍、民进防城港市委主委王洪波参加活动。防城港市人民政府副市长罗真对民进防城港市委和港口支部反映社情民意信息主题年工作以及民进港口区支部的组织活动成效予以充分肯定。

（杨纯环）

农工党防城港市港口区支部

【参政议政】 2021年，港口区农工党做好课题调研和提案建议的撰写上报工作，支部党员在各类协商会、通报会上积极建言献策。开展关于港口区乡村文化建设的调研并撰写相关调研报告，在港口区两会期间积极提交提案建议。

【自身建设】 6月，港口区农工民主党组织党员到光坡、防城等地开展“学中共党史　守合作初心”主题教育活动。参加由农工党广西区委员会、中共防城港市委统战部、农工党防城港市总支和中共港口区委统战部等部门组织开展的各类培训班和主题教育活动，党员的政治理论水平、政治把握能力、党派工作能力不断提高。

【社会服务】 2021年6月，在企沙镇开展义诊活动。11月，与市总支及各支部到上思县进行义诊、健康咨询，并看望慰问困难群众。

（周国伟）

致公党防城港市港口区支部

【概况】 2021年致公党防城港市港口区支部参加港口区两会，共提交政协提案3件，政协议政发言1次。参加区委统战部组织的港口区党外代表人士“同心向党，奋进新时代”主题教育活动，缅怀革命先烈。组织港口区代表参加致公党防城港市第六次代表大会，会议选举出致公党防城港市委会新一届领导班子，会议学习中共十九届五中全会精神和习总书记视察广西重要讲话精神。组织建设是民主党派自身建设的关键和基础，加强组织建设既是加强自身建设的一项重要内容，也是参政党履行职能，永葆生机和活力的组织保证。2021年，致公党港口区支部发展新党员1名。6月，致公党港口区支部组织致公党党员赴防城区镇夏岭烈士陵园展中共党史学习教育活动，以此缅怀革命先烈。

【普法活动】 2021年5月，民进港口区支部前往光坡中学开展法律宣讲活动。在光坡中学主题为“关爱明天 普法先行”送法进校园的宣讲活动中，邀请律师以中学生为什么要学习法律为切入点，通过新颖、形象的PPT呈现和生动、贴切的案例分析跟同学们逐一讲解民法典、法律援助条例、国家安全法以及反食品浪费法中与未成年人密切相关的各项规定，并与学生们互动问答。

港口区工商业联合会（总商会）

【概况】 防城港市港口区工商业联合会是由防城港市港口区工商界组成的，具有统战性、经济性、民间性的社会人民团体组织。2021年，港口区共有乡镇（街道）商会6家，会员325人（家）。

【非公有制经济人士思想建设】 3月23日，召集工商联主席、副主席、秘书长、区商会会长、副会长等20余人开展非公有制经济人士理想信念教育活动；6月16日，组织各商会、企业60余人在渔洲社区开展“垃圾分类进社区，共创和谐好环境”暨“从我做起拒绝海洋垃圾”志愿服务活动；选派工商联主席杨纯环以及2名商会会长参加重庆大学—防城港市工商联党史学习教育暨直属商（协）会规范化

6月16日，港口区工商联组织各商会及企业会员在渔洲社区开展“垃圾分类进社区，共创和谐好环境”暨“从点滴做起，拒绝海洋垃圾”志愿服务活动，图为活动人员正在海边清理海洋垃圾 （港口区工商联 供图）

6月26日上午，港口区工商联在渔洲社区组织开展庆祝中国共产党成立100周年活动　　（港口区工商联　供图）

建设培训班；选派8名民营企业家参加中国人民大学—2021年防城港市民营企业高级人才培训班。

【参政议政】　港口区工商联及工商联届向港口区政协六届委员会提交提案8件。

11月1日，联合区委统战部等在广西盛隆冶金有限公司举办港口区"'感党恩　跟党走'——民营经济人士庆祝建党100周年文艺会演"活动。

【商会建设和组织建设】　注重加强组织建设和自身建设，6月16日，组织各商会以及会员企业在渔洲社区开展庆祝中国共产党成立100周年活动，通过开展"红色歌曲大家唱"等一系列活动，进一步增强了企业家的爱国情怀，加强了各商会以及企业会员之间的凝聚力。区工商联年内被评为全国"五好"县级工商联以及广西"五好"县级工商联。

区工商联在9—12月开展"走商会、入企业"调研活动，走访调研商会企业20多家；组织开展了《中华人民共和国民法典》"进企业"法律专题讲座，邀请经验丰富的广西万益律师事务所温燕飞律师，采用集中授课的形式，为民营经济人士解读民法典知识；及时向会员企业宣传中央、自治区、市及港口区有关政策，做好工商联与会员之间、会员与会员之间的信息交流与沟通。

人民团体

港口区总工会

【概况】　2021年，在区委的领导和市总工会的指导下，港口区总工会以习近平新时代中国特色社会主义思想为指引，全面贯彻落实中共十九大精神和十九届历次全会精神，突出主责主业、夯实基层基础、致力精准服务，从职工根本利益和实际需求出发，推进各项重点工作落实落地，推动实现工会品牌更亮、工会服务更强、工会改革更实。2021年，荣获"全市脱贫攻坚先进集体"及"港口区先进基层党组织"荣誉称号。

【工会基层组织建设】　2021年，全区新组建工会20家，新增会员1024人，其中，组建企业工会18家，会员1004人。截至2021年底，全区共组建工会906家，会员39109人，其中，组建企业工会760家，会员33500人。同时，根据上级工会《关于下达2021年全区各市推进危险货运企业建会工作目标任务的通知》要求组建港口区危险货运行业工会联合会，并于9月26日召开港口区危险货运企业建会入会工作会议，推进危险货运企业和货车司机群体建会入会工作。截至2021年底，累计组建危险货运企业工会29家，共发展危货司机会员300多人。

【工会帮扶】　2021年，港口区总工会开展"我为群众办实事"实践活动。于春节期间开展"送温暖"系列慰问活动，慰问港口区渔业捕捞公司、广西华塑集团有限公司、西藏国策环保科技股份有限公司防城港分公司、防城港泰源贸易有限公司4家企业，慰问困难职工家庭22户，发放慰问金6.2万元。慰问长期在高低温、高空、有毒有害等环境中和苦脏累险艰苦行业岗位上工作的一线职工12人（其中就地过年的区外务工人员8人）、春节期间坚守岗位的环卫工人20人、疫情

9月26日，港口区总工会召开港口区危险货运企业建会入会工作会议
（港口区总工会　供图）

港口区人大常委会副主任、党组成员，港口区总工会主席沈爱东（左二）带队走访慰问困难职工
（港口区总工会　供图）

防控一线医务人员13人、劳模及先进人物3人，发放慰问金2.1万元。于8月开展“工会入万家”走访慰问活动，对港口区7户在档困难职工进行入户走访，送上慰问金4200元，发放慰问品价值1100余元。在中国农民工丰收节期间开展走访慰问农民工活动。慰问农民工先进典型1名，发放慰问金300元以及价值165元的米油慰问品1份。

举办2021年港口区职工医疗互助保障业务管理系统操作培训班，推进职工医疗互助保障工作，在2021年参保期限内共组织发动90个基层工会参加2022年广西职工医疗互助保障活动，参保职工5132人，参保金额51.32万元；2021年已有77名职工享受到医疗互助保障金，给付保障金累计达到7万余元。

【职工服务】 港口区工人文化宫包括服务配套楼、室内运动场、工业展示厅、五人制足球场、露天篮球场和道路、绿化、排水等配套设施，于2022年1月正式启用。为沙潭江街道、王府街道，盛隆公司、中一重工、十九冶等周边企业，以及和平安置区、垭港安置区的广大干部、职工群众提供常态化文体活动服务，作为防城港市经开区135家企业、3万多名职工及5000多名港口区干部、职工的学习活动中心，也是精神文明建设的主要阵地。

【职工权益保护】 开展送法律进企业活动。根据市总工会《关于开展全市工会“美好生活·民法典相伴”主题宣传活动的通知》及区委依法治区办《关于切实加强〈中华人民共和国民法典〉学习宣传教育的通知》要求，港口区总工会于9月29日赴防城港中一重工有限公司开展送法律进企业活动，举办法律知识讲座，营造良好的学法、知法、用法氛围，让企业一线职工学好、用好民法典。采用“线上+线下”方式推动集体协商提质扩面，于7月22日在防城港中一重工有限公司召开工资集体协商现场会暨2021年港口区“构和谐、增实效、促发展”集体协商要约集中行动“线上+线下”工作会议，邀请建会企业观摩，使其了解集体协商工作新动态、新要求，熟悉掌握集体协商工作流程，提高集体协商专项业务水平，全区集体协商建制率动态保持在90%，进一步推动港口区集体协商提质扩面。

【工会活动】 举办“消费助农·振兴乡村”农产品展销活动 为助力乡村振兴、促进经济发展，港口区总工会联合上级工会在港口区中心区德城建材城举办防城港市“33消费节”“消费助农·振兴乡村”农产品展销活动。活动期间，港口区总工会动员鼎昊生物科技有限公司、防城港澳加粮油工业有限公司、光坡镇鑫榜家庭农场、港口区名燕种养专业合作社4家参展企业及经销商携带特色农产品参加展销，并组织32名港口辖区基层工会代表参加展销活动和产品采购。

开展“桂有技能 产业振兴”劳动和技能竞赛 为着力打造具有广西工会特点的“桂有技能、产业振兴”劳动和技能竞赛新品牌，港口区总工会联合港口区人社局共主办2场港口区劳动和技能竞赛，涉及焊工、钳工、家政服务共3个赛项，分别由防城港市华业职业培训学校、防城港中一重工有限公司承办，共40名职工、11家企事业单位参赛。

举办港口区第十四届职工运动会 港口区总工会于11月27—28日举办以“迎建党百年 展职工风采”为主题的港口区第十四届职工运动会，来自港口区直机关、各乡镇（街道）以及辖区各企业共35支参赛队、400多名运动员参加了比赛。

举办港口区干部职工太极拳培训班 港口区总工会于11月在港口区老干部活动中心一楼举办2021年港口区干部职工太极拳培训班，防城港市武术协会教练为学员授课，来自港口辖区的40多名机关事业单位、企业在职职工参加培训。

11月28日，港口区总工会举办港口区第十四届职工运动会

（港口区总工会 供图）

6月1日，港口区总工会开展2021年“感党恩、听党话、跟党走”六一儿童节关爱活动

（港口区总工会 供图）

【职工思想政治建设】 严格执行“三会一课”制度 2021年共召开支部党员大会5次、支部委员会12次，开展集中学习10次、专题党课4次，使党员干部切实增强“四个意识”、坚定“四个自信”、做到“两个维护”。

推进党史学习教育 港口区总工会成立党史学习教育领导小组，制定党史学习教育实施方案，订购必学图书，使全体党员干部全面了解和正确认识党的光辉历史、伟大成就。完善线上、线下“两个平台”建设，组织党员干部职工线上学习“十场名家云直播”及全市工会系统党史学习教育专题党课，观看红色教育片，收听收看防城港市“百年党史讲堂”讲座。线下通过举办港口区基层工会主席及党建工会业务骨干培训班，“打卡”红色教育基地，利用红色资源开展学习培训。联合市总工会于6月1日在防城港中一重工有限公司、白沙村323良伟小学开展2021年“感党恩、听党话、跟党走”六一儿童节关爱活动，为孩子们送上祝福和问候，并对参加活动的困难留守儿童进行党史故事宣讲，引导广大职工子女从小感党恩、听党话、跟党走。

规范党内政治生活　健全完善了中心组学习制度，及时召开党风廉政建设相关会议，定期传达中央八项规定精神和有关廉政要求，汇总梳理各部室廉政风险点，压实廉政责任。

强化党员队伍建设　高度重视全国党员管理信息系统的日常维护工作，支部指定专人负责，严格按照要求做好党组织和党员信息管理，及时转接组织关系。2021年港口区总工会党支部转出党员2名，转出预备党员1名，接收党员1名。

共青团防城港市港口区委员会

【概况】　2021，年共青团港口区委员会基层团（工）委13个、团支部228个，共青团员2715人。团区委围绕区委、区政府及团市委的工作部署，在各级领导的正确领导下，认真学习贯彻落实习近平新时代中国特色社会主义思想和党的十九届四中、五中全会精神，组织青年、引导青年、服务青年，充分发挥党联系青年的桥梁和纽带作用，创新开展共青团工作。

【共青团基层组织建设】　2021年，持续加强团的机关党建工作，扎实开展“两学一做”学习教育，认真落实“三会两制一课”制度，严肃团内组织生活，切实增强团员组织观念、纪律观念、规矩意识。围绕改革团的工作力量选用机制、组织设置和运行、团员发展和教育管理、党的领导和支持保障等方面开展试点工作，初步形成了促进团干队伍健康发展、实现团干成长渠道畅通、实现品牌项目提升打造、实现党建带团实效切实增强、实现团的工作经费来源巩固扩大“一促进四实现”县域基层组织改革试点成效，为全市共青团改革提供“港口经验”。

【少先队工作】　贯彻落实《广西全团带队责任落实年工作分工方案》，将少先队工作纳入单位规划和要点，落实少先队专项工作经费2万余元。组织辖区各中小学中队、大队总辅导40余名参加2021年防城港市港口区少先队辅导员专业技能培训班。在港口区开展“六一”系列主题活动，学习习近平总书记“六一”寄语精神、新队员宣誓入队、老队员重温入队誓词、趣味游园等活动，组织开展“十一三”之“请党放心　强国有我”主题队日500余场中队活动，2万余名少先队员参与。为做好深化港口区“希望小屋”服务效能，改善乡村学校学习环境、提高学习条件，弥补乡村学校在“第二课堂”教育方面的不足，在光坡镇勒色葵小学建立“希望小屋”项目。

【青少年思想政治】　抓牢思想政治引领，持续开展“青年大学习”工作　组织号召全区团干和团员青年开展“感党恩　跟党走”主题系列活动之“青年大学习”工作，2021年学习人次超5万人，平均每期学习1800人次，实现每期超

11月5日，在防城港市桃园小学多媒体教室开展各中小学少先队辅导员专业技能培训
（团港口区委　供图）

6月1日，团区委书记宾龙辉（左二）到港口区各镇（街）对30名困境青少年关爱慰问（团港口区委 供图）

额完成学习任务。

创新青年思想引领工作，打造港口区青年讲师团 从公检法司、学校、企业、银行等各战线邀请23名青年讲师组建港口区青年讲师团，深入基层开展党史学习、金融税务、法制教育、医疗健康等宣讲活动40余场，直接受众青年8000余人次。港口区青年讲师团受到中铝华昇、中建电力等国企邀请走进企业开展宣讲，被区委宣传部作为党史学习教育亮点上报市委宣传部。

【青少年创业创新服务】 推进青年人才菁英、青年助力乡村振兴行动 承办2021年广西高素质青年农民暨共青团乡村振兴“希望头雁”培训班，组织防城港市100名农村基层团干、创业青年参与学习交流；发挥港口区青年创业示范基地——港盛空间创业孵化基地平台作用，组织50余名基层青年团干参加2021年港口区助力脱贫攻坚暨农村青年致富带头人“领头雁”培训班。

推动困境青少年群体帮扶工作 开展“爱心助学·圆梦行动”“控辍保学爱心助学”等捐资助学活动，累计筹集助学金4.5万余元，资助贫困学生90名。开展真情助困活动2场，投入物资1.6万余元，35名青少年受益。

【青少年合法权益维护】 开展法治教育宣讲、禁毒防艾、农村留守儿童保护宣讲、心理讲课讲座、防溺水、交通安全、消防自护等活动14次，覆盖青少年600余人次。与港口区人民检察院、防城港市心理协会签订构建未成年人检察工作社会支持体系的合作协议，成立“小海湾”工作室，构建起集犯罪预防、安全自护、权益维护、个案帮扶等内容的未成年人检察工作社会支持体系。

（简建毅）

港口区妇女联合会

【概况】 2021年，港口区妇联围绕区委、区政府中心工作，在上级妇联的指导下，发挥组织妇女、引导妇女、服务妇女和维护妇女儿童合法权益的作用。2021年，获

3月5日，区妇联在市妇女儿童活动中心四楼开展“三八”妇女节插花培训活动（区妇联 供图）

3月12日，区妇联联合区关工委、团区委、区科协在港口区仙人湾社区开展“2021年学雷锋志愿服务儿童之家主题活动” （区妇联 供图）

评“2019—2020年广西三八红旗集体”及“2018—2020年度全市关爱女性健康保险工作先进单位”称号。

【妇女就业创业服务】 3月5日下午，在防城港市妇女儿童活动中心同时开展两项技能培训，插花和糕点烘焙技能培训，参加培训妇女60多人，进一步拓宽了妇女就业渠道。10月9日，区妇联、港城职业培训学校在企沙镇龙兴社区联合举办育婴技能培训班，围绕婴幼儿护理照料，喂养技巧，疾病预防等方面采取“理论+实操”的方式进行授课，60多学员参训。

【家庭文明建设】 2021年，新建儿童之家2所，王府街道沙港社区和光坡镇大坡社区37个“儿童之家”举办主题活动120场次，服务儿童及家长达2600多人次。2021年，开展家风家教大巡讲活动20场(次)，培训儿童家长及监护人达1000人次。继续开展寻找“最美家庭”活动，韩阳家庭获评“广西最美家庭”。班桂莲、吴丽平家庭获评“防城港市最美家庭”。黄桂梅获广西“最美基层妇联干部”荣誉称号。

【女性人才培养】 3月22—26日，联合区委组织部在防城港市委党校举办港口区女领导干部能力提升培训班，培训女领导干部30多人。10月27—29日，在恒荣大酒店举办2021年港口区基层妇女干部培训班暨农村妇女“领头雁”、婚姻家庭纠纷调解工作骨干培训班，全区基层妇联干部约50人参加培训，进一步提升港口区基层妇女干部的理论水平、党性修养、能力素质以及引领脱贫攻坚、乡村振兴的组织能力。组织区妇联本级领导干部参加2021年港口区机关党务工作者党性教育专题培训班(福建古田)、2021年港口区基层工会主席及党建工会业务骨干培训班等班次，提高妇联领导干部综合能力，促进工作顺利开展。

【妇联工作宣传引导】 明确专人负责本单位的网络宣传工作。收集好涉及本单位的网络舆情信息，加强分析研判。抓住“三八”妇女节、“六一”儿童节、中国共产党成立100周年等契机，向社会大力宣传港口区妇女儿童工作开展情况，扩大社会影响力，营造关爱妇女儿童事业发展的良好氛围。

（周小燕）

10月27—29日，区妇联举办港口区基层妇女干部农村妇女“领头雁”婚姻家庭纠纷调解工作骨干培训班 （区妇联 供图）

港口区科学技术协会

【科协系统深化改革】 成立港口区科协系统深化改革工作领导小组，研究出台《防城港市港口区科协系统深化改革实施方案》，按时按质完成科协系统深化改革的工作任务，6个镇（街道）已全部组建了科协，广泛吸纳学校校长、医院院长、农技站站长到科协组织中兼（挂）职，各镇（街道）科协“三长”兼挂职覆盖率达到100%。

9月9日，港口区科协在港口区金海湾社区举办2021年食品安全暨“新时代文明实践志愿服务”活动 （港口区科协 供图）

【科技服务经济社会】 推动“农技协+贫困户”“科普示范基地+贫困户”结对帮扶模式，充分发挥科普带头人示范引领作用，组织全区农技协、科普基地以及地区特色农产品参加广西“科普惠农兴村计划”特色农产品展销会、优质农产品现场交易区、农产品预售推荐区等交流活动，向公众推介港口区实施“科普惠农兴村计划”取得的成果和特色优质农产品，不断促进农技协、科普基地与社会各界的交流合作。

举办各类培训班，根据广西科协开展科普助力乡村振兴工作的要求，发挥港口区农村专业技术协会、农村科普示范基地、农村科普带头人的作用，开展各类适用技术培训，重点培训协会技术骨干、协会会员、周边农户，提高港口区广大农民的科学文化素质，促进农村稳定、农业增效、农民增收。

【科技工作者服务】 2021年，区科协以“全国科技工作者日”“全国科普日”“八桂科普大行动”等重要活动日为载体，组织科技工作者深入企业、校园、社区进行宣传。3月2日，港口区科协联合区妇联等部门在中心区开展“三八”妇女维权宣传活动。3月12日，联合妇联、区关工委在仙人湾社区开展“2021年学雷锋志愿服务儿童之家主题活动”。5月26日，开展走访慰问和联系服务科技工作者活动，通过走访、慰问基层一线、优秀科技工作者，把党和政府对科技人员的关心、关爱和温暖送到科技工作者中。9月9日，联合市科协在港口区金海湾社区举办食品安全健康宣传活动，通过科普讲座、知识答题竞赛等方式，提升群众的食品安全知识，收到社区居民的一致好评。

11月16日，联合港口区市场监管局在光坡镇开展食品安全宣传活动。通过系列科普宣传活动，从节约资源、保护生态、科学种养、网络学习、健康生活等角度，向广大市民群众普及地震、雷电、台风、寒潮、高温、干旱、火灾、食物中毒防范和煤、电、气以及交通安全等知识宣传普及科学知识，反对邪教、倡导崇尚科学。

【科技培训活动】 2021年，举办科普技术培训班2期，培训群众400多人，印发科普资料1000多份，科技咨询230人次，技术服务150多人次，服务群众180多人次。11月23日，在大龙口观光农业科普示范基地举办港口区科普助力乡村振兴农村实用技术培训班，邀请专家进行授课并现场答疑解惑，100多名周边群众受益，真正把技术带到养殖户、贫困户手中，让养殖户、贫困户真正掌握一门实用技术，提高养殖户、贫困户的科学技术水平，拓宽科技致富的思路，增强科技致富的本领。12月23日，在港口区企沙镇举办养猪防病技术培训班，邀请广西畜牧研究所高级畜牧师刘克俊授课。通过举办培训班、技术下乡服务，真正把技术带到养殖户、贫困户手中，让养殖户、贫困户真正掌握一门实用技术。

【青少年科技教育工作】 2021年，面向中小学生，开展校园科普

6月2日，港口区科协在防城港市桃源小学举办"党徽闪耀　科普为民"——广西科技馆走进防城港市科普系列活动　（港口区科协　供图）

活动，带动全区青少年的科技创新意识和能力。组织开展"科普大篷车进校园"活动，激发青少年爱科学、学科学、用科学的热情。6月2日，广西航空运动管理中心、广西科技馆、广西革命纪念馆、防城港市科技馆、防城港市科协、港口区科协、港口区教科局联合在防城港市桃源小学开展党徽闪耀　科普为民"——广西科技馆走进防城港市科普系列活动。9月23日，在光坡镇中心小学开展科普大篷车月月行活动暨科技馆进校园科普活动。

12月9日，港口区科协在防城港市桃花湾中学举办2021年新时代文明实践"中华民族一家亲　科普服务进校园"志愿服务活动，通过科学性、知识性、趣味性的科普活动，以参与互动、现场体验等方式让师生感受科技的魅力，为学生送上集科学性、知识性、趣味性于一体的"科普大餐"。组织全区各中小学校参加自治区、市青少年科技创新大赛。2021年，港口区选送科学DV作品获防城港市青少年科技创新大赛一等奖1名、二等奖1名。组织参加防城港市RIC机器人普及赛小学组获一等奖。组织参加防城港市青少年科技创新大赛，获小学生科技创新成果二等奖1名、三等奖1名。获防城港市机器人基本技能竞赛三等奖1名。选送科普剧参加防城港市青少年科技创新大赛获一等奖；选派选手参加防城港市青少年科技创新大赛优秀科技实践活动三等奖；组织学生参加防城港市青少年科技创新大赛少年儿童科学幻想绘画，获一等奖9名、二等奖8名、三等奖24名。

（陆　华）

港口区文学艺术界联合会

【概况】 防城港市港口区文学艺术界联合会（简称港口区文联）。港口区文联是中共防城港市港口区委领导下的群团组织，实行团体会员制，有团体会员7个，分别为港口区作家协会、港口区书画家协会、港口区音乐舞蹈家协会、港口区摄影家协会、港口区民间文艺家协会、港口区诗词学会、港口区戏曲协会，共有会员200多人。

【文艺活动】 2021年，港口区文联继续发挥《天堂滩》杂志的文艺平台作用，重点突出《天堂滩》季刊对本土文艺家和爱好者的服务及培养推介功能，办好《天堂滩》文艺季刊，完成全年4期的编辑出版和分发等各项工作。举办庆祝中国共产党成立100年主题征稿征文活动，编辑出版庆祝中国共产党成立100年《天堂滩》专号。编辑出版《奋进新时代　壮美港口区——献礼中国共产党成立100年港口区摄影作品选》。

【乡村振兴文化活动】 2021年10月16日组织港口区作家协会、摄影协会、诗词协会开展港口区乡村振兴文化座谈会暨摄影采风活动。活动选择优秀摄影作品（80幅），组织文学爱好者配上诗歌编辑出版《天堂滩》港口区乡村振兴诗画摄影专刊。

【党史学习教育活动】 2021年4月28日组织区文联全体干部职工、下属各协会（学）会负责人和文艺骨干开展"感党恩　跟党走"——港口区文联党史学习教育红色主题文艺采风创作活动；以港口区现存革命遗址、纪念馆等红色资源为采风创作活动载体，挖掘创作其中承载的红色故事和文艺作品，择优作品向《天堂滩》专号及相关平台推送，向中国共产党成立100周年献礼。

10月16日，港口区文联组织港口区作家协会、摄影协会、诗词学会开展港口区乡村振兴文化座谈会暨摄影采风活动 （港口区文联 供图）

4月28日，港口区文联组织全体干部职工、下属各协（学）会负责人和文艺骨干开展"感党恩 跟党走"——港口区文联党史学习教育红色主题文艺采风创作活动 （港口区文联 供图）

【文艺志愿服务体系构建】 港口区文艺志愿服务队共有作家、书画家等7个协会，文艺志愿者达200多人。2021年，港口区文艺志愿者服务队常态化开展文艺"三下乡"活动、文艺"三进"军营等活动，开展文艺志愿服务活动，丰富当地的文艺交流活动。

11月12日，支部联合港口区委宣传部党支部、港口区委统战部、中国农业银行防城港分行营业部党支部开展"书香机关、阅读圆梦"朗读会暨党支部联谊活动。

【文艺普及】 送"福"惠民 2021年春节前，以张永志为队长的送春联送"福"字文艺惠民活动志愿服务队，通过进乡镇乡村、进机关、进企业等方式进行；联合港口区书法家开展一系列送春联送"福"字文艺惠民活动。

设展惠民 由防城港市纪委、市委组织部等多个单位共同组织举办的防城港市清廉家风主题美术、书法作品展于2月8日在市艺术中心开展。港口区文联会同市书协全力配合此次活动，按时按质完成书法作品的征集评审送展工作，并组织多位书法家在开幕式现场开展赠春联、赠"福"字活动及港口区书法、摄影协会会员参加防城港市中国共产党成立100周年书画摄影展。

"三下乡"惠民 由港口区委宣传部牵头会同区文联多个单位参与举办的港口区2021年文化科技卫生"三下乡"启动仪式暨"我们的中国梦"——文化进万家活动于4月2日在光坡镇大龙安置区举办，在现场组织开展赠送图书活动，向广大群众送出由港口区文联编辑出版的《天堂滩》杂志及图书200多本。

（凌立英）

港口区社会科学界联合会

【概况】 2021年，港口区社会科学界联合会（简称港口区社科联）是中共防城港市港口区委领导下的学术性人民团体。主要负责抓好理论研究、课题调研、科普宣传、学术交流、学会管理等工作。

【社科研究】 港口区社科联确定2021年的调研课题为《防城港"候鸟文化"初探》。10月初，与防城

4月8日，港口区社科联会同港口区市场监督管理局组织党员干部到光坡镇“三光企”革命武装起义纪念碑开展“缅怀革命英烈 传承红色基因”主题活动 （港口区社科联 供图）

港市边海诗画艺术研究学院开展课题合作，成立课题研究小组，明确任务分工以及实施进度，经过前期研究、开题、调研方案、实地察看、写作提纲，撰稿、审稿各阶段工作，已顺利结题。完成区委宣传部“庆祝中国共产党成立100周年理论研讨会”论文1篇、“港发杯·庆祝中国共产党成立100周年理论研讨会”论文1篇，承办“学习贯彻中国共产党防城港市第七次代表大会和市两会精神理论研讨会”征文活动，共征集论文34篇。

【社科普及】 2021年，港口区社科联联合其他部门通过设立科普宣传摊位，悬挂横幅，发放宣传资料和科普读物等方式，安排专家和社科工作者、志愿者进行现场咨询活动，坚持把科普送到基层，送到社区，满足公众对科学的实际需求，集中体现科普工作的实效，有力地宣传社会科学，2021年共开展5次科普活动。

【出版发行】 《港城社会科学》是港口区社科联的内部期刊，开设有执政论坛、党建园地、经济研究、法治探讨、精准扶贫、生态环保、基层建设、公共管理等栏目。刊登的调研文章涵盖社会、政治、经济、文化等方面。2021年，为庆祝中国共产党成立100周年，港口区社科联推出《港城社会科学·建党百年专刊》中国共产党成立百年专刊，向港口区各单位部门筹稿，共征集“庆祝中国共产党成立100周年理论研讨会推荐论文”12篇，如期完成专刊出版工作，向中国共产党成立100周年献礼。

（张钱杰）

港口区残疾人联合会

【残疾人基础设施建设】 港口区残疾人康复中心项目，项目地址位于渔洲坪建政路与田辽路交会处，占地面积5593平方米，建设规模面积4971.26平方米，建设内容有康复中心主体及附属配套工程，预算总投资1050万元，中央预算资金800万元，自治区配套补助资金200万元，其余资金为地方配套解决。项目建成主要为全区具有康复需求的残疾人及残疾儿童康复救助提供服务。2021年7月29日，港口区残疾人康复中心在建设单位组织下顺利通过竣工验收。港口区残疾人康复中

5月17日，在企沙镇举办2021年防城港市社会科学普及活动周启动仪式 （港口区社科联 供图）

心的建成，有效促进港口区残疾人事业整体发展水平。

【残疾人社会保障】 不断增强残疾人社会保障 2021年5月，为港口区2789名持证残疾人购买人身意外保险，进一步帮助残疾人及其家庭提高抗御风险能力；为港口区724名符合条件的重度残疾人代缴医疗保险。贯彻落实残疾人"两项补贴"制度。港口区有持证残疾人2796人，2021年共新增办证78人，注销82人。有重度残疾人1618人，精神类疾病81人，符合享受重度护理补贴共1587人，均已享受残疾人重度护理补贴。符合低保贫困残疾人共671人，均已享受困难残疾人生活补贴。做好港口区行动不便及重度精神类别残疾人上门评残工作，组织评残机构为精神、肢体类别人员开展上门评残，2021年共为残疾困难人员上门评残41例。

持续开展精准康复服务行动会同卫健部门组织开展残疾人家庭医生签约服务，提高和丰富基本康复服务的标准和水平，2021年，共计投入3.91万元为港口区206名残疾人提供支持性服务，目前已全部完成，并录入系统。

围绕"人人享有康复服务"的目标，进一步做好残疾儿童康复救助工作，实现"应救尽救"，上级任务32名。截至目前，港口区残联共为82名残疾儿童提供康复救助，支出补助资金90.5万元，超额完成上级下达的任务。

做好残疾人适配辅具，根据上级残联下达任务，2021年为港口区67名残疾人提供适配辅具，提高残疾人日常生活质量。

9月，自治区残联副理事长许英凤（左二）率队到白沙沥仙人湾社区调研残疾人基层组织建设情况 （港口区残联 供图）

做好残疾人家庭无障碍改造工作，2021年投入12万元为30户残疾人家庭实施厕所、厨房等无障碍改造，解决部分残疾人户内活动和日间出行等生活困难。

继续做好阳光家园居家托养服务工作，投入12万元为港口区80名重度肢体残疾和智障、精神患者提供基本生活照料和护理服务，制定个性化服务方案并开展居家托养服务，让残疾人足不出户就能享受专业护理照料，切实感受到党和政府的关爱和温暖。

残疾人就业创业 持续抓好农村残疾人实用技能培训。2021年，结合"我为群众办实事"活动，

5月，港口区残联在助残日开展"阳光助残·志愿同行"服务活动 （港口区残联 供图）

为港口区30名就业年龄段有劳动能力和就业意愿的农村残疾人提供实用技能培训，帮助更多残疾人掌握种养殖技术，激发残疾人内生动力，提升“造血能力”，增收致富。

继续发挥“阳光助残基地”辐射带动作用，2021年投入30万元，继续扶持120户残疾人家庭发展种养殖业，实现在家门口就业，从一定程度上解决农村残疾人就业问题，探索出一条扶残助残新路径。

【残疾人文体教育】 配合好教育部门做好入学安置工作，落实特殊教育、随班就读、送教上门等政策，建立一人一案，保障残疾儿童少年接受教育的权利。做好建档立卡适龄残疾儿童的控辍保学工作，重点做好适龄残疾儿童的数据核实、统计以及数据对比，确保与教育部门数据一致。截至12月，港口区适龄残疾儿童共193人。其中，普通随班就读92人，在特殊学校就读51人，学前就业机构2人，康复或其他机构13人。已毕业4人，出国1人，申请延缓入学16人，经残疾人教育专家委员会鉴定不具备接受教育能力14人。

做好残疾人子女及残疾学生资助工作，加大对残疾人子女及残疾学生接受中高等教育资助工作的扶持力度，建立长效机制，促进残疾人教育公平。2021年，共资助残疾人子女16人，资助资金共1.95万元。资助残疾学生6人，资助资金共1万元。

港口区归国华侨联合会

【概况】 港口区归国华侨联合会（以下简称港口区侨联），主要职责是促进经济发展、积极参政议政、依法维护侨益、拓展海外联谊、弘扬中华文化、参与社会建设等，团结带领全区归侨侨眷和海外侨胞，促进团结统一，为港口区的经济社会发展作出贡献。

【侨界联谊活动】 2021年，港口区侨联传统节假日期间通过微信、QQ、电话方式向港口区籍海外华人、华侨送出问候与节日的祝福50多次。通过线上、线下方式，向海外侨商宣传港口区投资环境及需求方向，以侨为“桥”，为防城港国际医学开放试验区建设发挥侨力。聘请区侨联海外顾问5名，进一步促进侨联与海外侨社团的民间交往。

【参政议政】 2021年，港口区侨联每月深入基层调研不少于3次，收集侨胞关心的热点、难点问题。到华侨村开展2021年政协提案调研，港口区两会期间提交提案2件次。

召开第三次侨代会　11月19日，召开第三次归侨侨眷代表大

11月19日，港口区召开第三次归侨侨眷代表大会　（赵良敏　摄）

会，大会听取和审议港口区归国华侨联合会第二届委员会工作报告，选举产生港口区侨联第三届委员会委员15名，杨孙艳当选为主席，陈运平当选为专职副主席。

【为侨服务】　慰问侨胞　春节共慰问困难归侨侨眷23户，慰问贫困户3户，发放慰问金慰问品折合人民币约1.18万元。“六一”儿童节共慰问10名困难侨胞小朋友，发放慰问品慰问金折合人民币4000元。“七一”前夕走访慰问党员6名，发放慰问品慰问金折合人民币2400元。严格管理华侨事务费的使用，慰问困难归侨侨眷、归侨侨眷特殊群体，共慰问困难归侨侨眷64户，归侨侨眷特殊群体13户，共发放慰问金11.3万元。开展“学党史、办实事”给“三侨”学子送温暖活动，对2021年考取大学的10名港口区“三侨”学子给予资助，发放一次性助学金共9000元。

维护侨益　协助华侨村到港口区人民法院了解港口区企沙镇冷冻厂归属的审判结果，了解企沙镇华侨村集体资产归属问题，为华侨村发展村集体经济谋思路。开展归侨侨眷西式面点师职业技能培训2期，培训人数40人，提升渔民上岸转产转业就业技能。协调解决华侨村超标“三无”船舶纳入乡镇管理困难问题。

弘扬中华文化　以“侨心向党　感党恩跟党走”为主题，创作歌曲《破浪疍家人》，并拍摄MV展示侨村的生产生活精神文明建设等，该MV网上点击量超700万人次。疍家原创舞蹈《疍家姑娘》登上“广西三月三　乡音播全球”舞台，通过线上直播的方式向海外140多个国家的华人华侨传播侨乡文化，提升港口区在海外的知名度。

5—7月，港口区侨联、企沙镇华侨村举办归侨侨眷糕点、面点面食技能培训2期，共有40名学员参加技能培训　（李远珍　摄）

9月8日，港口区侨联在会议室开展“学党史　办实事”给“三侨”学子送温暖活动，给2021年在高考中考取大学的10名港口区“三侨”学子发放一次性助学金　（陈运平　摄）

挂钩帮扶　2021年，开展帮扶户节假日慰问活动，年内慰问帮扶户22户次，慰问金慰问品折合人民币7500元。单位主要领导全程跟踪单位帮扶工作进度，港口区侨联所有的帮扶对象8户全部顺利通过脱贫攻坚后评估。

【服务经济建设】　深入9家侨企开展调研，撰写调研报告4篇，提出意见建议3条。2人参与津西

6月26日，由自治区侨联、防城港市侨联主办，港口区侨联、港口区侨办、企沙镇人民政府、港口区文化馆、企沙镇华侨村委员会等单位承办的防城港市侨界庆祝中国共产党成立100周年文艺演出在企沙镇华侨村举行

（符燕　摄）

钢铁项目、防东铁路项目和沙潭江垭港一组、二组的征地拆迁工作。

（陈运平）

港口区红十字会

【概况】 港口区红十字会是从事人道主义工作的社会救助团体，正科级参公单位。主要业务工作是依照《中华人民共和国红十字会法》开展备灾救灾、募捐救助、现场应急救护培训、学校红十字青少年志愿服务活动、无偿献血、造血干细胞采样入库及人体器官捐献等。

【“三献”工作】 在“5·8”红十字宣传日、“6·14”世界献血者日期间，开展无偿献血、造血干细胞捐献、人体器官捐献等红十字“三献”知识宣传活动。在港口区海珍路献血站、沙潭江街道市场附近、多所中小学校园、农村、社区向群众发放“三献”知识宣传资料，向热心群众认真讲解“三献”知识，共发放宣传资料2500多份。

【爱心救助】 2021年先后为6名重症患者申请“爱心救助”和医疗费用减免，共获得补助金共24000元。同时，利用春节期间对6名重症患者进行回访慰问，共送去慰问品及慰问金共3700元。到农村、社区走访了解，及时掌握困难群众的生活情况，春节期间，开展“红十字博爱送万家”活动，向145名困难群众发放爱心箱价值16140元。10月，港口区受到第十七号台风“狮子山”和第十八号台风“圆规”连续影响，全区多地普降暴雨及大幅降温，港口区红十字会对港口区受自然灾害影响的伤病人员和生活困难群众等弱势群体共18户开展送温暖活动，及时给受灾群众送去救灾物资米、棉被，共计4068元。

【应急救护】 开展应急救护“五进”活动，深入防城港市职业理工学校、防城港市桃花湾中学、金湾中学、第四中学、企沙镇中学、公车中学、公车中心小学、港务集团有限公司幼儿园，以及防城港市华润燃气公司、中一重工、区应急管理局、教科局及4家企业单位共举办应急救护知识培训班12次，参训人员达7500多人次。

【红十字青少年工作】 深入全区各中小学校开展红十字青少年工

1月15日，港口区红十字会在光坡镇栏冲村举办“红十字博爱送万家”活动

（港口区红十字会　供图）

4月28日，港口区红十字会联同防城港市红十字会在防城港市职业理工学校举办应急救护公益讲座进校园活动　　（港口区红十字会　供图）

作，向防城港市职业理工学校、防城港市桃花湾中学、金湾中学、第四中学、企沙镇中学、公车中学、公车中心小学的青少年学生发放《中华人民共和国红十字会法》和青少年自救互救知识资料共计10000份，让学生们通过学习的方式了解和掌握更多的红十字会法律知识以及自救互救知识，帮助青少年学生树立正确的人生观、价值观、荣辱观。

【社会募捐】 从8月23日至9月9日，在港口区范围内发起“99公益日”爱心捐赠倡议活动，共组建公益筹款团队20个，发动捐款1000多人次，线上线下共筹集善款7万多元，此次所捐得善款用于购置自动体外除颤仪，主要放置于防城港市的公共场所应急设备，提升全社会、全员自救互助能力。

法　　治

政法综述

【概况】 2021年，中共防城港市港口区委员会政法委员会(简称区委政法委)。

按照市委政法委“1+7+1”工作思路，破获刑事案629起，其中，发生命案3起，破案4起；受理治安案件1415起，抓获违法犯罪嫌疑人680人，行政拘留336人。区检察院受理逮捕案件253件，批捕178件、279人。区法院受理各类案件9487起，审结7805件，结案率为82.27%，其中，受理刑事案件334起，审结302件。

【政法队伍教育整顿】 2021年，港口区政法委被防城港市选树政法先进典型代表1人，港口区选树8人。收到线索累计106条(件)，已受理问题线索106条(件)，办结106条(件)。对自查存在问题共111人，均正确适用落实“自查从宽、被查从严”政策。对违反防止干预司法“三个规定”问题2人，分别作出提醒谈话、警示谈话处理；对违规经商办企业和配偶、子女及配偶违规从事经营活动问题1人，作出提醒谈话处理；对有案不立、压案不查、有罪不究问题59人，分别作出提醒谈话、警示谈话处理57人，批评教育2人。制定、完善一批规章制度、实施办法共78项。

7月23日，港口区在区委三楼会议室召开政法队伍教育整顿领导小组暨政法各单位主要领导集体谈心谈话会议，区委书记朱靓(正面左二)同志专题听取纪检、组织和政法部门“回头看”工作开展情况汇报。

(港口区政法委　供图)

【市域社会治理现代化】 全面推进市域社会治理现代化试点工作，制定印发《港口区推进市域社会治理现代化试点工作实施方案》，强化党建引领小区治理机制，构建“社区党委—小区党支部—网格党小组”治理架构，推动党机关党员100%到社区报到。完成了“三官一律”进网格，共派出干警37人、法官28人、检察官13人、律师9人，43个村(社区)的支书担任各村(社区)的网格长。对全区网格进行科学再划分。创新组建“阳光大妈巡逻队”“女子巡逻队”“退役军人巡逻队”“义警小哥巡逻队”等7支共638人的社会义务教育联防联控治安巡逻队，组建8支、156人的边境海岸巡控队。

【社会维稳】 2021年，港口区政法委全面贯彻落实国家政治安全观，保持辖区暴恐案事件零发生。

2021年，国际医学创新合作论坛、全国两会、国庆、东盟两会、中国共产党成立100周年、自治区第十二次党代会等重大活动期间，社会秩序平稳。

“五类矛盾纠纷”专项行动共出动7220人次，先后排查化解“五类纠纷”共36起。完成“两道门”建设的学校共39所，各学校、幼儿园安保队伍建设配备率100%，安保设施建设达标率100%，“一键式报警系统”安装并正常使用率达100%。

【治安整治专项行动】 2021年，开展26次社会治安大整治专项行动，共出动警力3000多人次，警车300余台，对重点区域开展清查整治。

“三个管控到位”“五个有效清除” 清除黑恶势力行动，港口区继续做好“6·01”专案办理工作，成功审判6人。破获刑事案932起，受理治安案件1355起，其中查处黄赌案件99起。清除电信诈骗案件40起，破获毒品刑事案件17起，抓获犯罪嫌疑人28人。3月，港口区政法委成功助力防城港市摘掉整治聚集式传销重点城市的“帽子”。

打击走私 以“国门利剑2021”、打击走私“百日攻坚”、打击走私“雷霆”等5个专项整治及联合行动，重点对沿海港口、码头严密管控。各执法部门共查获走私物品：香烟9469件、海产品686吨、蔬果565吨、莲雾6225件、榴莲10028件、红薯110吨、酒类18件、柴油1吨、冻品103.85吨、活体禽畜8.21吨、玉石石料0.892吨、成品油27.6吨，涉案价值6851.4万余元，罚没收入1890.38万元。共抓获涉嫌非法经营犯罪嫌疑人95人，刑事拘留25人，逮捕20人，起诉16人，移交339起行政案件。

查办“三非” 查获非法出入境人员30批、51人；办理涉私案件200起，打击走私总案值约2608万元；港口区公安机关共查获走私案件362起、运输车辆330辆、快艇1艘，涉案金额达8141.7余万元。

加强交通秩序整治 2021年，共查处酒驾664起（其中醉驾16起），超限超载807起，违法停车4805起，拖移违停机动车975辆，摩托车违法3107起，非机动车违法7124起。

【推进综治建设】 建成区、镇（街道）、村（社区）三级综治中心，6个镇（街道）、43个村（社区），构建辖区“党委政法委—综治中心—网格工作—网格单元—网格员”基层社会治理架构，统筹整合区域内党建、司法、民政、消防、禁毒、食品安全、城市管理等36个部门网格资源，打造“全科网格”。通过广西综治信息系统上报网格案事件3672件，结案网格案事件3610件，及时处理率98%，实现“雪亮工程”、“天网工程”和“百姓天网”数据共享。

11月25日，港口区召开打击走私工作会议 （港口区政法委 供图）

公安

港口公安分局

【概况】 2021年，港口分局在港口区委、区政府和市公安局的正确领导下，坚持以习近平新时代中国特色社会主义思想为指导，围绕中国共产党成立100周年主线，通过“六个抓实”“六个有力”，取得“四降两升两全”良好成效（刑事案件同比下降7.4%，治安案件同比下降25.7%；电诈警情下降28.1%，盗窃警情下降40%；刑事案件破案率增长68.82%，刑事拘留数增长40.1%；八类案件全部告破，现发命案全部告破），并助推防城港市成功移除全国重点整治传销城市名单，助力港口区在2021年第三季度群众安全感调查中排名全区第29名，为防城港市唯一进入“第一方阵”（全区前30名）的区县。

【队伍建设】 港口分局严格按照上级部署要求，有力、有序推进政法队伍教育整顿。其间，各级领导讲党课22次，组织500多人次到红色教育基地参观学习，开展政治轮训3次共1500人次参训，培树公安英模3人；开展谈心谈话1200人次，在教育整顿过程中，有效查纠整改了一批顽瘴痼疾，工作得到中央第十二督导组、自治区公安厅及防城港市主要领导充分肯定。

【便民服务】 持续提升优化营商环境效能，分局共推出便民利民措施32条，涉及车驾管、户籍等方面，极大提升服务效能。防城港市首笔“跨省通办”与“出生即办证”户政业务在港口公安分局办结，赢得一致好评。

【案件打击】 港口分局保持对各类违法犯罪的严打高压态势，整体破案打击效能和攻坚克难水平明显提升，有效地打击了涉黑、涉诈、涉毒等突出违法犯罪，震慑了违法犯罪分子的嚣张气焰，为辖区群众营造和谐稳定的生活环境。

刑事侦查　深入推进“扫黑除恶”专项斗争、“命案积案”攻坚行动，严厉打击电信诈骗犯罪。精准开展“亮剑2021·六打”系列专项行动，共立刑事案件974起，破案388起，破案率39.84%。在扫黑除恶方面，分局积极落实“六建”工作，成功将“6·01”案件全部在逃嫌疑人抓获归案并移送起诉；共破获涉恶刑事案件8起，打掉犯罪集团2个；共核查线索11条，全面完成“一案三查”工作。在打击电诈方面，分局组建反诈中心，反诈工作效能得到进一步提升，全年共破电诈案件83起，其中“清源行动”共抓获嫌疑人56人，追回赃款30多万元。

经济犯罪侦查　港口分局坚持打建并举，共开展“清风”“狂风”等清查行动1881次，查获涉传人员2158人次，查封涉传销出租屋433间，办结涉传销行政案件1767件，办理涉传销刑事案件11起，刑事拘留24人，逮捕7人，起诉23人，创建无传销小区18个，将传销重灾区变成打传示范区，助推防城港市如期移出全国传销重点整治城市名单。在打击走私方面，共查获各类无合法手续香烟合计7714.468件、各类走私物品700多吨，涉案价值4300多万元，共抓获43人，立刑事案件35起，移交行政案件210起，打击成果全市排名靠前。

禁毒工作　2021年，分局共破毒品刑事案件9起，抓获嫌疑人16人，同比增长6%；起诉嫌疑人12人，破获3人以上团伙案4起，同比增长200%。

治安管理　分局积极开展对治安混乱地区的排查整治，共办理治安案件927起，抓获422人。其中，办理黄赌行政案件79起，抓获272人；立黄赌刑事案件11起，抓获55人。成功侦办防城港市建市以来涉案人数最多的“4·01”赌博案件，现场抓获聚集在该赌场赌博的违法犯罪嫌疑人100人（其中股东1人），扣押小轿车11辆、赌具一批。2021年，投入警力1800余人次，应对各类突发事件，有效维护港口市社会治安稳定。专人专责定期定点开展清查管理，共开展清查整治110余次，检查场所1200余家次，有效杜绝案件事故发生。

【安保维稳】 港口分局高度重视各种重大活动、校园护学等安保行动，出动警力300多人次周密开展各类安保活动，以最大决心、最强力度、最严措施织密安保维稳防线。

大会安保鉴忠诚，港口分局全面贯彻落实国家安全观，圆满完成清明、中国共产党成立100周年庆祝大会、中国—东盟博览会等重要节点安保维稳工作，有力保持辖区暴恐案事件零发生，顺利实现“五个严防、三个确保”工作目标。2021年，分局完成重要项目开工、上级领导来访等安全保卫工作30余次，全部实现安全“零事故”。

区交警大队

【概况】 2021年，防城港市公安局交通警察支队港口大队（以下简称港口交警大队）在两级政府和上级公安机关的坚强领导下，大队全体人员坚决贯彻两级政府决策方针，认真落实上级公安机关部署要求，统筹推进“压事故保畅通”中心工作，辖区全年未发生重特大道路交通事故，确保了交通秩序形势安全、有序。

【队伍建设】 加强学习习近平新时代中国特色社会主义思想，提高政治站位。大队党支部按照“三会一课”有关规定，定时召开支委会、党员大会以及上党课，组织党员集中学习有关党规党纪，学习习近平总书记系列重要讲话精神，坚定全体党员理想信念，严格抓好队伍教育管理。

以案为鉴敲警钟，廉洁勤政促发展。大队班子以“以案促改”为抓手，坚持从严治警，定期组织开展纪律作风整顿，组织警示教育和学习，坚持廉政勤政谈话，做到警钟长鸣，严防各类违纪事件发生。近年来，队伍建设良好，无违法违纪现象。

加强党风廉政建设，强化队伍管理。严格落实“一岗双责”制度，坚持请销假制度及上班考勤制度的落实，规范民警辅警日常工作纪律。采取谈心、谈话等督查方式，加强对驾考工作、违法处理等敏感岗位的监管力度，防范违法违纪行为。通过讲党课、开展讨论、读书自学等方式方法，进一步增强党员党性修养，提升广大民警辅警思想素质，在思想上、行动上和工作生活中筑牢拒腐防变的思想防线。

【道路交通管理】 交通秩序整治工作 以绩效为抓手，坚持以路面为主战场，开展“减量控大”“一盔一带”“逢五逢十”等多种专项整治行动，形成对严重交通违法行为整治的高压态势，坚持以路面为“主战场”，采取定时与不定时检查相结合的巡查方式，加大用警力度，联合禁毒等多警种开展酒驾、醉驾整治行动，做到发现一起、纠正一起、处罚一起，形成对酒驾、醉驾等严重交通违法行为整治的高压态势。加大对“两客一危一货”、面包车、接送学生车辆等六类车辆的“三超一疲劳”等九类交通违法的现场查纠，切实做到执法必严、违法必究，进一步规范道路行车秩序。大力加强农村地区的管控。在公路交叉路口、村庄和农村集市周边等重点部位设置临时执勤卡点，查纠农村微型面包车、摩托车、三轮车等车辆超员超载、涉牌涉证、逾期未年检等严重交通违法行为，规范农村道路车辆通行秩序。率先启动“礼让斑马线”交通违法学习点，城市文明交通素质有效提升。设立礼让斑马线交通违法学习点，在全市率先启动机动车培训机构学员社会实践，推动学员参与机动车不礼让斑马线、逆行、闯红灯、超员、行人乱穿马路、车辆乱停乱放等交通安全现场教育劝导，让文明交通成为新驾驶员的第一课。2021年，礼让斑马线各学习岗点共出动警力2479人，受教育人数3628人次，新增2处不礼让行人违法抓拍电子监控设备，电子抓拍不礼让行人的违法行为7701起。

8月2日，港口区交警支队到港口区交警大队召开廉政勤政集体谈话会

（港口区交警大队 供图）

【交通事故处理】 全面加强事故预防处理工作。深入运输企业开展运输车辆安全隐患排查工作，汇总梳理事故多发路段、易发路段安全隐患和交通安全防护设施缺失问题，对道路交通运输安全隐患突出的企业和单位进行约谈。组织专门力量深入排查、汇总梳理事故多发路段、易发路段安全隐患和交通安全防护设施缺失问题，形成专题报告，积极配合相关部门落实治理措施，切实做到一点不漏。严把责任关口，对道路交通运输安全隐患突出的企业和单位，组织警力联合交通、运管、安监部门对企业进行约谈，督促企业严格落实各项安全管理制

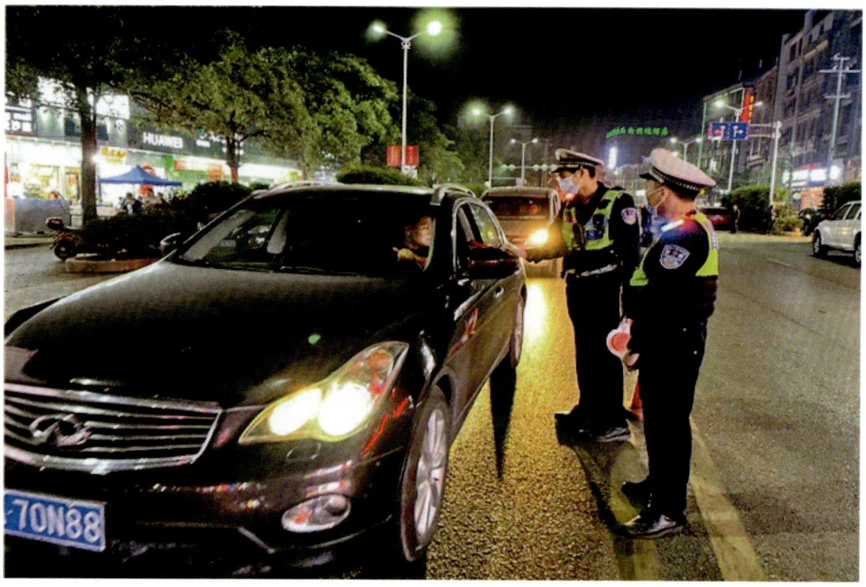

1月23日晚，防城港市公安局交警支队港口大队开展全国酒驾夜查整治行动
（港口区交警大队　供图）

度，加强内部管理、加强动态监管，落实交通安全主体责任，最大限度清除各类源头风险。2021年，辖区共发生道路交通事故7881起，死亡20人，受伤1225人，直接经济损失4478750元。

【车辆管理】 持续深化“放管服”改革。通过“警企合作”方式，成立海富机动车登记服务站和荣安机动车登记服务站。服务站采用通道式流水线工作模式，实现了车辆检验业务到查验业务的“无缝对接”。

【交通警卫】 圆满完成各种大型安保工作，得到了各级领导的高度肯定。港口区交警大队以严谨的工作态度，“定人、定岗、定任务”的工作措施，2021年，共出动警力1653人次，警车319余辆次，圆满完成99次道路交通安保工作。

【“情指行”作战】 发挥“情指行”一体化作战室科技力量，助力交通事故逃逸侦破。大队“情指行”一体化作战室借助科技力量，利用天网、以撒和云警务等视频平台，为查缉布控预警、交通事故逃逸的迅速侦破发挥了应有的作用。

【两站两员建设】 结合“减量控大”工作部署，指导中间坪村、牛路村等农村交通劝导站的劝导员，通过宣传和主动推送等方式，引导群众安装使用“交管12123”移动终端App，应用道路交通事故互联网在线快处快赔处理平台，全面推进农村地区道路交通事故快处快赔工作，每月完成劝导日志3000多份。

【交通宣传】 推进宣传教育，夯实舆论深化引导工作。做好特色交通安全宣传工作：组织民警深入到辖区企业、单位、学校，与驾驶人点对点、面对面交流，通报近期重大道路交通事故，分析安全形势，剖析事故原因，绷紧驾驶员交通安全弦，增强驾驶员遵守交通法律法规的自觉性；充分利用电视、电台、报纸、微博、微信等平台宣传覆盖面广、受教群众多的优势，及时发布交通法律法规、路面管制以及整治结果

12月23日，防城港市公安局交通警察支队港口大队宣传民警深入辖区光坡镇开展“美丽乡村行”冬季交通安全宣传工作
（港口区交警大队　供图）

等信息，并对查处的典型案例进行曝光，警示广大人民群众自觉抵制不良交通陋习，共同营造良好的交通氛围；在车站、广场、国省道等人流密集的地方悬挂宣传横幅、设立咨询台，向过往群众发放宣传资料，宣传平安出行注意事项，提高群众交通安全意识，营造浓厚的宣传氛围。民警深入到辖区企业、单位、学校，广泛宣传交通安全知识。设立专门的交通安全学习教育点，成立交通安全义务劝导队，积极开展各项特色宣传活动。按照上级公安交通管理部门统一部署，稳步推进道路交通安全宣传教育“强基计划”，积极延伸行政村交通安全“一栏一标语”宣传触角，统筹规划，因地制宜，延伸阵地，确保道路交通安全宣传教育阵地建设有序展开、有力推进、有效落实，超额完成“一栏一标语”建设年度任务数，实现街道办（乡镇）、行政村（社区）宣传阵地全覆盖。2021 年，共完成辖区 4 个街道办、2 个乡镇、17 个行政村、25 个社区阵地建设 48 处，设计宣传展板 60 块。

（李丽萍）

检察

【概况】 2021 年，港口区人民检察院履行宪法法律赋予的职责，开展各项检察工作，区检察院先后获评全区普法工作先进单位、全区先进基层检察院等荣誉称号，35 次获市级以上表彰。

【刑事检察】 坚决维护国家安全和社会稳定。2021 年，依法打击各类刑事犯罪，批准逮捕 279 人，提起公诉 444 人，同比分别增长 13.8%、16.8%。坚持总体国家安全观，依法严惩组织、利用邪教组织破坏国家法律实施犯罪 3 件。充分发挥反腐败职能作用，起诉职务犯罪案件 4 件 5 人。1 名检察官获评建设平安广西活动先进个人。常态化开展扫黑除恶斗争。提前介入 7 件涉黑涉恶案件引导侦查取证，依法起诉涉黑案件 4 件 7 人，涉恶案件 5 件 13 人，针对涉黑案件办理情况，发出社会治理类检察建议 1 件。2 名检察官分别获评全区扫黑除恶专项斗争领域先进个人和全区检察机关扫黑除恶专项斗争表现突出个人。

【民事行政检察】 加强侦查监督与协作配合，纠正侦查机关应当立案而不立案 7 件、不应当立案而立案 5 件，纠正侦查活动违法 8 件，纠正漏捕 12 人、漏诉 15 人、漏罪 8 人。严格审查案件，依法提出抗诉 1 件，抗诉理由被市中级人民法院采纳。加强刑事执行检察监督，纠正社区矫正活动违法 6 件、交付执行违法 2 件、财产刑执行违法 1 件。在审查张某华等 2 人刑事判决财产刑执行情况时，查明被执行人张某华等 2 人还持有大量股票及账户大额资金未被执行，向执行机关提出纠正意见后，追回执行财产 33 万元。

以精准监督为指引，受理各类民事监督案件 10 件，同比增长 11.1%，审查后发出检察建议 3 件，均获采纳。对不支持监督、终结审查的案件，认真做好释法说理、化解矛盾，维护审判机关正确裁判。1 件案件入选全区检察机关民事生效裁判、调解虚假诉讼监督典型案例，该案承办检察官入选全区检察机关民事检察人才库，是防城港市唯一入选人员。

9 月，港口区人民检察院干警参加第一届全区检察机关行政检察业务竞赛获奖 （港口区人民检察院 供图）

深化落实穿透式监督理念，受理行政监督案件3件，同比增长50%，其中，行政非诉执行监督2件，审判程序违法监督1件。积极发挥行政检察“一手托两家”功能，通过检察建议促进审判机关公正司法和行政机关依法行政，发出检察建议2件均获采纳。2名检察官分别获评全区检察机关行政检察“业务标兵”“业务能手”。

【公益诉讼检察】 针对国家利益和社会公共利益受损情形，共立案50件，同比增长72.4%，其中行政公益诉讼案件38件，民事公益诉讼案件12件。立足区域特色，贯彻全市检察机关“一中心四轴线”海边山检察公益诉讼总体布局，积极推进“海岸线”路线图，做好海洋文章，涉海洋公益诉讼案件占比60%，办理了保护山心沙岛系列案6件、保护沿海古树（银叶树）系列案3件等。不断巩固拓展公益诉讼“联盟”，与海警、自然资源、农业农村水利、退役军人事务等单位签订专项协作机制，提升公益保护合力。通过办案，督促有关单位清理海洋垃圾2030吨、作出行政处罚70万元、查缴野生河豚鱼3.18吨、整治铁路沿线安全隐患、推动塑料污染综合治理、加强网络餐饮食品安全保障等，切实履行自身职能。

【未成年人检察】 对侵害未成年人犯罪“零容忍”，批捕6人，起诉6人，对拉拢、迫使未成年人参加犯罪的一律从严从重提出量刑建议。对涉罪未成年人“挽救为主、惩处为辅”，依法不捕15人、不诉6人。持续抓好“一号检察建议”落实，在辖区中小学建设“法治橱窗”33个，加强未成年人法治宣传阵地建设；上线“保护未成年人强制报告”微信平台，并到辖区学校、医院、酒店宾馆、奶茶店、KTV等场所摆放宣传立牌或张贴海报；向23名涉罪涉案未成年人的监护人制发《督促监护令》，要求“甩手家长”履行家庭教育责任；开展“法治进校园”普法活动12次。以“小海湾”命名的全市首家未成年人心理健康普法基地在“六一”儿童节当天正式投入使用，目前已对17名未成年人进行有效心理疏导辅导。港口区检察院获评2018—2019年度广西青少年维权岗，小海湾工作室获评自治区妇女儿童维权岗，1名干警入选“八桂未检护航宣讲团”人才库成员，并获评优秀成员。

1月28日，港口区检察院联合多部门查缴野生河豚鱼

（港口区人民检察院　供图）

【依法保护民营企业】 依法保护企业生产经营，办理侵犯企业合法权益案件11件。审慎办理涉企刑事案件，在作出处理前均报上级院同步审查，对1件涉企案件依法作出不起诉决定。防城港某公司为发展村集体经济、开展扶贫项目建设，在政府审批同意但未办理林地使用手续情况下，非法占用农用地开展项目建设，触犯法律。港口区检察院在办案过程中充分考虑企业实际情况和发案原因，公开听证，听取各界意见，依法作出不起诉决定，该案获评全区检察机关化解社会矛盾精品刑事案件。在开展涉民企刑事“挂案”清理专项工作中，港口区检察院发现某民企因涉税犯罪被立案侦查10余年“挂”而未决，依法监督撤销案件，为企业发展卸下“包袱”。

【三大攻坚战】 严厉打击破坏市场经济秩序犯罪，依法起诉非法经营、合同诈骗、传销等犯罪案件46件95人，办理林某某等6人注册数十家空壳公司虚开增值税专用发票案，涉案发票面值上亿元。着力保护生态环境，起诉非法捕捞水产品、滥伐林木、非法采矿犯罪案件7件8人，并对被告人提起刑事附带民事公益诉讼，判罚其采取增殖放流、补种复绿等方式恢复生态。积极助力乡村振兴，继续跟踪帮扶24户脱贫户，巩固脱贫成效，并依法对7名因案致困农村户籍刑事被害人开展司法救助，送去救助金缓解当前困难。

【检察队伍建设】　坚持不懈抓好政治建设。扎实开展党史学习教育，落实重大事项请示报告制度，向区委及区委各部门请示报告16件。抓好意识形态工作责任制落实，基层党建工作规范化开展，不断夯实凝练“红湾卫士”党建品牌，院党支部分别被防城港市委、市检察院评为先进基层党组织。以政法队伍教育整顿为契机，整治司法不规范问题16个，进行集体谈话2次，提醒谈话2人，围绕突出问题建立健全制度10项。严格执行“三个规定”，共记录报告过问或干预、插手检察办案等重大事项25件。抓好“八小时外”监督，开展清廉家风活动。坚持强化队伍素能建设。结合主题教育、专项行动，组织检察干警参加各类学习培训、岗位练兵224人次，持续夯实未检“小海湾工作室”、司法救助“暖心桥”及公益诉讼“碧海蓝天公益行”业务品牌。持续抓好文明单位与民族团结进步示范“双创建”，在巩固创建全国文明单位成果基础上，获评市级民族团结进步示范单位。加强检察调研，6篇调研文章获自治区级表彰。

【检务公开】　2021年，向人大及其常委会报告工作3次，协办政协提案2件。做好代表委员联络工作，邀请人大代表、政协委员参加各类活动50余人次，赠阅《检察日报》《公诉人》检察报刊450余套。主动公开案件程序性信息、重要案件信息和法律文书552条，发布检察动态信息986条，通报检察办案数据4次，切实保障公众对检察机关办案工作知情权、参与权和监督权。

8月20日，港口区人民检察院召开刑事案件、刑附民公益诉法案件听证会　（港口区人民检察院　供图）

法院

【审判执行】　2021年，共受理各类案件10775件，同比上升39.86%；审（执）结案9017件，同比上升32.18%；员额法官人均结案500.9件，收结案数和员额法官人均结案数、审判绩效考评总分均居全市基层法院第一，法官人均结案数位居广西壮族自治区基层法院前列。

刑事审判　推进以审判为中心的刑事诉讼制度改革，2021年受理刑事案件334件，审结302件，判处罪犯476人。重拳打击黑恶势力，共审结涉黑涉恶案件8件19人，聚焦“黑财清底”目标任务，不断加大对黑恶犯罪案件涉案财产的执行力度，执行到位金额234.21万元。妥善审理社会关切的刑事案件，审结抢劫、强奸、故意伤害等严重暴力犯罪案件16件30人。保障未成年被告人的合法权益，审结未成年人犯罪案件14件22人，适用缓刑3人。

审结涉走私类案件8件14人，判决运送他人偷越国（边）境罪3人，没收各类冻品30.7吨，判处罚金107.02万元。严惩涉众型经济犯罪，审结组织领导传销活动等犯罪案件6件25人，判处罚金225万元。审结电信诈骗相关案件8件23人，判处罚金134.6万元。严打自然资源和生态资源领域犯罪，审结破坏环境资源犯罪案件8件10人，有效助力四大行业领域整治行动，切实维护好社会秩序、经济秩序。坚定不移惩治贪污腐败，依法

5月13日，港口区人民法院公开审理一起组织领导传销活动罪案件
（港口区人民法院　供图）

审结贪污受贿、渎职、徇私枉法等职务犯罪案件7件7人，包括处级干部1人，科级干部3人。

民商事审判　2021年受理民商事案件6457件，审结案件5155件，重点抓好案件快立、快审、快结，健全案件繁简分流机制，不断提升简易程序和小额诉讼程序适用率，深入推行“尽可能一次性解决纠纷”。妥善审理住房、医疗、教育等涉民生案件1528件，用法治保障人民安居乐业。保障劳动者合法权益，审结劳动争议、社会保险等案件115件。推动家事审判工作改革，审结婚姻、赡养、继承等案件168件。践行“法治是最好的营商环境”理念，审结涉企案件1809件，涉案标的额达5.83亿元。巩固“工业巡回法庭”“一企业一法官”等联系服务机制，不定期调研走访防城港核电、广西钢铁等辖区企业，摸排化解企业经营中存在的法律风险点。帮助中小微企业纾困解难、恢复发展，依法对企业适用“活封”“活扣”措施，盘活资产1.2亿元。将“葛译超法官工作室”升级为“房地产巡回法庭”，设立“防城港湖南商会民商事纠纷诉调对接中心”，把非诉讼纠纷解决机制挺在前面，为各类市场主体健康发展保驾护航。

案件执行　2021年受理各类执行案件3568件，执结3214件，执行到位金额9.65亿元。开展涉民生、涉黑恶案件、涉金融债券、涉民营企业等专项执行活动，其中，执结涉民生案件212件，执行到位金额1233.32万元；执结金融债权案件212件，执行到位金额7586.47万元；执结涉农民工工资案件186件，执行到位金额768.58万元。在诉讼服务中心设立执行接待室，畅通当事人与执行法官沟通渠道。加大司法救助力度，6件救助案件共发放救助金16万元。探索使用“预处罚”举措，引导当事人协商和解，促成执行和解230件。

【践行司法为民宗旨】　完善“一站式”诉讼服务体系　落实网上立案、自助立案、跨域立案、电子送达等便民措施，为群众提供更优质、高效便捷的服务。全年立案9893件，其中，网上立案789件，跨域立案46件，采用在线方式成功送达文书4363件。为弱势群体、涉企等案件开设绿色通道，为35名当事人缓交、免交诉讼费25.67万元。诉讼服务中心

9月1日港口区人民法院公开审理一起恶势力集团犯罪案件
（港口区人民法院　供图）

完成升级建设并投入使用，企沙人民法庭完成现代化改造、推进和完善信息化工作。

助推市域社会治理现代化　主动融入诉源治理格局，坚持和发展新时代“枫桥经验”，不断巩固和提升“一站式”多元纠纷解决机制建设成果，先后聘请3个特邀调解组织和56名特邀调解员，委托、委派调解民商事案件835件，成功调解342件，调解成功率达41%。严格落实“信访案件包案制”，按期办结19件涉诉信访案件。加强矛盾源头预防化解，扎实开展“三官一律”进网格，组织28名法官及法官助理常态化进社区村屯、进企业、进学校开展法律宣讲、咨询及纠纷调解350次。全年共开展各类宣传普法13次，受教育人数达5000余人，发放普法图册3000份，切实提升辖区群众的法治意识。

强化重点领域司法保障　进一步巩固脱贫攻坚成果，督促干警持续跟踪调查帮扶，全院帮扶联系的42户群众无一返贫。

【深化司法体制改革】　深化审判权运行机制改革　全面落实司法责任制，完善院庭长办案配套机制，院庭领导全年办案6725件，实现院庭长办案常态化、实质化、示范化。深化以审判为中心的诉讼制度改革，确保案件矛盾实质性化解，2021年案件服判息诉率达到88.49%，案件质量和司法公信力明显提升。

积极推动智慧法院建设　坚持智慧法院建设与加强审执工作统筹谋划、一体推进，扎实推进科技法庭建设、双千兆改造建设、互联网远程庭审、云网资源统筹建设。持续抓好智能辅助办案，巩固深化电子卷宗同步生成和深度应用，实现诉讼全流程在线流转，助力法官高效办案的同时，也为人民群众参与司法诉讼提供多种选择和全方位便利。

着力打造人民法庭特色品牌　发掘企沙法庭面向基层、贴近群众、辖区工业发达的优势，持续深化法庭品牌创建。在充分尊重公序良俗、社情民意的基础上，灵活运用巡回办案、现场调解、法律宣讲等形式，妥善解决辖区工业企业、居(村)民家庭、邻里、山林土地等纠纷，引导人民群众、企业树立规则理念和秩序意识，把企沙法庭打造为港口区法院助力乡村振兴、服务工业发展、改善基层治理的主阵地。

11月26日，港口区人民法院副院长李明娟到仙人湾社区开展《中华人民共和国民法典》宣讲　（港口区人民法院　供图）

【队伍建设】　深化司法公开。依法主动接受人大及其常委会的监督，自觉接受政协民主监督，邀请人大代表、政协委员、区领导干部120余人次视察法院、旁听庭审、见证执行、座谈交流，增进与代表、委员的沟通联系，充分听取代表和委员的意见建议。及时向社会公开重大案件、重大工作，积极回应社会关切。深化司法公开，通过“两微一端”等新媒体发布新闻2433条，大力宣传司法正能量，传播“法治好声音”。裁判文书上网23626份，网络庭审直播案件2017件，保障人民群众对法院审判工作的知情权、参与权、表达权和监督权。

（陈海华）

司法行政

【概况】　2021年12月11日，防城港市港口区司法局(以下简称港口区司法局)顺利搬迁至渔洲坪港口水利大院司法行政业务楼办公，局机关内设股室法治工作股、公共法律服务管理股、社区矫正和人民参与促进法治工作股4个职能股室及派出机构6个镇(街道)司法所。2021年,港口区共有在册基层法律服务工作者7人,年内无新申请执业的基层法律服务工作者。

【队伍建设】 2021年换届年,港口区司法局新任党组书记、局长陈滴团结带领党组及班子领导,结合政法队伍教育整顿,狠抓司法行政队伍建设,深入贯彻落实中央八项规定精神,着力推进党风廉政建设,纪律作风建设,优化队伍力量,充分发挥司法行政队伍服务区委、区政府职能。2021年班子成员换届,2名干部内部岗位调整。港口区司法局共荣获2项先进集体表彰(被自治区司法厅、自治区法学会评为"2016—2020年广西法治建设先进集体";被港口区关工委评为"港口区第四届'关爱明天·普法先行'青少年普法教育活动先进集体")。7人荣获各类先进个人表彰。

6月26日,港口区司法局到桂林市红军长征湘江战役纪念馆组织开展司法行政队伍教育整顿暨党史学习教育主题活动

(港口区司法局　供图)

【政法队伍教育整顿】 2021年,港口区司法局坚持政治引领,扎实开展政法队伍教育整顿学习教育、查纠整改、总结提升"三个环节",围绕筑牢政治忠诚、清除害群之马、整治顽瘴痼疾、弘扬英模精神等,深入结合"我为群众办实事"实践活动,建立一支政治忠诚、担当作为、廉洁自律的司法行政队伍。政法队伍教育整顿期间累计深入开展为民办实事350余件。

【普法宣传教育】 2021年,港口区司法局认真贯彻落实"八五"普法规划,强化组织领导和督查协调;全面推动落实"谁执法谁普法"工作责任制,转发《自治区党委全面依法治区委员会办公室关于进一步落实国家机关普法责任清单制度的意见》,制定公示港口区65个单位"普法责任清单";组织全区4165名国家工作人员参加学法用法考试,通过率达99.95%;组织开展村(社区)"法律明白人"培养工作,举办港口区普法骨干暨"法律明白人""法律援助联络员""人民调解员"培训班,进一步提高基层干部、群众的法律素养与法治观念,全面助力乡村振兴;在妇女维权周、消费者权益日、民法典宣传月、国家安全日、世界环境

6月17日,港口区司法局党组书记、局长陈滴(中)组织开展港口区司法行政队伍教育整顿廉政教育会　(港口区司法局　供图)

12月3日，港口区委宣传部、区委全面依法治区办、区司法局在港口区建港路金色阳光超市门口前举办港口区2021年“12·4”国家宪法宣传日宣传活动，图为活动现场　　（港口区司法局　供图）

日、安全生产月、禁毒日、消防日、防艾日、宪法日等重要节点，以“法律七进”活动为载体，组织开展“法律援助惠民生”、“控辍保学”、“扫黑除恶”、“民法典”、“法治扶贫”、“法治三月三”、“12·4”宪法宣传日等各类法治宣传主题活动40余场（次），发放宣传资料、宣传用品19000余份，制作横幅40余条，制作展板10余块；向新闻媒体报送各类新闻信息100余篇。

【律师事务管理】 2021年，防城港市港口区共有律师事务所9家，其中，分所2家，开设律师事务所分所2家，1个基层法律服务所；共有律师114人，其中执业律师108人、公职律师3人、法律援助律师3人。区司法局与区工商联联合举办“律师事务所与商会联系合作机制”签约仪式，推动民营企业“法治体检”专项活动常态化开展。组织广大律师深入港口区民营企业开展“法治体检”，深入企业商会举办法律讲座27场（次），服务企业商会41家。办理各类法律事务案件2805件（次），共担任175家党政机关、人民团体、企事业单位的法律顾问。港口区参与值班律师194人次，共办理法律援助案件234件，为企业和群众挽回直接或间接经济损失约507万元。港口区村（社区）法律顾问深入村（社区）开展法律宣传活动22场（次），开展法律讲座10场（次），为村（社区）群众解答来电咨询1800余人次，解答现场咨询800余人次，参与化解矛盾纠纷110余起，合同协议审议7份，提供法律意见7次。持续深入推进扫黑除恶专项斗争，共收到律师代理扫黑除恶案件报备8件。积极履行公益责任，为失学儿童、困难群众等捐款捐物累计8万多元。

【人民调解】 港口区共建立人民调解委员会49个，其中镇（街）调解委员会6个，村级调解委员会17个，社区调解委员会26个，每个调委会由2个以上的人民调解员组成。各镇（街）成立了以司法所、公安派出所和人民调解委员会为主，有关职能部门参加的联合调解委员会，构筑了多层次、多形式、全方位的人民调解组织网络，形成了“大调解”的工作格局。依托各基层司法所和“三官一律”网格化深入排查化解港口区矛盾纠纷。全年共受理各类纠纷案件126件，调处126件，调处成功125件，调处成功率为99%。

结合本地实际，在沙潭江街道人民调解委员会下成立“东北老乡纠纷调解工作室”，办公地点设在东海湾社区，于2021年10月正式挂牌成立。深化“小事不出村，大事不出镇，矛盾不上交”工作目标。营造和谐稳定社会环境，助力提升矛盾纠纷调处率和群众安全感。

【社区矫正和安置帮教】 2021年，共接收社区矫正对象80人，解除社区矫正对象93人；开展社区矫正前调查评估129例，其中，法院委托42例，检察机关委托75例，监狱机关委托4例，公安机关委托8例。刑满释放人员共363人。

2021年，港口区司法局采取精准监督、精准矫正、精准教育措施，根据矫正对象生活、工作、家庭情况以及心理状况等制定精准矫正措施，开展矫正教育帮扶工作；积极对接司法部门，强化社区矫正执法工作程序合法、依法执法，依法接受监督，有力提升了港口区社区矫正工作质量。

以落实《中华人民共和国社

区矫正法》《中华人民共和国社区矫正法实施办法》《广西壮族自治区社区矫正工作细则》为指引，于6月6日成立港口区社区矫正委员会，负责统筹协调和指导港口区的社区矫正工作，委员会办公室下设在港口区司法局，负责委员会的日常工作，逐步形成以司法行政机关履行社区矫正首要监管职能，公、检、法等有关部门相互配合的工作格局。在社矫对象的接收管理、教育矫治、帮扶救助等方面形成了有效的衔接机制。

7月，港口区司法局党组书记、局长陈滴（左二）到港口区企沙镇山新村开展土地权属矛盾纠纷调处工作（港口区司法局 供图）

【法律援助】 2021年，港口区法律援助中心共接待群众来电来访500余人次，受理各类法律援助案件234件（其中刑事案件208件，民事案件26件）；开展未成年人、农民工、法援惠民生等法律援助宣传活动10余场（次）；建立法律援助“容缺受理”机制，允许申请人在符合法律援助条件、但提交的材料有所欠缺的情况下，先予受理、审查、指派，后续补办相关手续，促进法律援助服务更加便民、高效；推行法律援助案件“同城通办”，实现群众少跑腿，数据多跑路。

【法治工作】 深化行政复议体制改革，加快推进行政复议规范化建设，全面提升港口区行政复议能力，充分发挥行政复议在化解行政争议、维护社会稳定、构建和谐社会中的主渠道作用。2021年，收到行政复议案件申请23件，依法受理19件，已结案17件，答复防城港市行政复议2起。

承办区人民政府行政应诉案件，积极做好行政应诉工作。2021年，承办区人民政府行政应诉案件52件，案件涉及政府信息公开、土地征收、行政赔偿、履行法定职责、工伤认定以及其他行政行为等，出庭开展应诉45起。

积极履行为政府的重大决策、行政行为、合同行为及其他法律事务提供法律服务职能，依法妥善处理涉法事务，为区政府和领导决策服务。从主体、权限、内容、程序方面，对文件草案进行严格审查，确保合法性审查工作“零失误”。2021年，港口区司法行政部门对区人民政府及其工作部门重大合同、重要协议、重大行政执法决定及其重大法律事务出具法治审核意见书和各类法律意见67份，切实做到了应审尽审、严格把关，有效实现行政权力运行的源头控制。

港口区法律援助中心干部为来访群众解答法律问题，受理法律援助申请（港口区司法局 供图）

打击走私

【概况】 港口区打击走私办公室(简称港口区打私办)认真贯彻落实区委、区政府关于打击走私的工作部署,积极开展各类打击走私联合专项行动,确保各类反走私工作落到实处。

【联合行动】 2021年,港口区组织开展打击走私“国门利剑2021”、打击走私“百日攻坚”、打击走私“雷霆”行动等5个专项整治及联合行动,重点对沿海港口、码头严密管控,强化协同作战,完善制度机制,着力构建“打防管控”一体化格局,推动反走私综合治理工作取得新成效。2021年,各执法部门共查获走私物品:香烟9686件、海产品181.804吨、海螺545.287吨、冻品216.662吨、水果113.151吨、榴莲10819件、莲雾5880件、柠檬110吨、百香果153吨、农产品68.94吨、红薯110.37吨、辣椒9.4吨、腰果70件、活禽(鸭)8.21吨、槟榔6.46吨、柴油1吨、酒类216瓶、成品油48.6吨。涉案价值约7963万余元,罚没款2207.285万元。查获涉私(车、船等)312辆,立刑事案件48起,共抓获涉嫌非法经营犯罪嫌疑人51人,刑拘52人,逮捕13人,起诉17人,移交251起行政案件。

【综合治理】 强化联防联控,构筑立体防线 完善打私、海警、海关、边境管理、公安等部门联合侦办案件体制机制,通过“海上防、岸上堵,路上查”,重拳打击走私活动,不断巩固打击走私严密防线。以辖区沿海巡控点为基础,通过抵海护村队、海上信息员就沿海一线进行24小时机动巡控。强化海上巡控,不定期出动船艇对沿海重点港口、码头进行巡逻,加强敏感海域和码头的监控,有效控制海上走私势头;强化陆运监管,加强对北部湾大道、金花茶大道、东兴大道、江山大道、各乡镇主干道等重点线路巡控,严打陆运走私。

加强预警研判,精准打击调度 加强走私犯罪情报的搜集和调研,强化群防群控,深入发动群众,将走私犯罪案件的侦查工作与群众反走私斗争相结合,根据边海涉私活动情况及时总结、研究走私犯罪活动新动向。

8月26日,在辖区高速公路收费站附近查获涉嫌无烟草专卖品准运证运输烟草专卖品案件一起 (港口区打私办 供图)

12月16日,港口区打私办出动舰艇对沿海重点港口、码头进行巡逻 (港口区打私办 供图)

及时掌握走私预谋动态、渠道路线、走私物等情况，争取将走私犯罪消灭在萌芽阶段。加强情报和线索鉴别、筛选、综合和研判分析，为案件侦查提供强有力的情报支撑。

强化专项行动，保持高压态势 加强联勤联动，适时、有针对性地组织反走私联合专项行动，先后开展了打击走私“国门利剑2021”专项联合行动、打击烟草走私专项行动、打击活牛生猪走私联合专项行动、打击走私“百日攻坚”专项行动、打击走私“雷霆”专项行动等行动。采取24小时“耳目+网络”、“白天+黑夜”、“蹲守+车巡”相结合的方式，分批次、不间断地在港口区辖区进行全方位、多角度巡逻打击，严密监视和打击走私活动有关的重点区域、重点通道和重点囤货点，对于重特大案件线索组织专门力量专案专办、严查严办。

军　事

人民武装

【概况】 2021年，港口区人武部深入学习贯彻习近平总书记在庆祝中国共产党成立100周年大会上的重要讲话精神和十九届五中、六中全会精神，结合工作实际，引导干部职工增强“四个意识”、坚定“四个自信”、做到“两个维护”，贯彻军委主席负责制。认真落实防城港军分区党委和港口区委工作部署，立足新起点，履行新使命，较好地完成了年度的各项工作任务。

【政治思想建设】 坚持以习近平新时代中国特色社会主义思想和习近平强军思想为指导，及时学习领会习近平总书记讲话精神，扎实开展党史学习教育，抓好党委中心组理论学习和思想政治教育，细致做好干部职工一人一事思想工作，确保思想稳定。充分发挥港口区红色资源优势，组织干部职工到“三光企”革命烈士纪念碑参观见学，引导干部职工对照革命先烈找差距，自觉勤奋敬业履职尽责。针对辖区地处边海防一线特殊复杂环境，坚持不懈地抓好边境政策纪律教育和“四反”工作，每年对各类人员开展一次政治考核，确保不发生政治性问题，保持了队伍的集中统一和纯洁巩固。

【党管武装】 把武装工作纳入港口区全面建设总体部署，大力强化党管武装责任意识，抓好党委议军、现场办公、党管武装工作述职等制度落实，研究解决国防动员和后备力量建设中的矛盾问题。依据《防城港市基层人民武装部正规化建设实施方案》等文件规定精神，抓好基层武装部各类规范化建设。结合民兵整组抓好民兵党组织预建工作，确保党对民兵绝对领导在基层落实。

【战备训练】 落实党委议战议训制度，每月研究部署战备训练形势，科学拟制战备方案和军事训练计划。紧密结合所担负的任务和现实需要，坚持以质量调控为手段，重点抓住区民兵应急分队、海上分队训练。科学筹划，严密组织施训，高标准完成年度战备训练任务。

【国防动员】 坚持把民兵调整改革作为改革强军的重要内容和主业主责，按照任务牵引、平战结合、突出重点、建用一致原则，打造规模适度、精干管用的基干民兵队伍，整组工作在专业对口、队伍素质等方面得到明显提升，民兵队伍的整体素质进一步增强。征兵工作方面，以确保新兵质量为核心，按照“早筹划、早部署、早宣传、早主动”的工作思路，加强组织领导，坚持改革创新，完成上级征兵办明确的大学毕业生、大学生征集任务。

【依法从严治军】 积极推进基层风气整肃治理，压紧、压实管党治党政治责任，强化党员干部管理监督，严肃个人事项报告和双重组织生活落实制度。深入开展上级党委巡视、巡察反馈问题整改，党委、纪委书记上廉政党课和党的纪律教育制度常态落实，纠治“四风”和“微腐败”。

【“双拥”共建】 紧紧围绕“两不愁三保障”这个核心指标巩固脱贫攻坚成果，组织帮扶干部每月至少到村入户一次，做好政策宣传和指导，定期组织干部到贫困户家中进行慰问，提升帮扶满意度。积极与帮扶村沟通联系，做好调研和指导，帮助帮扶村制定年度规划并解决实际问题，确保脱贫攻坚与乡村振兴工作的有效衔接。

（凌凯峰）

人防管理

【人防宣传教育】 2021年，港口区继续加大人防宣传工作力度，采取多形式、多渠道开展人防宣传。全面加强对机关、社区及在校学生的人防知识教育，不断增强国防意识和人防意识。拓宽对市民的宣传面，在宣传的广度和深度上下功夫，定期宣传防空防灾知识和人防信息。举办大型宣传活动，发放人防宣传材料、宣传卡、防震防灾手册，并制作“两防”知识展板进行宣传。年初，订阅人防知识宣传材料1000份，加大《中华人民共和国人防法》和《广西壮族自治区实施〈人民防空法〉办法》的宣传力度，努力营造人防建设的良好氛围，人防意识进一步提高。

【人民防空】 做好防空地下室易地建设费的收取工作 2021年，配合防城港市外事办做好港口区的防空地下室易地建设费的收取工作。落实窗口人员A、B岗轮值驻岗，确保不缺岗、不缺位。按照港口区政府关于优化营商环境工作要求，进一步简化办事流程、公开办事指南，认真落实一次性告知工作责任制度，实现群众办事零投诉。

6月7日，港口区外事和海防人防局联合检察院、海洋局、渔政大队以及港口边境管理大队、企沙镇华侨渔业村渔民等，联合开展“学史力行·筑牢防线·防控疫情”主题党日活动，庆祝中国共产党成立100周年。活动开展了国防安全教育授课及向渔民发放边海防安全宣传资料和党史有奖问答、文艺表演、“红色歌曲大家唱”等活动

（港口区外事和海防人防局 供图）

加强对警报器的检修和维护工作 2021年，实现辖区防空警报全覆盖。9月18日，结合全广西统一试鸣，开展防空警报试鸣，辖区内所有警报器工作正常，鸣响率达100%。

海防管理

【边海防综合管控】 认真开展海防管控工作，筑牢安全稳定的边海防线 2021年，港口区外事和海防人防局履行部门职责，在常态化海防管控工作中，联合公安、海警、渔政等单位，采取多种措施打造海防管控特色亮点，形成联防联动、合力治海的良好工作局面，确保沿海地区的安全稳定。

定期召开海防形势研判会议 按季度定期召开港口区海防形势研判会议，通报当前海防形势，分析研讨应对措施，细化每季度的工作任务清单，有效提高海防综合管控工作的效能。

联合开展巡逻活动 结合东博会、节庆假期等重要时间节点与边境、海警、海洋、渔政等部门联合开展对沿海岸线的巡查以及巡海活动，对辖区内的重点码头、沿海岸线、停泊点开展巡查工作，并重点查处海上海产品非法交易、“三无”船舶、海上作业人员等。有力震慑偷渡、走私等违法违规行为，筑牢沿海岸线的管控阵地。

联合开展宣传活动 2021年，结合党史学习教育，多次联合港口区海防委员会成员单位开展爱国宣传教育活动，组织党员干部发放宣传资料、现场解答群众有关问题等方式，让广大群众充分了解海防、人防及海洋权益保护等方面的法律、法规、政策，充分发挥党员先锋模范作用。通过联合宣传活动，打击边境海域违法行为和维护边境地区治安稳定的认知，进一步夯实港口区各部门对沿海一线各项工作落实。

【边海防基础设施建设】 *有序推进海防基础设施建设与维护* 港口区现有海防执勤道路30.1千米，海防执勤码头1座。按照年度计划已完成海防执勤道路的巡检和年度维护任务，经自治区办和防城港市办组织验收，工程达优。

组织实施海防执勤道路应急维护建设 近年因沿海地区养殖、种植销售及群众新建、扩建房屋材料运输等原因，载重超出海防执勤道路的承载能力，日常对道路巡检时发现部分路段损毁及积水，从安全角度考虑，需进行维护。根据“谁建设、谁管理”的原则，对光坡镇新兴村、红沙村海防执勤三面光水沟、挡土墙和路面的损毁路段进行应急建设，应急维护建设保障了海防巡逻和群众出行交通安全，为提升乡村人居环境和振兴乡村助力。

加强海防监控智能化建设 根据防控要求，2021年在港口、企沙镇、光坡镇沿海一带重要码头、路段新布点位，安装无线高清监控设备，现已交付海警、公安等部门使用。实现对港口区沿海重点海域和主要航道水运区域的无盲点远程监控，提高了港口区海防信息化管控能力。

加快协调推进，抓好趸船码头及配套设施建设 企沙执勤点趸船码头及配套设施建设项目为自治区下达港口区2020年建设任务。12月底，趸船船体建造施工全部完成，办公区域结构进行装修，除办公设备须等趸船下水后再安装外，整体建设完成工程量80%以上，已具备下水条件。

公务服务·社会管理

应急管理

【三年行动计划】 2021年，重点对道路交通和海上安全等行业开展专项整治，针对道路交通事故频发的情况，区安委办联合道路交通联席办对沙企一级路、东兴大道等施工道路开展安全隐患风险排查，明确安全隐患整改要求、整改时限、整改责任单位、整改配合单位等事项，督促施工方及时做好整改工作，消除事故隐患。4月，港口区完成“五级隐患”排查立项工作，挂牌督办重大隐患8个，其中沙潭江驾校和考试路段搬迁被列入自治区和市级重大隐患。

【农村安全隐患排查】 区安委办按照区委、区政府领导的要求，组织镇街和相关部门召开会议部署农村安全隐患排查治理工作，并按照港口区应急管理局原定的班子成员包片包点的方式深入6个镇街行业指导工作落实，各行业主管部门根据实施方案和细化方案的要求认真组织开展涉及农村道路交通、消防、村民自建房与危旧房、农业生产、学校、森林防灭火、涉电设施等重点领域问题隐患排查。

【“强监管、严执法”】 2021年，港口区应急管理局继续对42家区重点监管规模以上企业通过“执法+专家”的模式，实行精准检查，重点执法。相关部门对危化、金属冶炼、消防、道路交通、水上交通、建筑施工、烟花爆竹、燃气等行业开展专项检查，并对3家存在重大隐患企业以及3个烟花爆竹违法经营行为进行监管处罚，共计8.1万元，对发生生产安全事故的企业共处罚41万元。

【防汛安全防控】 对辖区原来登记在册的300名防汛应急人员进行调整，更新队伍30人、更新灾害信息员60人并重新登记造册。2021年，排查地质灾害、内涝等汛期灾害隐患50个，按照防汛工作目标要求明确隐患监测人员、治理人员，相关隐患正在有效处置中。根据区人民政府的工作部署，港口区应急管理局组织开展灾后重建工作及征拆安置点、因灾被毁道路、因灾坍塌海堤、因灾受损教学点等6个灾后重建项目，相关灾后重建项目正在推进建设落实中。

【全国自然灾害综合风险普查】 2021年7月下旬，港口区应急管理局开启自然灾害风险清查工作，第一阶段社会公共服务设施清查信息已经全部录入国家自然灾害普查应急系统，提前完成国务院清查信息系统录入的工作目标要求。

（郑春香）

消防救援

【概况】 港口区消防救援大队是港口区应急骨干力量，负责消防监督检查，督促整改火灾隐患；组织调查火灾原因，处理火灾事故；实施消防处罚，依法追究法律责任；参与灭火抢险救援，保护国家和人民生命财产安全。2021年，在支队“七一”表彰中，大队党委荣获支队级先进大队党委称号，1人荣获优秀党务工作者称号。同时，积极参与地方评优评先工作，房兆朋被自治区委员会宣传部授予2021广西“最美消防人”称号，渔澫岛消防站荣获防城港市五四红旗团支部称号，1人荣获港口区优秀共青团员称号，沙潭江站1人荣获防城港市优秀共青团干部称号、1人荣获防城港市优秀共青团员称号。

【学习教育】 强化政治引领“定向” 2021年港口区消防救援大队坚持严肃党内政治生活，规范“三会一课”制度，落实党委“七议”等制度，共召开会议30次，研究事项113条，召开民主生活会1次，所属3个支部共开展专题组织生活会3次。

深化理论学习“强能” 认真落实党委中心组理论学习制度，扎实开展“践行训词精神、破解四个课题”“党史学习教育”等学习活动。年度大队党委中心组织学习13次、开展专题研讨会10次，大队党委书记、副书记完成年度论文任务4篇。

优化集体领导“聚力” 常态化落实双重组织制度，大事小事主动内通，分工合作主动补位，营造了和谐共事的浓厚氛围，制定完善大队党委议事规则，规范完善党委会议事范围。确保党委决策部署件件有落实、事事见成效。

【队伍建设】 学习教育再发力，推动“我为群众办实事” 扎实推动“我为群众办实事”活动，提请政府将港口区区域性火灾隐患整改、学校消防安全等工作纳入政府“为民办实事”项目，落实区域性专项经费34万元、学校独立式感烟探测报警器专项经费20万元；深入学校、老旧城区、医院、福利院等开展消防培训70余次；充分利用红色资源，开展“行走的党课”教育实践活动4次。

实施人才工程，蓄足发展动能 推送4名指战员参加驾驶员培训、4名指战员参加在职学历教育、11人参加水域专业培训并获得资质证书，2人获得无人机操作证，1人获得潜水员资格证。大力加强专业技术人才队伍建设，1人通过职业技术中级专业技术任职资格评审；推送10名专职消防员参加国家综合性消防救援队伍招录，4人成功录用。

注重人文关怀，凝聚士气力量 积极走访港口区政府、教育局等有关部门，解决6名消防救援子女入学问题；为政府专职消防员、文员统一投保人身意外伤害保险；投入9万余元在2个消防救援站建设理发室；积极争取区委、区政府支持，落实“119”消防救援队伍慰问经费2万元；年内，视频家访10余次，实地上门慰问指战员2人。

严抓队伍管理 2021年，共落实每月议训12次，全年开展“六熟悉”演练277家、制定数字化预案73份、实战演练141家。2021年，沙潭江消防站荣获支队上半年全员岗位练兵比武竞赛第一名，在第一季度队列会操中荣获第二名，在第二季度队列会操中荣获第一名，1人在全区消防行业技能大赛中获得装备维护员综合排名第七名、双轮异向切割锯组装第五名、正压式空气呼吸器故障排除第九名。渔沥岛消防站荣获支队上半年全员岗位练兵比武竞赛第四名以及2个单项第二名、1个单项第三名。大队坚持把队伍管理教育与各项业务工作同研究、同部署、同落实，年度

3月24日，港口区消防救援大队联合港口边境管理大队、港口区人民武装部开展主题党日活动

（港口区消防救援大队 供图）

党委议管12次，召开队伍管理安全形势分析会12次；以“条令纲要学习月”“创九无、保稳定”“基层安全万里行”等专项活动为抓手，开展各类检查。

【消防安全管理】 织密消防责任链条，落实消防安全工作责任 2021年，区政府先后5次召开会议研究部署消防工作，在重要节日、重大活动期间，区委、区政府领导先后18次带队检查指导调研港口区消防安全工作，由区政府挂牌督办的港口区家富富侨重大火灾隐患单位已整改完毕并摘牌销案；及时完善消安委议事规则，落实每季度消安委联席会议，推动重点行业部门开展本领域消防治理和标准化达标创建。2021年教育、文旅、民宗等行业已经创建完毕并验收合格。

扎实推进“三年行动”，稳固辖区消防安全形势 持续开展消防安全三年专项行动，对港口区87栋高层建筑进行排查，逐栋建立问题隐患清单和整改责任清单；联合住建、街道办、公安等部门加强辖区老旧小区消防检查，督促改造整治；大力实施打通消防生命通道专项行动，联合住建、交警等部门建立联合执法机制，共联合执法35次，检查小区50余家，发现小车堵塞、占用消防通道行为31处，劝离电动车占用消防车通道205辆；严格按照“双随机、一公开”常态化消防监管模式，2021年共检查单位895家，发现火灾隐患1516处，督促整改火灾隐患1354处，下发责令改正通知书526份，行政处罚决定书13份，责令“三停”单位2家，罚款9.35万元，受理举报投诉22起 2021年，大队共接警177起，出动177次，出动消防车405辆次，消防人员2088人次，抢救财产价值42.3万元。成功处置了“11.30”海港明珠烂尾楼火灾、“12.12”驰润冶金公司燃气管道泄漏火灾等急难险重任务。

2021年，大队发动辖区行业部门、社会单位注册消防志愿者3173人，注册全民消防学习平台18357人，开展消防安全培训70余次，发放消防宣传资料20000余份，发送消防安全提示短信60000条，利用单位LED屏发布消防安全提示500余条；央级媒体上稿18篇，省级媒体上稿61篇，地市级媒体上稿42篇，总队网上稿17篇。

6月19日，区政府李广斌区长(左三)和区消防救援大队大队长杨达(右一)对金源镍业有限公司开展消防安全检查 (港口区消防救援大队 供图)

【党风廉政建设】 落实党委主体责任 严格落实党委议廉、党委中心组廉政学习制度，党委专题研究党风廉政建设工作10次，党委中心组专题开展党风廉政学习3次，大队主官开展廉政授课3次。

廉政风险防控 大队已圆满完成收送红包礼金、执法“微腐败”工作，重点打好巡视巡察“整改组合拳”，坚持把部局巡察整改和支队政治工作巡察紧密结合，即知即改、立行立改，全面认领并强力推进问题整改，做到发现并查处了一批突出问题，切实发挥了巡察“利剑”作用。

严抓政治生态 2021年，共开展廉政教育22次，组织观看《国家监察》《正风反腐就在身边》等警示教育片80余次，发送廉政短信息3000余条，多次通过微信群推送违法违纪案例，分享各地查处的腐败典型等廉政时政新闻2000条。

外事与港澳事务

【外事工作】 做好外事服务工作，促进对外贸易发展 2021年8月18日，泰王国驻广州总领事馆农业处领事万达和驻南宁总领事馆商务处领事周伟弘率队到港口

8月18日，泰王国驻广州总领事馆农业处领事万达（左二）和驻南宁总领事馆商务处领事周伟弘（左三）率队到港口区进行拜访和交流。港口区人民政府分管外事的副区长会同外事、商务、农业等部门领导在港辰大酒店对来宾进行了接见　　（港口区外事和海防人防局　供图）

区进行拜访和交流。港口区人民政府分管外事的副区长会同外事、商务、农业等部门领导在港辰大酒店对来宾进行接见。双方与会人员还围绕双边农渔业及农产品贸易、口岸贸易和水果入境检验检疫等问题进行发言和交流，增进相互了解，座谈会达到了预期目标。

做好涉外事件的处置工作　2021年，在防城港市委外事工作委员会及港口区委的领导下，贯彻上级疫情防控工作部署，强化全区部门联动、信息共享机制，明确外事部门工作职责，2021年处置外籍船员因伤因病需上岸救治等多起涉外事件。

民政事务管理

【概况】　港口区民政局是区政府主管社会行政事务的一个职能部门，承担城乡居民最低生活保障、基层政权和社区建设、区划地名、婚姻登记、儿童收养登记、社团登记、民办非企业单位登记、社会救助等职能。

【区划地名工作】　2021年，有序开展广西区划地名信息政务管理平台数据的更新完善工作。根据自治区民政厅办公室《关于做好广西区划地名信息政务管理平台上线运行相关工作的通知》的要求，全年实地采集地名相片128张，在政务管理平台上更新完善地名信息366个，并上报提交，交由市、自治区、国家民政业务部门逐级审核。加强街道路牌的设置和管理。2021年度港口区民政局在公车新城的7条街道共设置50块单杠式路牌，同时，对渔沥岛范围残旧破损的10块路名牌进行维护更新，不断提升地名公共服务能力。撰写国家地名词典词条释文。根据港口区实际情况，按照编纂细则，撰写《中华人民共和国标准地名词典》2—8部分的词目词条释文。于10月完成港口区33条词条编纂任务，并按时上交自治区编辑部进一步审核完善。全力开展不规范地名清理整治工作。港口区辖域存在3个涉洋不规范地名（夏威夷城市广场、海岸巴黎、桂海塞纳庄园），根据民政部、自治区民政厅有关地名工作要求进行清理整治。港口区民政局按照《地名管理条例》规定，联合街道办事处、社区、房产商、物业等单位成立工作领导小组。通过开展实地宣传解释、发布告示、命名评议、公示征求意见、综合审核、向市局申请报备等具体工作，在年底完成了2个地名不规范地名的整改。依法扎实开展界线联检和平安边界建设。根据上级业务部门的年度县级界线联检任务的安排，港口区民政局与防城区民政局联合采取先开展内业检查，再进行外业检查，后座谈总结的方法进行，保质保量完成年度联检任务。结合学习党史活动，开展“保护地名文化　记住美丽乡愁”地名信息服务提升和文化宣传行动工作。组织各镇（街）民政工作人员走进机关单位、学校、村（社区）宣传地名文化8次；挖掘港口当地红色革命地名，整理出4条红色地名故事，并结合地名图片制作1条图文并茂的红色地名故事电子阅读作品，同时，向自治区民政厅报送2条红色地名故事，有1条被择优收录编入《广西民政》杂志。

【社会组织管理】 2021年，新注册成立社会组织12家。截至2021年12月，全区共有社会组织114家，其中，注册登记的社会团体46家，民办非企业单位68家。

（麦瑞志）

人力资源管理

【概况】 港口区人力资源和社会保障局（简称港口区人社局），主要负责全区人力资源市场、就业创业、社会保障、事业单位人事管理、劳动争议纠纷处置调解等工作。

【人事人才队伍建设】 2021年，面向社会公开招录事业单位工作人员13人，招聘控制数教师30人、“三支一扶”人员10人。开展事业单位人事调配工作，办理区内外调动70人，形成良好的人才流动机制。

【专业技术队伍建设】 2021年，共有30名专业技术人员取得高级职称，28名专业技术人员取得中级职称，134名专业技术人员取得初级职称。

【工资福利制度改革】 落实国家和自治区、市的各项工资福利政策，完成全区机关事业单位工作人员正常调资2553人、乡镇补贴标准调整724人，确保全区机关事业单位工资变动平稳、有序、准确地开展。

（许强定）

退役军人事务管理

【概况】 港口区退役军人事务局为区政府主管退役军人工作的正科级工作部门，主要承担退役军人思想政治、管理保障、优抚安置、教育培训、就业创业、权益维护、拥军优属及烈士褒扬等职能。2021年，港口区退役军人事务管理局，下辖港口区退役军人服务中心1个事业单位，建立6个镇（街道）退役军人服务站、42个村（社区）退役军人服务站，搭建起“一中心两站”退役军人服务保障体系，组建“退役军人之家”，打通退役军人服务保障“最后一公里”。

【信息采集】 通过短信发送、宣传车等方式进行全覆盖宣传，将信息采集、政策享受等信息传达给每名优抚对象、退役军人、军烈属等。在信息采集系统方面，责任到人，严格遵循采集、审核、上报、整理四步走流程，做到信息采集准确、规范、无遗漏。按照“两个全覆盖”的要求，区退役军人事务局通过各种形式对区直机关事业单位退役军人进行全面摸排并逐一通知进行信息采集。针对行动不便的退役军人军属及其他优抚对象，入门入户进行信息采集工作。

【移交安置】 拓宽安置渠道，协调编办、人社等部门落实符合政府安排工作的退役军人的编制岗位2人，实行“阳光安置”。自主就业36人，发放自主就业金44.33万元。

【社保接续】 对符合政府安排工作退出现役、转业安置士官的社保和医保未参保或断缴的情况，进行摸底调查和经费测算。印制政策宣传和办理流程相关资料，在港口区发布公告，通过发告知书、打电话、发短信、微信等方式，宣传动员每个符合条件的退役士兵积极申报，申请受理、情况核

9月26—28日，港口区2021年退役军人适应性培训会

（港口区退役军人事务局 供图）

查、养老和医疗保险补缴工作等各项工作全面有序开展。全年受理申请材料162份，录入资料162份，审核162人。

【就业扶持】 落实退役军人就业创业有关政策措施。2021年，为帮助退役军人解决创业过程中遇到的各种困难，港口区退役军人事务局与广西榕华创业孵化基地有限公司共同举办“港口区退役军人创业创新孵化基地、创业创新空间、创业创新实训基地，全年组织开展退役军人适应性培训1场，共有32人次报名参加。组织退役军人专场招聘会2场，提供岗位百余个。

【双拥工作】 港口区坚持以“让军人成为全社会最崇尚的职业”为目标，解决优抚对象住房难、生活难和治病难等实际困难。2021年，全区为义务兵家庭发放优待金200余万元，为立功受奖9人发放慰问金4500元。为在乡老复员军人、伤残军人、军烈属安排每年每人400元医疗门诊费。全力维护现(退)役军人及优抚对象合法权益，成立1个县级“退役军人法律援助中心”和6个镇(街道)“退役军人法律援助工作站”，常年免费提供法律咨询服务和法律援助，先后为优抚对象发放法律援助卡1000多张，为6名优抚对象提供法律援助，为200多名优抚对象提供法律咨询服务。开展医疗巡诊活动，为109名优抚对象免费检查及发放药品费用约7万余元。银行、医院等社会公共设施设有“军人依法优先”牌子，候车室入口处设有军人购票专窗，军人免费进入公园和收费公厕，军车进入收费停车场实行免费停放，军人子女入学入托享受相关优惠政策。

每年元旦、春节、“八一”等节日，区委、区政府及各成员单位组成慰问团，对驻军驻警部队和优抚对象进行走访座谈慰问，发放慰问金及慰问品折合人民币123余万元。联合多次驻区部队官兵开展全区中小学和部分企业的国防教育、革命传统教育、爱国主义教育活动，培训人数2万余人次。港口区由于地处沿海，台风暴雨等灾情较多，有灾情发生时，驻区军警都会协助地方开展抢险救灾工作，创造辖区群众零伤亡记录。

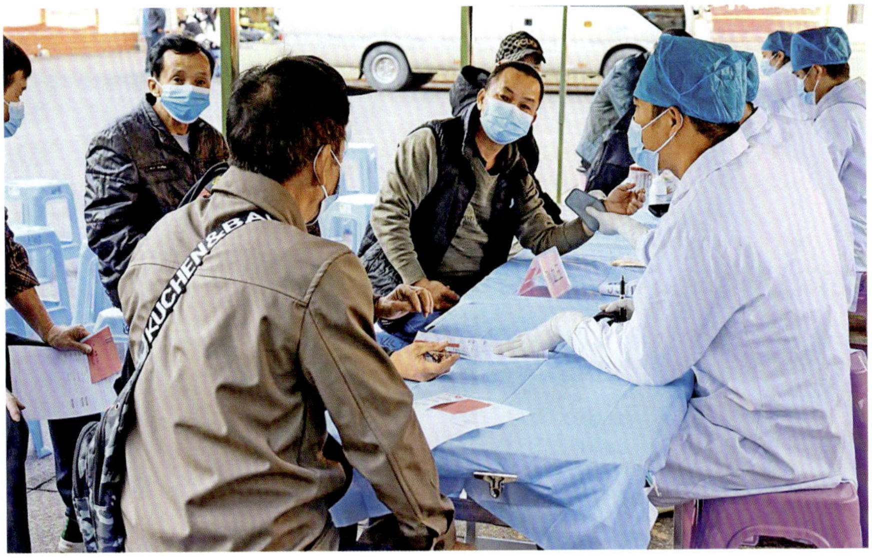

12月7日，港口区开展医疗巡诊活动，为109名优抚对象免费检查及发放药品
（港口区退役军人事务局 供图）

【褒扬纪念】 2021年以来，港口区退役军人事务局多次到“三光企”革命武装起义纪念碑组织开展爱国教育活动，清明、烈士纪念日局干部职工都会前往纪念碑哀悼烈士，并与光坡镇中心小学共同组织开展党史学习教育暨纪念“‘三光企’革命武装起义74周年”文明实践活动。

行政审批和政务公开

【概况】 目前，进驻港口区政务中心的单位有29个，设有10个独立窗口、1个综合窗口、1个社会事务综合窗口，中心另下设港口区交警大队车管所分中心和港口区社保分中心。港口区两镇四街已进驻广西数字一体化平台，可实现事项网上办理。

2021年，港口区政务服务中心窗口共受理件数134576件，办结件数134653件(含2020年受理但在审批时限内未办结件77件)，通过PC端、微信申办件93774件，广西政务App申办件8646件，智能终端办理14122件。网上可办率100%，网上办理率

86.59%。

【政务服务一体化建设】 加快“互联网＋政务服务”建设 实现100%依申请政务服务事项“最多跑一次”，实现网络办事大厅与实体大厅“线上线下”“双线协同”结合的办事模式，让“数据”多跑路，群众少跑腿。

提升网上办事指南准确性 邀请第三方公司对港口区进驻广西数字政务一体化平台——事项管理系统全部政务服务事项进行全面检查，并对发现有问题事项的责任单位限时进行整改，进一步提高实施清单准确率。

数据共享与网络整合 对接上级部门做好政务数据共享交换工作，要求各单位按要求发布政务数据资源目录和挂载数据资源，监督各有关单位对挂载的政务数据资源需保证信息的完整性、准确性进行核实，确保与单位实际数据一致，并按时动态更新数据资源。截至12月31日，在防城港市数据中台录入政务资源目录211条，在公共数据开放平台录入资源目录82条。

推动政务服务事项集中办理 港口区共有29个单位在广西数字政务一体化平台——事项管理系统认领政务服务事项(6+1)1406项。统一进驻政务服务中心集中办理，实行“一窗进出”“一站式”办结，实现“应进必进”，进驻率100%。

【营商环境工作】 推进政务服务事项“异地通办” 围绕个人服务和企业生产经营等重点领域，全面梳理办事频率高、群众获得感强、涉及营商环境领域的“北部湾

11月11日，港口区广西数字政务一体化平台政务服务事项实施清单要素检查培训会现场

（林小媛 摄）

经济区跨城通办”“全区通办”“跨省通办”政务服务事项目录清单，形成《港口区推进政务服务异地通办实施方案》并印发。在政务服务大厅设置“跨省通办”专窗2个、港口区社保分中心1个。

推进政务服务 “智能办”“自助办”“掌上办”“码上办”港口区本级政务服务中心及两镇四街政务服务中心已全覆盖广西电子政务外网，分别配备政务自助服务终端机，群众可通过PC端、微信客户端、广西政务App、智能终端等多种方式实现线上线下办理。同时，港口区依申请政务服务事项(6+1)通过“一事一码”系统已全部生成办事二维码。

开展网上“中介超市”建设 依托广西数字政务一体化平台中介超市系统，组织港口区涉及中介服务和机构进驻中介超市开展业务，已有16家中介机构

3月10日，港口区政务服务监督管理办公室开办“码上告知”业务

（黄海姣 摄）

入驻，已完成10宗中介服务交易。

推进承诺审批工作　组织各有关单位落实承诺审批相关工作，已收集完善《承诺审批事项目录》。其中所涉及的46项承诺审批各目录均已编制相关流程图及承诺书。

【“简易办”改革工作】　全面开展清单服务　开展“最多跑一次”改革，全面落实一次性告知清单、最多跑一次清单、网上办事清单。2021年，“最多跑一次”事项1320项。

推动“一窗受理、集成服务”办理　编制“一件事一次办”精品套餐203个，均已按要求开展“一件事一次办”精品模板（含套餐目录、办事指南、“一表”、答疑手册）本地化梳理并公示。

落实“好差评”工作　引导办事群众通过广西数字政务一体化平台“好差评”系统功能、PC端、短信、App、服务热线等评价渠道体系，对政务服务行为进行实时评价。通过短信评价的差评件23件，广西政务App的差评件2件，均已全部落实整改。同时，广西数字政务一体化平台评价分析管理系统显示满意度为100%。

推进电子证照工作　组织各相关单位在电子证照综合系统发布电子证照目录44条。在广西数字政务一体化平台事项管理系统，梳理政务服务事项实施清单申请材料已关联电子证照的材料数量601条。

开展政务服务事项“零材料”　结合自治区“零材料”工作部署，组织相关单位开展政务服务事项“零材料”办理业务。截至12月31日，港口区政务服务“零材料”办理事项25项。

【“12345”政府服务热线工作】　按照“应合必合、应接必接”的原则，2021年港口区“12345”政务服务便民热线共处理工单7481件，工单转派及时率99.24%，及时签收率99.91%。

（黄海姣　郑怡）

政府审计

【审计成果】　2021年，港口区审计局共完成审计项目20个，查出主要问题金额6860.09万元，其中应减少财政拨款或补贴1287.09万元，应归还原渠道资金5.57万元，其他应整改金额5567.43万元；已减少财政拨款或补贴1287.09万元，已归还原渠道资金1.39万元，已整改其他金额3213.66万元。移送港口区本级纪检监察部门处理事项2起，建议有关部门处理事项2起。向港口区政府和有关部门提交审计报告20篇，提出审计建议并被采纳112条。2021年，2个项目被自治区审计厅评选为2020年度全区审计机关优秀计算机审计项目三等奖。

【财政审计】　2021年，完成区本级2020年度财政预算执行和其他财政收支情况审计，审计监督围绕财政预算编制、执行和结果，重点关注资金分配、管理和使用情况，延伸审计10个部门。审计查出管理不规范涉及金额4165.19万元，审计发现10个问题，提出审计建议3条。通过审计进一步提高财政资金使用绩效。结合自治区审计厅三级联动

5月19日，港口区审计局党组书记、局长陆丹丹（中间）带领审计组成员到财政预算执行审计项目现场了解工作开展情况

（港口区审计局　供图）

3月2日，港口区审计局党组书记、局长陆丹丹（右二）带领审计组到各被审计单位召开推进政府投资审计项目沟通座谈会　　（陈姿求　摄）

以及学前教育审计工作要求开展审计监督，客观揭示财政管理方面、学前教育管理体制、项目进度缓慢等问题，有效促进相关单位规范资金管理，建立健全管理体制，提高资金使用效益。

【固定资产投资审计】 2021年，审计重点关注项目建设程序、建设管理、资金使用等情况，共审结14个政府投资项目和1个卫生系统建设项目审计调查。其中，政府投资项目审计核减工程款1287.09万元，审计发现问题53个，提出审计意见建议43条；卫生系统建设项目专项审计调查发现问题20个，管理不规范问题涉及金额1280.57万元，提出审计建议3条，向相关部门移送问题线索3起。通过审计及时发现问题短板和风险隐患，在卫生系统建设项目专项审计调查过程中，审计组通过核查送审材料、联动住建部门进行核查、与项目负责人员谈话等方式，发现问题线索2起并移送相关部门。

【资源环境保护审计】 2021年，对港口区海洋部门领导干部任职期间履行自然资源资产管理和生态环境保护责任进行审计，审计发现问题9个，提出针对和可行审计建议2条。通过审计监督倒逼审计对象严格遵守自然资源资产管理和生态环境保护法律法规，倒逼领导干部正确履行资源环保责任职责。运用计算机技术结合现场走访的方式，发现自然资源资产管理和生态环境保护方面存在的问题，提出审计整改建议，推动被审计单位建立、完善相关制度，加强辖区范围内的海域监督管理力度。

【经济责任审计】 2021年，共完成领导干部经济责任审计项目3个，审计发现31个问题，管理不规范涉及金额121.67万元，违规涉及金额5.57万元，提出审计建议10条，向相关部门移送问题线索1起。通过审计，进一步推动规范权力运行，强化干部监督管理。11月，组织召开2021年港口区经济责任审计工作联席会议，讨论研究《防城港市港口区经济责任审计工作联席会议制度（讨论稿）》《防城港市港口区经济责任审计工作联席会议议事规则（讨论稿）》等文件。

【其他重要工作及活动】 2021年

3月4日，港口区审计局副局长苏铃辉（正面右三）带领审计组成员到区沙潭江街道办召开港口区沙潭江街道办事处（原）党工委书记邓珊珊和（原）主任黄可任职期间经济责任履行情况审计进点会议　（港口区审计局　供图）

联合港口区委宣传部以“围绕中心服务大局、依法履行审计监督职能”为主题召开新闻发布会，联合港口区委组织部举办港口区第9期“先锋讲堂”（经济责任审计）专题培训班。

2021年11月，港口区审计局在自治区审计厅举办的2021年全区审计机关党务干部履职能力提升培训班暨设区市城区审计机关建设研讨班上，就创建文明机关建设工作作经验交流发言。

（陈姿求）

11月16日，开展港口区推进企业电子统计台账试点工作动员部署会

（港口区统计局 供图）

统计工作

【概况】 2021年，港口区统计局以提高统计数据质量为宗旨，深化基层统计管理体制改革，有序开展各项常规统计调查，优化统计法制工作环境，严格执行国家各项统计调查制度，动态监测全区经济运行情况，为区委、区政府提供经济预警服务，助力企业复工复产。

【经济运行情况】 2021年以来，港口区立足新发展阶段、贯彻新发展理念、构建新发展格局，扎实推进工业振兴、乡村振兴、产业发展、项目建设等重点工作，紧抓西部大开发和泛北部湾经济区开发双重机遇，加快推进全区经济高质量发展，努力保持全区经济运行平稳有序。2021年，港口区经济稳中向好、稳中提质，在高质量发展的道路上迈出坚实步伐，为全区实现“十四五”规划良好开局做出积极贡献。

2021年，全区生产总值现价总量514.58亿元，按可比价计算，同比增长11.7%。其中：第一产业增加值23.65亿元，同比增长4.1%；第二产业增加值334.84亿元，同比增长16.0%；第三产业增加值156.09亿元，同比增长4.6%。全年全区农林牧渔业总产值同比增长4.2%，比2020年“十三五”期末提高2.8个百分点；规模以上工业总产值同比增长54.5%；固定资产投资总额同比下降23.3%；资质等级建筑业完成总产值80.20亿元，同比增长8.0%；完成财政收入22.76亿元，同比增长0.7%；城镇居民人均可支配收入42539元，同比增长7.0%；农村居民人均可支配收入20645元，同比增长11.0%。

【统计管理体制改革】 全面推进基层统计规范化建设　重点指导22家未达标“四上”企业和29家新入库企业开展规范化建设工作，制定督导计划，明确督导时间、督导对象、督导方式，在镇（街）实现全面达标的基础上，进一步督促全区各部门以及“四上”企业按要求做好基层统计规范化建设工作，巩固规范化建设成果。

积极推进基层统计网格化服务管理　联合区委政法委成立基层统计网格化工作领导小组，制定印发《防城港市港口区基层统计网格化管理工作实施方案》，明确工作思路，对基层网格化管理工作进行详细的分工部署。

大力推进企业电子统计台账试点工作　成立试点工作领导小组，组织召开港口区推进企业电子统计台账试点工作动员部署会，联合相关职能部门召开培训会，深入联网直报试点企业共计140家，通过对企业原始记录实现电子化收集整理，建立起来源清晰、数据翔实的电子统计台账。

壮大基层统计力量　根据《广西县级政府统计机构统计协管员（协统员）聘用管理办法（试

行)》文件要求,全年完成协统员招考19人。

落实统计员工作补助　认真贯彻落实提升基层统计队伍能力、加快现代化基层统计调查体系建设精神,为“四上”企业及村(社区)统计员发放每人每月200元的工作补助,增强基层统计队伍的稳定性。

【常规统计调查】　按时完成常规统计调查　指导343家“四上”企业、133个固定资产投资项目开展联网直报工作,开展规下、限下抽样调查以及农林牧渔业、城乡一体化住户调查。督促统计调查对象按时完成工业、农业、服务业等国民经济常规调查,认真填报月报、季报、年度报表,对上报的统计数据进行即报即审,及时回复国家及自治区的查询,通过单个专业纵向逻辑分析,多个专业横向对比论证等方式进行核实。收集整理佐证材料,保证统计数据质量。

更新维护名录库　按时保质完成名录库新增、变更和注销核实任务,对基本单位名录库维护工作实施网格化服务管理,实现将基本单位名录库维护节点由县乡延伸到村(社区)网格。坚持先入库再有数,严格审核企业提交的入库材料,对将要达到入库标准的企业进行跟踪,及时提醒达标企业申报入库。

顺利完成2021年人口变动情况抽样调查　科学部署人口变动情况抽样调查工作。完成指导员、调查员选聘工作,建立联络员机制,深入调查一线指导督促普查员开展入户登记工作。完成建筑物和住房单元核查16978个,完成进度100%,人口变动情况调查登记入户上报率100.52%。

扎实做好住户调查电子记账工作　对记账内容实行“日监测”,及时提醒记账户天天记账,发现“笼统账”、漏记账、不明账等,及时与记账户或者辅助调查员联系核实。先后在调查点山新村、牛路村开展党史宣讲活动,将党史学习教育与业务培训活动相结合,以党建凝聚力量推动住户调查工作顺利开展。

【优化统计法制工作环境】　强化统计法治宣传,营造依法统计的社会氛围　做好法律法规培训。以国家统计督查为契机,把统计法律法规纳入业务培训会内容,共举行贸易、工业、服务业、投资领域、农业5个培训班,共500多人次参加培训,进一步增强广大统计调查对象和干部职工的统计法治意识;开展第十二届“中国统计开放日”系列活动,在闹市区开展集中宣传,通过现场讲解、咨询服务、有奖竞答等形式系统宣传和展示了统计法律法规及红色统计相关知识。

依法开展统计执法检查,及时查处统计违法案件　督促统计调查对象特别是“四上”企业建立、完善统计台账,依法规范数据上报流程。对“四上”企业的统计基础工作及统计数据质量情况开展执法检查,配合市统计局开展统计调研检查工业企业3次共28家,服务业企业4家,贸易企业2家,固定资产投资企业5家。

加强法治制度管理,完善各项统计制度　认真落实国家统计局《统计执法检查“双随机”实施办法》,印发《港口区深化统计管理体制改革重要任务措施责任清单》《港口区统计局防范和惩治统计造假弄虚作假责任制和问责制实施办法》《港口区统计局统计执法“双随机”抽查办法(修订版)》《港口区统计局统计违纪违法案件移送制度(试行)》《港口区统计局统计数据质量追溯和问责制度》等。

(黎春蕾　唐昕)

经济调节·市场监管

经济体制改革

【重点领域改革】 抓好重点领域改革 加快推进各项国家、自治区级改革试点工作，推进要素保障机制改革，着力破解资金、土地等制约因素，加快推进投融资、财税金融、价格等关键领域改革。

提高开放合作水平 深度融入西部陆海新通道建设，更好发挥通道作用，加快赤沙作业区1～3#泊位、企沙40万吨级码头及配套航道设施建设，促进交通、物流、商贸、产业深度融合；加快打造西部陆海新通道大宗商品进口集散枢纽港。抢抓国际医学开放试验区发展机遇，服务广西杭氧、金川新锐气体公司医用氧项目上市运营，加快山茶健康产业综合示范项目建设，推动渔沥岛区升级，加快潭油作业区建设，推动防城港口岸、企沙口岸扩大开放，深度融入北钦防一体化产业布局。

精准招商引资 开展“行企助力转型升级”行动，在原有的项目基础上，重新策划包装30个招商项目，加大“走出去”招商力度，在沿海开放发达地区举办专场招商推介会活动，争取达成意向投资100亿元以上；对接一批高端科研机构，引进一批“专精特新”产业项目，逐步形成“引进一个、带来一批、辐射一片”产业发展格局。

【优化营商环境改革】 以关注企业生命周期为重点，从准入到退出提供全周期服务，深化“证照分离”改革，高品质打造一流营商环境，优化审批方式，降本提效，提高口岸通关效率，完成各项指标任务。积极对接广西数字政务一体化平台，拓展完善办事广度和深度，延长网上办事链条，实现从网上咨询、网上申报到网上预审、网上办理、网上反馈，实现100%依申请政务服务事项“最多跑一次”。推动网络办事大厅与实体大厅“线上线下”“双线协同”结合。2021年，港口区政管办共受理件数134576件，办结件数134653件，通过PC端、微信申办件93774件，手机广西政务App申办件8646件，智能终端办理14122件，网上可办率达100%，网上办理率86.59%。

（黄馨慧）

市场监督管理

【概况】 防城港市港口区市场监督管理局为防城港市港口区人民政府工作部门。主要负责组织实施港口区食品药品监管，价格监督和反不正当竞争监管，产品质量、特种设备安全监管，企业与个体私营经济监管，商标广告和知识产权监管，计量和认证认可等工作。

【监督抽检】 强化监督抽检，严把质量安全关。2021年，开展食品安全监督抽检611批次，其中不合格33批次，合格率为94.6%，已全部完成后处置；开展食用农产品快速检测6611批次，合格率达到99.47%，不合格率0.53%；完成药品抽检10批次、化妆品17批次，经检验合格率均为100%。开展产品质量监督抽检26批次，不合格3批次，合格率88.4%。

【执法办案和投诉举报】 2021年，共办理行政处罚案件2645起，罚没款共计1849.91万元。完成答复行政复议3起，应诉行政诉讼3起。处理各类市场监管举报投诉1674件，为群众挽回经济损18.68万元。

【商事制度改革】 深化商事制度改革，激发市场经济活力。围绕"放管服"目标要求，通过减少企业银行开户流程等方式压缩企业开办时间，真正实现企业注册登记、银行开户2个环节、7个事项全流程1个工作日办结。以政府补贴形式免费赠送新设企业实体印章，向纳税人免费发放税务UKEY，保持企业开办"零"成本水平。截至2021年12月31日，港口区新登记市场主体5435户，存续市场主体30120家(户)，其中企业9269家，农民专业合作社121户，个体工商户20730户，市场主体总量增长率为21%，为新开办1573家企业减免印章费用73.264万元。做好2020年度市场主体年报公示，企业年报率为99.65%，农民专业合作社年报率为90%，个体工商户年报率为80.25%。

【优化营商环境】 加强信用监管　通过开展多领域跨部门联合的"双随机、一公开"监管，扩大抽查面和影响力，2021年共抽查市场主体963户。健全经营异常名录和严查违法失信企业名单管理，列入异常名录6195家，严重违法失信企业信用修复9家，通过实施信用监管，提高了企业的自我约束性。

推进知识产权保护工作　2021年，港口区有效商标注册1689件，同比增长27.47%。专利授权当年累计217件，同比下降12.50%；有效发明专利408件，同比增长6.53%；有效发明专利维持年限10年以上(含10年)14件，占比2.11%。查办侵犯商标权案件12起，同比增长9%。每万人口高价值发明专利拥有量3.35件，同比下降8.83%。

深入推进公平竞争审查　建立公平竞争审查制度，规范公平竞争审查举报处理。组织召开港口区公平竞争审工作推进会，统计2021年政府相关部门政策出台以及开展公平竞争审查情况。2021年，未收到涉及公平竞争审查问题类的投诉举报，未发现本级政府及各部门出台的政策措施，有重大排除、限制竞争行为。

【质量强区】 开展获证工业产品生产企业日常监管，先后共检查生产企业38家次，未发现产品质量问题及系统性产品质量事件发生。开展危化品及其包装物质量安全风险隐患排查工作，共排查危化品生产企业4家，指导企业签订《企业质量安全诚信承诺书》4份，督促企业落实质量安全主体责任，未发现产品质量安全隐患。开展电线电缆专项监管，对防城港市港城电线缆有限公司从生产许可证标识与标注、委托加工备案、获证产品抽样检测、原辅材料进货验收、出厂检验、产品包装和质量管理体系运行等方面进行监管。开展化肥生产监管，对港口区唯一一家防城港盛农磷化有限公司取得"全国工业产品生产许可证"并正常开展生产的化肥生产企业开展化肥生产监管，未发现产品质量问题，也未发现其他违法违规行为。开展塑料污染治理专项工作，港口区塑料制品获证生产企业共12家，均为食品用塑料包装容器工具等制品，共检查塑料制品生产企业18家次，未发现有生产销售不符合国家规定的食品用塑料包装容器工具等制品，也未发现产品质量问题。开展"地条钢"排查工作，对港口区辖区内的广西盛隆冶金有限公司和广西钢铁集团有限公司开展产品质量检查5次，未发现上述2家公司有生产"地条钢"的现象，也未发现辖区内有其他企业生产地条钢的现象。开展产品质量技术帮扶"巡回问诊"活动，成立技术帮扶"巡回问诊"专家组，先后共技术帮扶企业14家次，累计发现存在10项困难或问题，均现场给予解决，帮助企业建立、健全质量管理制度，增强质量管控能力，提升产品质量水平。开展质量提升行动工作，开展小微企业质量体系认证提升行动。组织7家小微企业参加国家市场监管总局小微企业质量管理体系认证提升培训，帮助4家企业开展香港高端品质认证培育和申报工作，共获得有效质量认证证书207张，其中品质高端认证证书4张，助推经济高质量发展。开展鲜湿米粉质量提升行动，港口区有鲜湿米粉生产企业1家，开展检查4家次，查找食品安全隐患2个，下达责令改正通知书2份，约谈企业负责人1家次。

【食品药品监管】 食品生产监管。开展重大节假日食品生产质量安全专项整治。以酒类、肉制品、豆制品、粽子和月饼等节日食品为重点检查品种，重点检查企业原辅料进货记录、环境卫生、生产工艺、质量控制，未发现"两超一非"等问题。

开展专项整治：在小油坊专项整治中，检查小油坊3个，发现问题8个，下达责令改正通知2份；在让人民群众吃上“放心芝麻油”专项行动中，共检查获证芝麻油生产企业5家，发现隐患7个，责令改正2次，已完整复查整改；在粮食市场专项整治中，共检查大米生产企业、小作坊2家，米粉生产企业1家，未发现来源不明或过期变质的原料大米（稻谷）；在食品生产环节食品添加剂生产和使用专项监管中，共检查食品添加剂生产企2家，未发现有超范围超标准使用食品添加剂及添加非食用物质的现象。

组织开展食品生产企业食品安全管理人员考试，完成在产企业参与率100%，合格率100%。

开展食品生产企业风险等级评定，根据上年度监督检查、抽检和处罚情况对食品生产企业风险等级进行评定调整，其中，A、B、C、D级企业分别有9家、12家、3家、3家，新获证未评定企业4家。结合风险等级评定结果，开展食品生产安全风险隐患排查及智慧监管，督促企业主体责任落实。共检查食品生产企业31家，覆盖率100%，发现问题和隐患43个，下达整改通知书20份，已全部完成整改复查。

食品销售环节　持续强化冷链食品经营监管摸排。截至12月31日，共检查经营户239家次，已有22家进口冷链食品经营单位，30家其他正常经营冻库已全部在平台进行信息确认并使用平台进行产品录入，进一步完善了冷链食品经营单位档案管理。协助区疾控中心对辖区内冻库进行核酸抽样检测。

深入开展保健品行业专项清理行动。检查保健食品经营单位153家次、网络经营店314家次，未发现辖区内网络经营店铺经营保健食品。

持续开展农村假冒伪劣食品专项行动。以企沙、光坡、城中村为重点检查区域，检查食品摊贩、小食杂店、农贸市场共计182户次，针对发现问题已督促经营者限期整改。

开展春秋季校园周边食品流通店检查。检查食品经营户42户次，查处销售过期食品2户，没收过期食品1批。

加强高风险食品蔬菜干制品专项整治工作。对辖区内农贸市场、超市进行专项检查，重点检查食用八角、黄花菜、香菇、干辣椒等索证索票、标签标识标示情况，共检查农贸市场、商超等经营户90家次。同时开展蔬菜干制品二氧化硫快速检测33批次，未发现二氧化硫超标样品。

开展野生动物违规交易专项行动。对农贸市场水产行、干货行进行巡查，宣传野生动物保护相关法律法规，未发现违规交易野生动物及长江鱼等行为，缴获野生河豚鱼3.18吨。

加强食品经营环节的风险等级评定工作。港口区食品销售环节电子监管覆盖率达100%，风险分级评定率为100%。

食品餐饮环节　推进校园食品安全守护工作，检查学校（含托幼机构）、校外托管机构及周边餐饮店605家次，下达责令改正通知书7份。全区学校食堂“明厨亮灶”覆盖率达100%，色标管理覆盖率78.9%，没有接到发生群体食源性疾病事件的报告。

落实重大活动食品安全保障工作。对中考、高考、开海节等重大活动进行食品安全保障18次，保障餐次117次，食品安全快检541次，保障就餐人数约3.16万人次，无群体食源性疾病事件发生。

提高旅游餐饮食品安全水平。聚焦旅游景区、车站码头、商圈餐饮单位等重点场所开展旅游餐饮食品等专项整治，共检查餐饮单位430家次。

进一步强化对辖区内经营油条的、使用自消毒餐饮用具的餐饮服务提供者的摸底排查和监督检查，累计检查相关餐饮经营户1103家次，检查发现问题31家，现场责令整改8家，举办专题培训会4场，约150名经营户参加。

药械化监管领域　开展药品专项整治行动。对疾控部门及疫苗接种点进行全覆盖检查，对存在问题督促整改到位；在中药饮片质量专项监督检查中，共检查辖区55家药品经营企业及5家使用单位，其中限期整改14家；在药品网络销售违法违规行为专项整治中，共检查辖区31家药品网络销售企业，限期整改1家；在药品流通领域集中专项整治中，共检查城乡接合部和农村地区药店、诊所的经营企业43家、使用单位11家；在可用于医疗美容的药品监督检查中，共检查药品经营企业33家、医疗美容机构2家，其中限期整改医疗美容机构1家；在含兴奋剂药品经营专项检查中，共排查辖区药品经营企业33家，未发现销售未加注标识的含兴奋剂药品、通过网络违法发布含兴奋剂药品信息及销售含兴奋剂药品等违法违规行为。

加强医疗器械流通领域监

管。检查3家新冠病毒检测试剂使用单位，未发现非法渠道购进行为；检查14家隐形眼镜经营企业，未发现非法经营装饰性彩色平光隐形眼镜行为；检查14家眼镜经营企业，未发现有经营角膜塑形用硬性透气接触镜行为；检查避孕套经营企业41家，未发现经营无产品注册证书、无合格证明文件、过期、失效或者淘汰的医疗器械；检查23家医疗器械网络销售经营企业，其中，限期整改3家，警告1家；检查防疫物资经营企业64家，其中，限期整改2家，警告1家；检查无菌和植入性医疗器械经营企业3家、使用单位9家，未发现经营（网络销售）或使用未取得注册证或者备案凭证及无合格证明文件、过期、失效、淘汰的无菌和植入性医疗器械。

开展化妆品安全检查。检查儿童化妆品经营企业11家，其中，限期整改2家，立案处罚2家。

【特种设备安全监管】 共检查特种设备使用单位126家，下发特种设备安全监察指令书13份，责令整改隐患58处，整改率100%。为汲取燃气爆炸事故的教训，港口区市场监督管理局开展气瓶和公用（燃气）管道相关特种设备安全隐患排查，共检查农贸市场32家、液化石油气销售门店19家、使用液化石油气经营户103家、燃气企业2家，对检查中发现问题的经营户下达文书及时整改。

【计量和认证】 开展春节期间计量器具的监督，共检查集贸市场18个、大型超市8个，检查计量器具68台，检查定量包装商品24批次，暂未发现计量违法行为和定量包装商品净含量弄虚作假等欺诈消费者的行为。

开展道路交通安全专项检查工作，共检查3家机动车检验机构、14家低速电动车销售门店、5家汽车修理厂，未发现相关违法违规行为。

开展诚信计量建设工作，引导市场主体诚信计量公开承诺，累计引导15户党员经营户以及29家商家签订诚信计量自我承诺书并向社会公示，引导10家集贸市场开展诚信计量建设。

开展能源和水资源计量工作，指导8家重点用能单位规范开展能源计量自查活动，对防城港澳加粮油工业有限公司、防城港枫叶粮油工业有限公司2家企业进行能源计量审查。

开展能效水效标识监督检查，共检查门店11家，各电器经营门店所销售的各类电器和坐便器均张贴有“中国能效标识”字样，符合标识相关要求。

开展火灾、燃气管道隐患大排查工作，抽查4家燃气气瓶充装单位，未发现安全方面计量器具安全隐患。

开展电子血压计监督检查，对港口区药店开展电子血压计监督抽查工作，共检查5家药店，现场抽查10批次待售电子血压计，未发现不合格的电子血压计，抽取1批次电子血压计送指定机构进行检验。

【价格监督】 开展价格监测、巡查、检查，规范价格明码标价、收费公示行为，对农贸市场、商场、药店等经营单位进行价格巡查400多家（次）。

开展供水供电供气等涉企价格和收费检查，督促落实16家转供电主体多收电费退款工作，涉及退款金额达28万余元。

组织对港口区供水企业、工

1月16日，港口区市场监督管理局执法人员用砝码对农贸市场内电子秤进行检查
（港口区市场监管局　提供）

程、测绘服务类中介服务机构、行业协会、商会等行业开展收费检查，共抽查8家工程服务、测绘服务类中介服务机构，没有发现存在行政机关指定或者推荐服务的行为。

联合人力资源、公安部门共同开展2021年清理整顿人力资源市场秩序专项行动，共检查7家企业，没有发现存在"返费"、扣押劳动者身份证等证件、收取押金、违规保管流动人员人事档案等相关的违法行为。对疫苗接种服务机构的新冠病毒疫苗免费政策落实情况检查，防止借疫苗接种服务乱收费行为发生。

【打击假冒伪劣和反不正当竞争】 开展民生领域"铁拳"行动，重点开展电动车、燃气热水器、烟花爆竹、成品油等市场主体检查共计95家次，确保燃气热水器、电动自行车、烟花爆竹等领域产品质量合格、价格行为规范以及安全防范工作落实到位。

开展流通领域电线电缆检查和排查，共检查14家经营点，未发现有超越核准登记的经营范围从事生产经营活动和在销售伪劣电线电缆违法行为。

开展儿童老年用品"护苗助老"关爱行动，检查经营店10户次，未发现有"三无"产品上架销售。

开展扫黑除恶专项斗争，对辖区农贸市场扫黑线索摸排，召开摸排座谈会3家次，明察暗访50多人，未发现涉黑涉恶线索。

开展"打黄扫非"工作，联合相关部门检查书报摊、音像店、网吧等经营场所25家次，对发现问题已责令整改。

【打击传销】 保持打击传销整治工作常态化。2021年3月，防城港市正式移出全国传销重点整治城市名单，港口区市场监督管理局将继续为"传销脱帽"加大日常查处力度，防止传销反弹。截至12月，共开展各类清查行动772次，办结涉传行政案件1845件，查获涉传人员2423人，查封涉传出租房437间，创建无传小区36个。

【广告监管】 共检查车站、旅游景区、校园周边、超市、互联网广告、农村等户外广告及互联网(媒体)广告共1646条(次)，立案查处违法广告13起，对17家涉嫌违法广告的字眼的商家采取上门行政指导。未发现有借庆祝中国共产党成立100周年等名义从事商业炒作、牟利等市场乱象以及妨碍社会安定、损害社会公共利益违法商业营销宣传行为，有效净化广告市场。

【网络交易监管】 开展网络监管专项整治4次，督促电子商务平台经营者落实责任和义务，保障消费者的合法权益，约谈和指导电子商务经营者及餐饮配送平台66家。

【市场监管宣传】 加大宣传培训，提升公众参与度。加强宣传力度。结合"3·15"国际消费者权益日、食品安全宣传周、"5·20"世界计量日、质量月等主题活动，通过集中宣传、政策讲解和主题晚会等形式，进校园、进社区、进单位，开展消费者权益、食品药品安全、扫黑除恶和打击传销等知识宣传。共发放宣传资料、宣传品8万多份，悬挂横幅500余条。开展我为群众办实事"你点我检"食品安全检验检测活动，不断提升公众对市场监管的知晓率和满意度，服务参与群众近万人次。强化培训指导工作。组织港口区各经营户开展从业人员诚信教育、生产经营操作规范、食品安全知识、食品检测等培训，共组织培训37次，参加培训人员3000余人，不断推动经营户落实主体责任，强化食品安全、诚信合法经营和安全生产意识，维护消费者合法权益和安全保障，为港口区市场经济高质量发展打下坚实基础。加强新闻宣传。向各级报纸及电视媒体投稿新闻线索51篇次，其中刊登56篇次，大力宣传在"放管服"改革、守好安全底线、维护消费者合法权益、加强队伍建设等方面取得的工作成效。

（谭　梦）

口岸监督管理

【概况】 至2021年，企沙港边地贸口岸对外开放的外贸码头是大万码头，边贸码头岸线长570米，共11个千吨级泊位，码头仓库规模700平方米。企沙港作为防城港3000吨以下货轮的杂货专用港，是大西南出海通道的重要边境贸易口岸，目前正在进行企沙渔港经济区基础设备工程建设，预计一期工程完工后企沙口岸的通航条件和相关码头配套服务设施更加完备。

2021年，边境贸易进出口额完成3020.58万元人民币，吞吐量

2.9754万吨，出入船次14次，企沙口岸入出境旅客210人次。

【口岸开放管理】 港口区深入贯彻落实自治区“加快构建‘南向、北联、东融、西合’全方位开放新格局”的新部署和防城港市加快构建“海、边、山”现代化经济体系的新要求，通力协同合作，深化通关改革，持续增强口岸开放能力，深化口岸通关便利化改革，拓展企沙口岸、云约江南作业区等开放范围，口岸发展建设取得一定成效。2022年4月19日，防城港市政府组织防城海关，防城出入境边防检查站和防城港海事局对防城港口岸企沙片区防钢基地5#泊位和渔万港区501#泊位进行验收。

【口岸基础设施建设】 企沙港边地贸口岸包含大万外贸码头和康城码头、海通码头、卫东码头3个内贸码头，边贸码头岸线长2270米，共20个千吨级泊位，码头仓库规模700平方米，堆场规模66200平方米，年综合吞吐能力可达60万吨。有一般货物20吨装吊车设备2套，煤炭装卸设备2套，基本满足口岸业务量发展需要。企沙口岸各查验部门依法把关，全面推进口岸进出口通关业务的联合办公制度，实施8小时工作制以外的提前预约接受申报制度。逐步加强办公自动化、口岸查验中心现场、口岸闭路电视监控系统建设，切实改善口岸通关环境，提高口岸服务效率和质量。

【电子口岸建设】 升级通关体系，推进企沙电子口岸信息服务平台建设。企沙口岸实现通关流程、收费和投诉服务“三公开”制度，公示口岸通关流程图，包含流程、收费及所需单证，完成多个通关业务领域优化整合，实现“一个窗口、一口对外、一次办理、一次查验”，报关业务全面实行“自报自缴”模式。合理规范口岸收费事项，继续缩短通关申报办结工作时限。

【口岸改革】 聚焦口岸功能转型。响应防城港市将通道经济转变提升为口岸经济的发展要求，发挥企沙口岸作为国家一级边地贸口岸的政策优势和防城港海上门户的区位优势，配合推进企沙渔港经济区规划建设，重点发展水产品为主的冷链产业，打造对外连接东南亚、对内辐射南向通道沿线各省市的水产品集散交易枢纽。

【口岸服务工作】 做好企沙口岸联检大楼日常管理工作，提升口岸通关效率。认真做好口岸建设办结工作，积极推进口岸通关便利化工作，缩短通关申报办结工作时限。

（吴春燕）

开发·投资·经济合作

脱贫攻坚

【概况】 防城港市港口区乡村振兴局主要负责巩固拓展脱贫攻坚成果、统筹推进实施乡村振兴战略有关具体工作。

【防返贫监测和帮扶】 2021年，制定《港口区防止返贫动态监测和帮扶工作方案》，明确防贫工作的目标任务和标准要求；开展3次防贫监测工作业务培训，有效提高各镇（街道）工作人员、各村（社区）“两委”干部、镇村防贫监测信息员业务水平。2021年，结合区情实际，采取“常态化监测+集中排查”和“线上+线下”同步比对的方式，扎实开展防贫监测对象的排查认定和帮扶工作。截至2021年12月，港口区共有防贫监测对象92户、289人，已消除风险贫困37户、117人，未消除风险贫困55户，172人。

【项目资金管理】 2021年，上级下达到港口区资金为2506万元，其中，中央资金为1091万元，自治区资金为450万元，市级资金为365万元，本级资金为600万元。已安排项目资金2506万元，其中，安排2021年度村基础设施项目9个，共586.5825万元；产业项目11个1291.8729万元；生活条件改善项目3个，共77.7854万元；金融项目1个62.1526万元；教育扶贫项目1个36.595万元；就业帮扶项目2个50.3万元，其他项目2个400.7119万元，资金支出率达到94.89%，开工率达到100%，完工率达到95.35%。

【脱贫人口小额信贷】 发放新增贷款　截至2021年12月，港口区贷款余额329户、1427.48万元，2021年共发放新增贷62户、288.1万元，占任务数的137.19%，奋斗目标数的82.31%。

增加风险补偿金　计划风险补偿金为120万元，又增加风险补偿金32万元，现风险补偿金为152万元。

对脱贫人口小额信贷进行贴息　2021年，向防城港市区农村信用合作联社拨付62.15万元。

【产业发展】 2021年，立足区情实际，找准乡村振兴与临港大工业和滨海旅游业的结合点，积极发展多元化乡村产业，建成红树林海洋渔业核心示范区、簕山古渔村休闲渔业示范区、大龙口休闲农业示范区、原种光坡鸡产业示范园等17个农业产业示范区（点），带动农户养殖大蚝、光坡鸡，种植红衣花生、红香薯、海红米等地方特色农产品，逐步形成“一村一品”“一村多品”“一镇一业”的特色产业格局。为促进农村一二三产业融合发展，年内引进雄农生态种养农业产业园项目，包含年出栏量达100万头的规模化养猪场，集屠宰、分割、储藏于一体的冷链加工厂，以及中草药种植基地3个子项目，有力弥补了港口区一二三产业融合发展的不足。

（林美玲）

投资促进

【主要工作】 招商引资到位资金任务指标完成情况　截至12月31日，港口区招商引资项目到位资金126亿元人民币，完成防城港市下达港口区全年任务120亿元人民币的105%。主要项目为广西盛隆冶金有限公司产业升级技改（第二阶段）项目、高强耐磨新材料项目以及房地产项目，完成防城港市下达港口区的全年任务。

稳抓"三企入桂"项目"四率"增量目标 走访服务辖区内"三企入桂"企业。通过走访富味乡食用油脂包装生产线项目、城市燃气管道项目，了解项目进展情况，协调解决项目存在的问题。新增开工微藻及恒海海洋养殖2个项目，完成项目开工率增量14%(全年目标增量8%)；新增竣工项目曼诚酒店及绿宝金鲳鱼2个项目，完成竣工投产率增量14%(全年目标增量8%)；新增资金到位6.1亿元，完成资金到位率增量10%(全年目标增量10%)。超额完成2021港口区"三企项目"落实"四率"增量目标任务。

【投资环境建设】 **加强领导，健全机制** 加强组织领导，统筹协调各招商工作组在招商工作中遇到的项目审批、用地、融资等问题，做好各招商工作组项目信息、外出招商、重大项目推进情况等调度工作；强化队伍建设，动员各成员单位具有丰富招商经验、操作能力强的领导干部，共同开展招商引资工作，提高招商队伍素质，进一步提升招商水平。

深入调研，理清招商思路 优化营商环境工作，营造招商氛围，创新招商方式，不断拓展招商引资领域，重点突出抓好一批产业关联度高、科技含量高、带动能力强的好项目引进，招大引强，确保港口区经济发展主要目标和重点任务的顺利完成。

【巩固脱贫攻坚成果】 深入贯彻中共十九大和习近平总书记系列讲话精神，继续坚持精准扶贫工作方针，以区委、区政府总体脱贫攻坚实施意见为指导，以解决贫困群众温饱、促进贫困群众增收为目标，努力改善贫困村的基础设施，加快转变经济发展方式，提高扶贫标准，扎实开展科技扶贫、产业扶贫、教育扶贫等专项扶贫工作措施，努力实现扶贫对象稳定脱贫的工作目标。

2021年，共签约10个项目，总投资额101.2亿元。完成"行企助力转型升级"行动100亿元人民币全年任务。开展招商引资活动6次；接待来访客商126人次，洽谈项目24个。参加第18届东盟博览会，签约余热余压节能环保发电项目、山茶油压榨及精炼等项目2个，投资额15亿元人民币；参加2021广西对接行业领军企业(上海)项目洽谈会，签约盛隆冷轧项目、93兆瓦厂区屋顶分布式光伏开发试点等项目2个，投资35亿元人民币；11月10日，举行2021年"行企助力转型升级"行动重大项目集中签约仪式等5个项目，项目总投资36.2亿元人民币，昆明川金诺化工股份有限公司的5万吨/年电池级磷酸铁锂正极材料前驱体材料磷酸铁及配套60万吨/年硫磺制酸项目，签约额7亿元人民币，10万吨/年电池级磷酸铁锂正极材料项目，签约额24亿元人民币；广西中润重工有限公司的起重机智能制造产业化项目，签约额1.6亿元人民币；广西魏玛实业有限公司的魏玛装备制造项目，签约额1.6亿元人民币；广西西江投资股份有限公司的渔光互补二期续建及恒温养殖基地建设项目，签约额1.6亿元人民币；12月2日，签约冷链仓储综合物流服务产业园项目，投资额15亿元。

【招商引资】 紧盯目标企业，深化对接服务，大力开展招大引强，促进产业集群发展。加快打造产业集群，重点收集与主导产业相关的项目信息，精准定位目标企业，对安柏家庭用品(深圳)有限公司的创意设计家居用品科技园生产建设项目精准开展招商对接，争取打造港口区高端家居用品科技园项目。

(黄莉莉)

对外贸易

【概况】 2021年，港口区开展业务外贸企业共有74家，其中，集采购、生产、销售于一体的进出口生产企业22家，企业自主进出口的一般贸易企业52家，防城港市有5家加工贸易企业落户港口区。

2021年，外贸进出口额为617.20亿元人民币，同比增长53.95%，占全市外贸进出口总额近7成，在防城港市4个区(县、市)中居首位。龙头企业带动效应显著，三大外贸龙头企业外贸进出口额合计394.27亿元，占全区进出口总额的63.88%，其中，惠禹粮油进出口额55亿元，钢铁集团进出口额71.72亿元，广西金川进出口额267.55亿元。

2021年，第18届中国—东盟博览会上，港口区人民政府与广西盛隆冶金有限公司签订了余热余压节能环保发电项目投资协议，与防城港金宸粮油食品科技有限公司签订山茶油压榨及精炼项目投资协议，2个项目总投资15亿人民币。第四届中国国际进口博览会上，港口区2家企业签订总价值2.6亿美元的合作协议，其中，广西惠禹粮油工业有限公司与新谷有限公司签订价值1.1亿美元的大豆进口协议；广西金川有色金属有限公司与托克公司签订价值1.5亿美元的铜精矿进口协议。进博会上广西金川有色金属有限公司与中国进出口银行签署进口融资协议，签约金额达6.1亿美元。

财政·税务

财　政

【财政预算收支】　2021年，全区一般公共预算总收入15.95亿元。其中，一般公共预算收入8.41亿元，上级补助收入6.1亿元，上年结余收入7516万元，调入资金5181万元，债务（转贷）收入1211万元，动用预算稳定调节基金调入467万元。

全区一般公共预算支出总计15.95亿元。其中，一般公共预算支出12.66亿元，上解上级支出2.61亿元，债务还本支出3813万元，收入和支出相抵，年终滚存结余2916万元，扣除结转下年继续使用的专款2916万元，当年财政收支平衡。

【财政收入】　2021年，全区财政收入22.76亿元，增长0.68%，其中，一般公共预算收入8.41亿元，上划中央收入11.38亿元，上划自治区收入2.97亿元。

公共财政预算收入中税收收入预算执行情况。税收收入6.48亿元，完成预算的89.63%，下降3.68%。其中，增值税2.13亿元，增长6.27%；企业所得税9226万元，增长52.75%；城市维护建设税6193万元，增长16.19%；土地增值税8374万元，下降48.85%；契税7792万元，增长15.45%。

非税收入预算执行情况。非税收入1.58亿元，完成年度预算的107.16%，下降13.78%。其中，专项收入5802万元，增长21.3%；行政事业性收费收入825万元，下降12.88%；罚没收入5435万元，增长66.26%；国有资源（资产）有偿使用收入3485万元，下降61.68%；捐赠收入13万元；政府住房基金收入218万元。

【财政支出】　2021年，全区一般公共预算支出12.66亿元，完成预算的108.23%，增长4.28%。

全区一般公共预算支出12.66亿元。其中，教育支出2.5亿元，完成年度预算的92.64%，增长12.27%；社会保障和就业支出1.61亿元，完成年度预算的115.13%，增长32.9%；卫生健康支出1.19亿元，完成年度预算的99.42%，下降11.54%；城乡社区支出2.2亿元，完成年度预算的137.21%，增长7.16%；农林水支出8393万元，完成年度预算的111.91%，下降7.64%；交通运输支出3305万元，完成年度预算的300.45%，增长27.75%；商业服务业等支出72万元，完成年度预算的36%，下降25.77%；自然资源、海洋气象等支出1499万元，完成年度预算的83.28%，下降19.54%。

上解支出2.6亿元。债券还本支出3813万元。

全区年初预算安排总预备费2000万元，全年动用2000万元（均以反映在相关支出科目中）完成预算的100%。

初步统计，2021年港口区“三公”经费支出605万元，增长35%。其中，公务接待费支出202万元，下降31%；公务用车运行维护费支出403万元，增长168%。

【政府性基金收支】　2021年，全区政府性基金预算总收入4.57亿元，政府性基金预算总支出2.75亿元。调入一般公共预算5181万元，收支相抵，年终滚存结余6296万元。

政府性基金预算总收入中，上级补助收入4.04亿元，债务转贷收入1600万元，上年结转收入1077万元。

政府性基金预算总支出中，当年政府性基金支出2.75亿元，其中，文化旅游体育与传媒支出7万元，社会保障和就业支出16万元，城乡社区支出2.52亿元，其他支出186万元，债务付息支出2132万元，债务发行费用支出2万元；政府性基金调入一般公共预算支出5181万元；政府性基金年终结余6296万元。

【积极保障重点民生投入】 积极保障教育优先战略　2021年，全区教育支出2.5亿元，同比增长12.28%，占一般公共预算支出比重为20%。主要用于完善教育经费保障机制，逐步提高教师生活待遇和教育基础设施。其中投入1409万元，支持和平小区学校园区建设、桃源小学、企沙万头小学、三小、四小等学校综合楼建设，切实保障学位需求。同时，新增控制数教师433名，充实港口区教师队伍建设。不断提高教师工资福利待遇，足额发放教师绩效奖励、顶岗教师经费等2.1亿元，确保港口区教师工资收入足额按时发放且不低于当地公务员收入水平。

加强社会保障体系建设　2021年，全区社会保障支出1.16亿元，同比增长32.9%。其中：投入4012万元，用于行政事业单位养老金支出；安排1635万元，用于发放城乡最低生活保障金、城乡特困人员补助、高龄老人补助、困难群众补助、孤儿救助等资金；安排1515万元，用于发放被征地农民养老保险。切实让群众共享社会发展成果。

坚决兜牢“三保”底线　坚持“三保”支出的优先地位，全力兜牢“三保”底线。2021年，全区“三保”支出9.61亿元，“三保”支出占一般公共预算支出的76.82%。按照国家“三保”的标准和要求，当前港口区“三保”无运行风险。

固成果，助力乡村振兴　积极落实各项惠农强农政策，巩固脱贫攻坚成果与乡村振兴有效衔接。统筹管理衔接推进乡村振兴补助资金。2021年，全区共筹措财政衔接推进乡村振兴补助资金2506万元，为港口区实施乡村振兴战略提供有力资金保障。安排乡村道路、农田水利、村镇基础设施建设830万元，切实改善农村生产生活条件。投入产业发展、特色种养及特色产业等奖补资金545万元，不断壮大村集体经济发展，推动乡村产业发展。落实耕地力农业补贴、政策性农业保险补贴115万元；安排农村改厕资金242万元，总体提升农村居住环境，助力美丽乡村建设。投入103万元，推进美化九龙寨乡村示范点建设，逐步改善农村人居环境。

提升公共卫生系统建设　全年卫生支出1.14亿元，完成年初预算的95%。其中，用于投入完善乡镇医院医疗基础设施建设经费564万元，落实城乡居民基本医疗补助资金745万元，落实基本公共卫生服务经费1219万元。进一步提升公共卫生服务效能，提高及应对突发公共卫生事件和重大疾病防控能力，保障居民能更好的享受基本公共卫生服务。

【积极落实财政政策】 落实减税降费政策　落实各项减税降费政策，2021年港口区新增减税降费约2.2亿元，有效减轻市场主体负担，促进企业复工复产。

不断深入节用裕民思想　坚持带头政府过“紧日子”原则，从严从紧编制预算，单位预算申报一律在压减10%的基础上进行审核，对“三公”经费统一压缩5%，压减的资金全部用于教育支出。

加强直达资金监管　严格按照直达资金预算管理工作规定，优先拨付在规定时间内下达资金，建立从预算安排到资金拨付、使用全过程的监控机制，确保直达资金支付进度达到上级序时进度要求。2021年，上级下达港口区直达资金9414.32万元，支出率为95%。直达资金主要用于“三保”、教育等重点民生支出。

扎实推进PPP项目　围绕“一个落地”、三个入库、六个储备”目标，推动PPP项目建设，2021年申报3个PPP项目，总投资为12.99亿元，其中，港口区自来水厂PPP项目完成资格预审，总投资为1.99亿元。

积极推动“桂惠贷”政策落实　2021年，港口区“桂惠贷”投放笔数达825笔，投放“桂惠贷”贷款金额66.62亿元，筹措“桂惠贷”财政贴息资金约5969.30万元，惠及800多家企业（个体工商户）。

【转变创新提升财政管理】 加快推进预算管理一体化建设　迅速成立工作专班，落实工作机制，按照财政厅预算数据汇总工作要求，做好新旧系统衔接，全区预算单位在预算编制、预算执行、会计核算等系统全面实施上线操作。

不断完善绩效管理工作　深入推进预算绩效管理改革，区财政组织全区预算单位对绩效管理工作进行全面系统培训。同时，聘请第三方中介公司对2个部门整体预算及6个重点项目开展预算绩效再评价工作，强化预算结果应用，建立绩效评价结果与部门预算资金分配挂钩机制。

财政投资评审加力提效　2021年，港口区完成并上报政府审定的预算控制价项目42个，送审金额3.01亿元，审定金额2.89亿元，核减金额1239.46万元，核减率为4.11%；完成工程竣工结算评审项目61个，送审金额2.64亿元，审定金额2.47亿元，核减金额1663.91万元，核减率为6.31%。

全面推进财政监督管理工作　认真贯彻执行新修订的《中华人民共和国会计法》，加强会计监督，规范监督程序和手段，实施实地走访单位，抽查单位台账、财务管理内控等情况，发现并限期整改问题9项，进一步严肃财政财经纪律，规范财政管理。

（黄乃春）

税　务

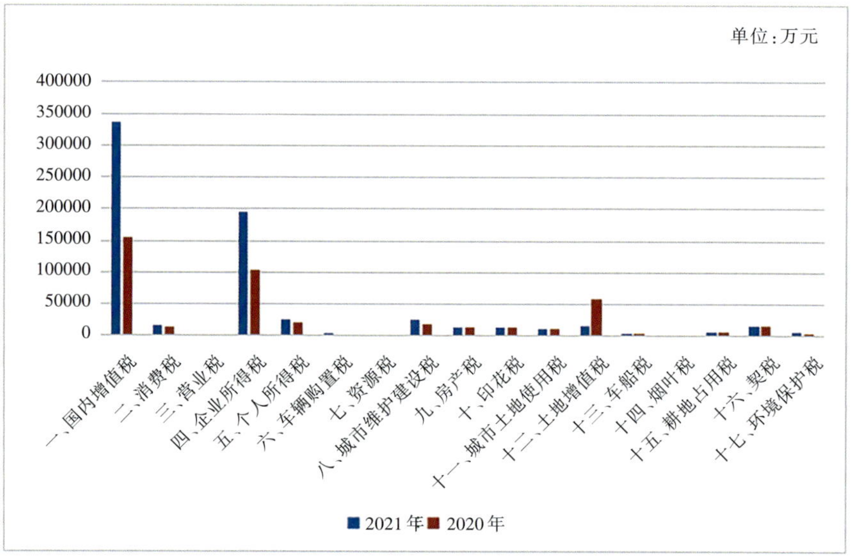

图1　2020—2021年港口区税收收入示意图

【税收收入】　港口区税务局在册纳税户26118户，2021年港口区税务局共组织两级政府口径各项收入71.41亿元，同比增收26.06亿元，增长57.47%。其中，港口区政府口径各项收入21.77亿元，同比增收0.51亿元，增长2.39%。完成港口区政府口径收入任务21.7亿元的100.31%。组织港口区可用财力7.41亿元，同比减收0.16亿元，下降2.11%。组织国内增值税收入33.58亿元，同比增收18.17亿元，增长117.9%；消费税收入1.54亿元，同比增收1025万元，增长7.12%。

【非税收入】　社保费和非税收入征收有力，全年征收社会保险费收入18.57亿元，征收非税收入3.53亿元，基本实现“接得住、接得稳、接得好”的工作目标。社会保险费各项数据指标均超过全区平均水平，其中企业职工基本养老保险、城乡居民养老保险、职工医疗等预算完成率均列全市第一名。统筹推进非税收入后续划转，既管好了原有27项非税收入项目，又为接好4项非税收入征管职责划转，率先在全区开出首笔海域使用基金奠定了基础。

【税收征管】　试点精确执法，抓稳征管改革，税费治理水平和能力得到进一步提升。港口区税务局2021年承接了防城港市税务局分级分类管理试点，实行基础事项、高频核准事项、风险事项的扎口管理，实现税企双减负、核准审批速度和人力资源效能双提升，其中行政处罚、发票审批、注销、退税等业务分别提速90%、75%、66.7%和57%。建立“核准前置”工作小组，将七大类重点审核事项前移至办税服务厅办理，打造了环节更简、流程更优的办税新模式。落实“首违不罚”事项清单，辖区内超千户纳税人受益，充分彰显了税务行政执法温度。

【优惠政策落实】　落实中央和自治区出台的各项支持经济社会发展税费优惠政策，减税降费精准发力，不折不扣落实减税降费和税费缓缴政策，减税降费政策在落实落细中惠企利民。特别是加快办理新增留抵退税、研发费用加计扣除等工作进度，为企业纾困解难。全年落实新增减税降费政策超13.1亿元，总量位居全市第一。

【依法治税】　充分发挥依法行政领导小组的作用，定期召开领导小组会议，坚持会前学法制度，和地方紧密配合，探索精诚共治。将行政执法公示与政府信息公开有机结合，按照“三项制度”工作的统一要求，在办公场所的电子屏幕上对纳税人关注事项的办理流程、法律依据和办理时限等进行公示；将行政处罚、行政许可等事项在协同共治平台按期进行公示。对税务局的执法事项进行梳理，对涉及的各项执法流程、执法依据等内容向广大纳税人公布，全面推进依法行政，增强依法办事的自觉性和主动性，持续提升依法治税水平。

【税收宣传】 2021年，港口区税务局精心组织，联合多方力量广泛开展税收宣传和培训，切实提高纳税人对税法与税收优惠政策的认知度。制定并实施《港口区税务局2021年度优化营商环境实施方案》和《便民办税春风行动实施方案》，全年共推送各类提醒涉税提醒事项的短信共计约6万条；通过纳税人微信群、QQ群等转发宣传各类税收政策推送超过10万人次；开展线上直播15期涉及2021年各种税收政策、系统操作等知识讲解，通过推送港口区税务局纳税人微信群、QQ群，涉及约4.1万人次；举办纳税人缴费人实体培训3场，培训人数687人；户外LED屏幕播放约15条各类宣传视频，在办税厅放置各类宣传海报、横幅、水牌、板报、宣传册子、折页等共计约6万份。

【纳税服务】 创新精细服务，全面提升纳税服务水平。打造集自助办税、网上体验、纳税人培训三大功能的智慧办税服务厅，港口区税务局办税服务厅已于4月2日正式挂牌，为纳税人提供了更多的智能化、多元化办税服务；完善涉税诉求响应机制，港口区税务局推出全区首个县级“12366”远程呼叫中心，对原来的咨询热线从座席硬件、咨询平台系统和业务渠道3个方面进行全面更新，实现了“三个升级”，进一步提升了纳税人缴费人咨询体验感；采取“新办扎口、存量辅导、逆向思考、重点突破”的分步策略，提升专票电子化工作质效，获得自治区税务局肯定性批示；扎实推进税务机关与各商会协会共同建立“春雨润苗”党员联络机制，联合打造“税+联+会”合作模式，拓展完善了精细化、网格化的线下服务方式。

【其他主要工作(活动)】 做好企业开办注销工作。政务一体化平台税务方面实现开办企业实现“一个平台，一次登录，一次受理，一窗登记，一套材料，0.5小时办结”。企业简易注销实现即时办结，一般纳税人10个工作日完成注销，小规模纳税人5个工作日完成注销。不动产业务办事效率实现“三级跳”，不动产登记实现转移流程再造、信息共享，办理提速。

（刘建军）

4月12日，港口区税务局开展税收普法宣传活动

（港口区税务局 供图）

港口区税务局建成全广西首个县级“12366”纳税服务咨询中心

（港口区税务局 供图）

农业农村

农业

农业综述

【农业农村经济发展】 2021年全年农林牧渔业总产值达37.85亿元，增速4.15%；一产增加值23.65亿元，增长4.1%。农业（种植业）产值1.54亿元，同比增长0.4%，其中，粮食产量1.27万吨，蔬菜产量2.46万吨，水果产量1607.9吨；畜牧业产值0.856亿元，同比增长16.88%，包括生猪出栏14257只、肉牛出栏1215头、肉羊出栏1322只、家禽出栏76.29万羽；渔业产值32.657亿元，同比增长3.92%，渔业产量24.08万吨，增长3.93%；农村居民人均可支配收入20645元，增长11%，居全市第一。

【农业农村经济改革】 继续开展农村集体土地承包经营权登记颁证完结工作，现已把农户错误信息全部更正，漏打的证书查漏补缺，目前500多本确权证书正在打印当中；处理纠纷5宗。港口区产权制度改革档案材料已基本完成，完成改革总报告并推荐光坡镇中间坪村为改革典型村；指导辖区内村级集体经济组织完成换届调整。并设定11个村（居）为"三变"改革试点村。推荐3个农民专业合作社和1个家庭农场参加市级农民专业合作社示范社和示范家庭农场评选已认定；推荐2个家庭农场参加自治区级示范家庭农场评选已认定。

【农业结构调整】 港口区在农业产业结构调整中，注重从实际出发，与资源优势相结合，围绕建设滨海特色新农村主题，加快绿色优质农产品有效供给，把科技农业、绿色农业、品牌农业、质量农业作为发展现代农业的主攻方向，着力提升农业质量效益和竞争力，增加农民收入，助力乡村振兴。

【美丽乡村建设】 2021年以来，全区累计出动工作人员3700多人次，清理村庄垃圾约854吨、乱堆乱放约2100处、广告牌和指示牌45块；摸排沙企一级路沿线违章建筑、违建集装箱208个，下发《限期清理物品通知书》293份，违章建筑总面积4.8万平方米，已完成清理集装箱121个、围挡278米，完成沙企一级路沿线玉罗岭至企沙红绿灯路段沿线违章建筑拆除工作。全区223个村全面完成村庄环境基本整治"扫一遍"目标。完成2个精品示范型村庄建设，把精品示范型村庄打造成为乡村风貌提升和促进乡村振兴战略实施的示范样板。打造2个示范村庄，引入新业态，大力培育发展产业合作社、集体经济组织，推动建设运营一体化，促进示范村庄成为乡村振兴新载体。

【农业产业化经营】 不断动员新型经营主体发挥带贫减贫作用，带动贫困户劳力参与发展产业及就近就业。印发《2021年巩固拓展脱贫攻坚成果产业以奖代补有关事项的通知》，落实产业奖补政策。印制"2021年港口区产业振兴政策宣传单"加大宣传力度，动员脱贫不稳定户、边缘易致贫户、2016—2020年脱贫户自主发展特色产业。完成二批产业以奖代补工作，第一批产业以奖代补共171户、金额65.632万元（其中1户边缘易致贫户奖补金额0.135万元）；第二批产业以奖代补72户、资金19.981万元（其中1户脱贫不稳定户0.416

万元）。

【现代农业示范区建设】 港口区立足区情实际，找准乡村振兴与脱贫攻坚、临港大工业和滨海旅游业的结合点，发展多元化乡村产业，建成红树林海洋渔业核心示范区、簕山古渔村休闲渔业示范区、大龙口休闲农业示范区、原种光坡鸡产业示范园等17个农业产业示范区（点）。推行“互联网+农业”等新型产销模式，带动农户发展种养殖大蚝、光坡鸡、红衣花生、红香薯等地方特色产业，建成农村电商服务中心1个、服务站3个、服务点15个，贫困村覆盖率100%。

种植业

【粮食种植】 2021年，粮食播种面积任务数为5.34万亩，粮食产量1.36万吨，旱稻播种面积0.66万亩。各镇、街道粮食生产任务：光坡镇粮食面积34980亩，水稻面积12119亩，旱稻面积4285亩，玉米面积10871亩；企沙镇粮食面积9506亩，水稻面积3293亩，旱稻面积1128亩，玉米面积2929亩；王府街道粮食面积8914亩，水稻面积3088亩，旱稻面积1187亩，玉米面积2100亩；沙潭江街道玉米面积500亩。灭荒复耕任务数为4200亩，其中，水稻1400亩，其他作物面积2800亩。各镇、街道灭荒任务为企沙1510亩、光坡2190亩、王府街道500亩。

【经济作物种植】 蔬菜面积任务是3.3万亩，全年完成种植任务3.39万亩，超额完成任务102.7%。蔬菜产量任务是2.5万吨，全年完成种植任务2.61万吨，超额完成任务104.4%；水果面积任务是0.7万亩，全年完成种植任务0.7万亩，完成任务100%。水果产量任务是0.16万吨，全年完成种植任务0.165万吨，超额完成任务103.1%。

【农业机械化】 完成拖拉机年检审及相关业务工作，累计年检拖拉机108台，注销登记76台，转入登记6台，转移登记2台，变更登记1台，注册登记11台，初次申领拖拉机驾驶证17人，期满换证35人。完成使用中央农机购置补贴资金56.00万元，资金使用率100%。共核发农机具购置补贴指标确认书34份，受益农户25户，完成申请补贴机具数量1129台（套），其中，收割机1台，微耕机12台，增氧机1116台。

【农业植保】 2021年，港口区农作物病虫草鼠害防治面积17.21万亩次，总体防效达90%以上。全区农业部门累计投入防治经费29万元。在粮食作物重大病虫害发生的关键时期，全区开展统防统治3次，实现主要农作物绿色防控面积5.84万亩次，三大粮食作物统防统治面积达4.13万亩次，避免重大病虫危害的继续蔓延。举办草地贪夜蛾、红火蚁、橘小实蝇等病虫害科学安全用药技术等培训班2期，参训人数101人次，印发资料200多份。开展草地贪夜蛾、红火蚁、橘小实蝇发生情况调查、宣传培训技术指导100多人次，印发宣传资料200多份。

（郑　翔）

畜牧业

畜牧业综述

【畜牧业生产】 港口区畜牧业以生猪、肉鸡（光坡鸡）、肉鸭（海鸭蛋）的生产经营为主，兼顾耕牛及其他家禽的防疫，其中光坡鸡、红树林海蛋鸭是港口区名优特产品。2020年，港口区畜牧业产值0.856亿元，同比增长16.88%。其中，生猪出栏14257头，肉牛出栏1215头，肉羊出栏1322只，家禽出栏76.29万羽。

【畜牧业行业管理】 按照环境容量以及保障畜产品消费需求，科学编制畜禽养殖业规划，规范养殖用地审批程序，优化产业布局，明确宜养、限养、禁养区域，引导部分养殖场进行标准化、设施化改造，提升养殖场的规模和档次，促进规模场间的场场联合、产供销联合及农业相关产业联合等多种形式的新型畜牧产业化组织体系建设，引导畜牧专业合作社按地域和类别组建畜牧专业合作社联合社，促进港口区畜牧业转型升级。有备案的执业兽医12名、登记的乡村兽医7名，执业兽医师在诊疗机构、兽药经营店执业，乡村兽医在乡村畜禽养殖场开展执业活动。

【其他主要工作（活动）】 2021年，共出动车辆60车次，工作人员150人次，检查动物饲养场

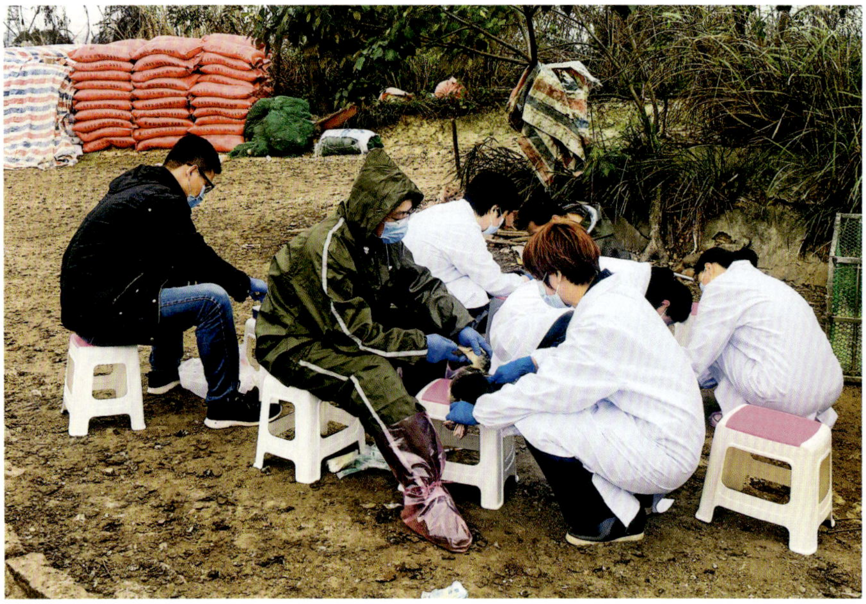

1月，港口区农业农村水利局开展动物疫病防控　　（王宽　摄）

（户）35家次，动物检疫申报点16个次，定点屠宰场24家次，动物诊疗机构8家次，消毒面积约26万平方米。圆满完成秋季动物集中免疫工作，共免疫猪口蹄疫1.8万头，牛口蹄疫0.095万头，免疫猪瘟1.78万头，免疫猪蓝耳病1.78万头，免疫禽流感：其中，鸡13.44万羽，鸭5.86万羽，鹅0.3万羽，免疫鸡新城疫13.3万羽，免疫羊口蹄疫0.07万只，免疫狂犬病0.15万只。

（郑　翔）

渔业

渔业综述

【概况】 防城港市红树林海洋渔业核心示范区通过提质升级改造后，获得自治区农业核心示范区"四星级"评审。结合港口区渔业发展需要，以创建渔业健康养殖示范县为目标，进一步推动港口区渔业高科技产业化发展。全区渔业产值32.657亿元，同比增长3.92%，渔业产量24.08万吨，增长3.93%。

【渔业基础设施建设】 全区共计34家水产养殖规模企业，自治区四星级示范区——防城港市红树林海洋渔业（核心）示范区年产值13亿元以上，主要养殖品种为大蚝、石斑鱼、南美白对虾、金鲳鱼、牡蛎、文蛤、巴非蛤等。其中大蚝养殖面积约1.5万亩，对虾养殖面积约2万亩。年产值亿元以上企业2家，鑫润养殖公司渔光互补基地规模达1400多亩，年产值1.5亿元以上。广西小藻农业科技有限公司规模达1200多亩，年产纯EPA约100吨、脱脂藻粉1000吨，年产值约2亿元。

【海洋牧场】 港口区深海养殖区域主要分布在光坡镇红沙湾海域，但养殖密度基本饱和，其中标准化深海抗风浪网箱96个，养殖品种主要为金鲳鱼、石斑鱼，年产量可达1440吨，经济产值约5760万元；普通海水网箱700余个，养殖品种主要是以石斑鱼为主，年产量达7000吨，经济产值约3.08亿元。港口区正在企沙南部海域规划发展深海养殖区，该养殖区主要采取生态立体养殖模式，海面采用深海网箱进行鱼类养殖，海底进行贝类播养，根据不同养殖生物间的共生互补原理，利用自然界物质循环系统，通过相应的技术和管理措施，使不同生物在同一环境中共同生长，既有利于生态互补，又可提高经济效益，是海洋生态养殖发展的方向，符合经济生态的原则，对进行海洋牧场的系统研究和大面积推广具有重要意义。

【现代渔业示范园区建设】 防城港红树林海洋渔业（核心）示范区规划范围为企沙半岛自公车镇白沙江至企沙渔港的东部岸线一带区域，包括红沙群岛、沙螺辽海滩、簕山古渔村、山新海滩、企沙渔港等海湾、海岛、海面及岸线陆地，海岸线总长54.23多公里（陆地外沿岸线），规划总面积12816.67公顷。其中，核心区面积1938.89公顷，拓展区面积2877.78公顷，辐射区面积8000公顷。

【休闲渔业】 港口区红沙湾、沙螺寮、簕山等养殖片区先后建成了一批集养殖、垂钓、采捕、品鲜于一体的休闲渔业项目。其中，企沙镇簕山心喜旅游专业合作社、港口区马龙港海水养殖专业合作社等养殖单位分别获得“全国休闲渔业示范基地”及“广西休闲渔业示范基地”称号。据不完全统计，目前港口区现有各种类型的休闲渔业经营单位30余家，经营规模1万多亩，年接待观光人数突破百万人次，休闲渔业产值达7000万元以上。

【渔政管理】 加强渔业安全生产制度建设，严格执行《防城港市渔业安全生产监督管理工作责任制度》，进一步完善《渔业船舶水上突发事件应急预案》《港口区渔政大队渔业安全生产管理制度》《防城港市港口区渔政大队防御台风预案》《企沙渔港防火工作应急预案》等各项应急预案，建立健全渔业安全生产“一岗双责”制度，落实业主安全生产主体责任制度。

【其他主要工作(活动)】 制定《2021年港口区渔政大队关于打击涉渔“三无”船舶及整治违禁渔具专项行动实施方案》，全面贯彻落实专项行动内容，对辖区内进行全面清查。共出动执法人员255人次，累计海上巡航246个小时；执法船艇82航次；检查渔船305艘，查扣25张装载禁用渔具的竹木排筏；立案12宗非法捕捞案件、9宗安装禁用渔具案件，已结案7宗；收缴违禁渔具电缆1000米、拖网22张、拖耙架7副；没收渔获物309公斤，共计罚款20.5万元。

（郑　翔）

工业和信息化

工业综述

【工业经济发展】 2021年，港口区60家规模以上工业企业总产值1794.56亿元，同比增长54.52%。规模以上工业企业增加值296.60亿元，同比增长19.9%。工业投资项目71项，完成156.15亿元，下降20.15%，占固定资产投资的67.9%。港口区规模以上工业累计能源综合消费总量1440.17万吨标煤，同比增长22.1%。产值增量全区第一，产值总量全区第四，产值增速全区第二，其中，钢铁产业成为防城港市第一个产值千亿产业；2021年规模以上工业增加值增速达到19.1%，位居全区第二，工业对全市GDP增长的贡献率达到75.5%。

【产业规划及结构调整】 2021年，防城港市重点围绕建设钢铁、有色金属、绿色新材料、粮油食品加工4个千亿级支柱产业和电子信息、能源、装备制造、生物医药、县域轻工业5个百亿级特色优势产业，推动全产业链落地，注重提质扩量"两手抓"，加速打造高端化、智能化、绿色化产业集群新高地。

钢铁产业　盛隆技改二阶段、TRT叶片制造及机电再制造产业化等一批项目开工建设；高强耐磨新材料2#回火线、天地和等项目相继投产；钢铁基地项目2250毫米热连轧生产线等项目前期工作加快推进。

有色金属产业　加快推进广西华昇新材料有限公司年产冶金级氧化铝400万吨、80万吨电解铝及配套铝合金、铝加工项目；加快推进五金铜材卫浴产业园；久恒高端铝合工业型材智能制造项目前期工作有序推进；金川二期30万吨矿产铜项目开工建设，项目投产后矿产铜产量将达80万吨，成为全国最大的矿产铜生产企业。

绿色新材料　川金诺湿法磷酸项目、顺誉化工有限公司5万吨/年热法高品质磷酸项目等已建成投产；广西长科新材料有限公司50万吨/年ABS项目有序推进中。

粮油食品产业　推动澳加粮油山茶健康产业综合示范项目实现开工建设，澳加粮油生物饲料添加剂项目竣工投产，益海嘉里（防城港）粮油综合加工项目开展前期工作。

【工业创新体系建设】 2021年，防城港市港口区围绕重点产业，不断完善创业创新平台，大力支持企业科技创新，推进产学研深入合作，全面提升企业自主创新能力，促进产业转型升级，提升竞争力，加快推动产业发展迈入中高端水平。其中，广西华昇新材料有限公司、益海嘉里（防城港）生物科技有限公司获评自治区智能工厂示范企业，广西惠禹粮油工业有限公司、益海（防城港）大豆工业有限公司获评自治区数字化车间。推动金川铜冶炼工业互联网平台项目和澳加智能制造创新应用及智慧工厂建设项目完成建设，通过企业智能化、数字化改造。

【工业"两化融合"】 2021年，全国首个"云上钢厂"落户防城港市港口区，成为钢铁行业智能化、数字化标杆。广西钢铁集团有限公司入选2021年《工业互联网创新发展成效报告》"5G+工业互联网"典型案例，在全球工业互联网大会上宣传推广。广西钢铁集团有限公司、广西金川有色金属有限公司成为国家级"联网工业企业"试点单位。

【绿色经济发展】 2021年，组织开展绿色制造体系建设。其中，大海粮油工业（防城港）有限公司被认定为国家级、自治区级绿色工厂，广西盛隆冶金有限公司被认定为国家级绿色工厂。

绿色项目建设　全面推进传统产业绿色改造，推行企业循环式生产，晟宇通年产30万立方蒸压加气混凝土砌块、恒港化工2×30万吨/年焦油深加工项目、源盛矿渣新型环保建材项目等一批循环经济利用项目建成投产。组织申报2021年工业绿色发展示范项目，争取防城港市本级节能减排专项资金，通过资金扶持，引导企业积极参与节能降碳和污染减排，提高资源利用，共同实现工业绿色发展。

9月7日，港口区工信局到双首能源开展关于供电线路电杆实地调研工作
（港口区工信局　供图）

【工业节能降耗】　2021年港口区规模以上工业累计能源综合消费总量14401661吨标准煤，同比增长22.05%；工业增加值能耗同比增长1.79%。编制印发《防城港市主要高耗能行业节能技术改造实施方案》，在冶金、有色、建材、电力等重点行业组织开展节能技术改造。指导重点用能企业开展编制节能技术改造计划，跟踪企业按照计划逐步落实节能技术改造。

【工业园区基础设施建设】　港口区坚持以工业强区为着手，全力打造以钢铁、装备制造业、磷硫化产业为龙头的工业区和以资源加工型企业为主的大西南出口加工基地与物流仓储基地，推动钢铁、有色金属、能源、食品、化工、装备制造六大支柱产业加速发展。2021年，防城港经济技术开发区推进园区基础设施项目27个，推进建设标准厂房35万平方米，园区基础设施不断完善，路、水、电、气、港等配套齐全。

【工业园区经济发展】　2021年，防城港经济技术开发区实现规上工业总产值1794.56亿元，同比增长58.77%，继续保持全区第一，累计完成投资8.86亿元。

【工业重大项目建设】　港口区发展以重工业为主轴的特色产业群，一批重大工业项目落户或投产。柳钢防城港钢铁基地项目（一期）、广西华昇生态铝项目（一期）、盛隆技改（第一阶段）等一批龙头项目实现投产，柳钢多元产业园、五金铜材卫浴产业园、盛隆冷轧、高强耐磨钢、智慧料场等补链项目加快建设，初步形成钢铜铝产业集群发展的良好态势。2021年港口区完成双百双新项目投资89.6亿元；新开工项目2个；年底竣工项目1项；港口区共谋划双百项目1项；共谋划双新项目28项；双百双新签约项目7个。

【服务企业发展】　2021年，港口区组建工业振兴特派员工作队，深入实施特派员服务企业制度。组织辖区内多家有融资需求的企业与银行面对面进行交流沟通，为企业解决融资困难提供平台。

推动中小企业“专精特新”发展　防城港澳加粮油工业有限公司争取补助资金60万元，2021年组织广西惠禹粮油工业有限公司、大海粮油工业（防城港）有限公司等11家企业申报“专精特新”中小企业，其中区本级广西粤桥新材料有限公司、防城港盛农磷化有限公司、防城港中一重工有限公司3家企业获得自治区级“专精特新”中小企业认定称号。

贯彻落实“桂惠贷”政策　2021，港口区累计“桂惠贷”贷款户数630家，贷款663241.84万元；其中区本级累计十批次共组织63家中小企业申报“桂惠贷”名单制服务产品，列入自治区桂惠贷名单制服务产品企业63家，争取资金扶持工业企业发展　2021年以来港口区获得工业企业用工奖补资金2

家、生产奖补1家，优惠政策奖补资金等奖补资金共16.1万元。

冶金·有色金属·化工新材料

【冶金】 2021年，钢铁产业（冶炼加工环节）实现产值932.6亿元，同比增长91.32%，全行业突破1000亿元。现有广西盛隆冶金有限公司、广西钢铁集团有限公司等6家规上企业，目前已具备炼铁产能1640万吨，炼钢产能1648.333万吨。盛隆二期技改第二阶段、广盛高强耐磨新材料、柳钢多元产业园等项目正在加快推进。钢铁基地3号高炉正在加快推进前期工作，拟于2022年开工建设。谋划的福城钢铁技改、600万吨大马联钢深加工等项目正在洽谈对接。

【有色金属】 2021年，有色金属产业完成产值375.8亿元，同比增长51.1%。现有广西金川有色金属有限公司、广西华昇新材料有限公司等8家规上企业，目前已具备50万吨电解铜、200万吨氧化铝产能。铜系统工艺及数字化升级项目、五金铜材卫浴产业园（18个子项目）、久恒铝业等项目正在加快推进。

【化工新材料】 2021年，化工新材料产业实现产值76.4亿元，占全市规模以上工业总产值的4%。防城港市化工产业主要布局在防城港经济技术开发区，以磷化工及新材料为主，广西长科新材料有限公司、广西中油能源有限公司、广西川金诺化工有限公司、防城天睦化工有限公司、广西防城港顺誉化工有限公司等企业为其中代表，川金诺湿法磷酸项目已建成投产，正在加快推进川金诺二期5万吨/年电池极磷酸铁锂正极材料前驱体材料磷酸铁配套60万吨硫磺制酸项目、长科新材料二期50万吨/年ABS装置等配套项目建设。

【项目发展】 广西钢铁集团有限公司 广西钢铁集团有限公司是广西柳州钢铁集团有限公司控股企业，项目一期完成投资253亿元，1#高炉及配套系统已于2020年6月正式投产，2#高炉已具备投产能力。2021年，实现工业总产值294.92亿元。

广西盛隆冶金有限公司 广西盛隆冶金有限公司是由福建吴钢集团在防城港市牵头成立的股份制民营企业，公司拥有钢铁产能950万吨，技改项目一期于2019年11月投产，目前拥有员工12000余人。2021年，实现工业总产值545.53亿元。

广西金川有色金属有限公司 广西金川有色金属有限公司是金川集团控股、托克集团参股的中外合资企业，是世界单系列产能最大、工艺技术装备最先进的铜冶炼生产企业。现有阴极铜产能40万吨，员工1400余人。项目所采用的“闪速熔炼”“闪速吹炼”“二氧化硫高浓度预转化”“干吸低温热回收”“永久不锈钢阴极电解”等技术在行业内、国内乃至世界范围内处于先进水平。2021年，实现工业总产值308.8亿元。

广西长科新材料有限公司 广西长科新材料有限公司致力打造成为华南地区唯一的全产业链ABS化学工厂，总建设产品规模为年产120万吨ABS。已建成第一期10万吨/年ABS生产线；第二期50万吨/年ABS生产线正在加快建设，计划2022年7月试生产；第三期5万吨/年高胶粉项目已经备案，科研已经完成，正在推进节能报告编制及审批工作。2021年，实现工业总产值4.51亿元。

（朱文清）

2021年长科新材料项目建设 （港口区工信局 供图）

交通运输

交通基础设施建设

【概况】 2021年，港口区管养农村公路总里程234.072千米。按行政等级分：县道60.043千米，乡道91.432千米，村道82.597千米。按技术等级分：一级公路13.952千米，二级公路17.923千米，三级公路18.491千米，四级公路177.486千米，等外公路6.22千米。按路面等级分：沥青混凝土10.8千米，水泥混凝土223.272千米。公路桥梁总共10座，总长520.6米。

2021年，港口区合法登记的道路运输企业499家。其中，二类以上机动车维修企业52家，道路货物运输企业447家。全区登记货物运输车辆7266辆；有客运站2家，客车47辆；机动车驾驶员培训机构6家，登记教练车辆226辆。

2021年，港口区有乡镇客圩渡口2个，渡船3艘，总客位79个。有检验的渔业船舶81艘（功率120千瓦以下），总功率2239.08千瓦，总吨位958吨。

7月，建设中的榄埠江大桥　　（港口区交通运输局　供图）

【基础设施建设情况】 2021年，共完成投资5222万元，初步建成簕山古渔村旅游景区道路、榄埠江大桥、簕山污水处理厂等一批项目。开工建设光坡至沙螺辽、新兴至榄埠江大桥公路改造项目。同时，重点谋划沙螺辽至山新沙岛、滨海公路提升改造工程、光坡镇至白沙村三角井公路提升改造工程、牛路桥头至山心沙岛道路提升改造工程、沙螺寮环岛公路提升改造工程、核电二级公路提升改造工程等7个乡村振兴产业发展基础设施提升项目。

【运输工作】 2021年，水上客货运周转量完成277.099亿吨千米，增速12.1%；道路客货运周转量完成27.98亿吨千米，增速29.2%；道路运输业营业收入完成4.01亿元，增速5.2%。

2021年，配合市交通运输局出台《防城港市城市公交服务质量考核办法》《防城港市2021城区公交经营面貌提升工作方案》。新增防城港北站—渔洲坪社区居委会公交线路，完成重新投放203路、206路、208路公交线路，督促公交运营企业投入40辆新能源公交车辆投放市场，进一步健全辖区公交经营体

11月10日，养护中的农村公路　　（港口区交通运输局　供图）

制。联合市交通运输局指导水运企业调整运力结构，鼓励企业强强联合，延伸产业链，重点发展“大、特、新”低能耗船舶，增强可持续发展能力；鼓励陆上运输企业发展厢式、重型专用车辆，2021年港口区共有运营厢式车辆达82辆、重型车辆达2251辆，专用车辆达1023辆、运力结构进一步优化。大力发展现代物流业，指导整合交通物流企业资源，着力改变物流企业“低、小、散”现状，突出市场主体建设，推动大宗货物运输“公转铁”“公转水”，货物运输结构明显优化，基本形成铁路、水路为主的大宗货物运输格局，综合交通运输效能明显增强。

【公路养护】 2021年，投入养护资金199万元，完成维修路面、疏淤清堵养护公路里程100.9千米；投入资金120万元，完成安保、生命防护等公路里程27.2千米；投入资金300万元，完成硬化农村进屯道路里程6千米。

【安全生产】 2021年，严格督促辖区交通运输企业落实安全生产主体责任，健全完善安全生产规章制度、明确责任人员、层层签订安全责任状，年初与交通运输企业分别签订春运安全生产责任状、年度安全生产责任状、落实安全生产主体责任承诺书。通过开展道路安全“百日攻坚”“安全生产应急演练”“安全生产月”等活动，督促各企业、车站、渡口业主严格落实安全生产管理，完善工作措施。积极开展交通运输安全生产隐患排查整治，定期组织开展安全隐患排查，全部实行闭环验收，全年共出动安全生产检查人员352人次，检查运输企业、客运站、汽车维修厂、驾培机构、渡口145家次，排查安全隐患32起，并按要求上报了市交通运输综合执法支队责令整改。悬挂安全宣传横幅20条，发放安全宣传资料超200份。全年有效确保了辖区安全生产总体平稳，未发生任何重、特大安全生产事故。

【疫情防控】 全年共派出人员450人次，检查各类企业256家次、公交车62辆次、船舶56艘次，有效确保了全区352家交通运输企业有序稳产，14条公交线路、2个客运渡口正常运营。积极在沙螺寮海域巡控点24小时不间断开展打击海上“三非”人员及海上走私巡航工作，全年共出动人员150人次、车辆48车次、舰艇48艘次，排查船舶52艘次、蚝排屋15间。

（黄安辽）

商贸物流

商贸业

【商贸物流业】 2021年度，港口区社会消费品零售总额完成69.64亿元，同比增长11.38%；批发业完成358.0亿元，同比增长9.22%；零售业完成38.52亿元，同比增长20.16%；住宿业完成1.84亿元，同比增长6.06%；餐饮业完成3.76亿元，同比增长20.32%。同时积极培育入库商贸服务企业，2021年新增入库企业有广西长高供应链管理有限公司等16家，现共有71家限上企业（大个体）在库。

【市场建设】 目前，港口区投入运营的专业市场有采珠市场、金海市场、海珍农贸市场、企沙卖米坳市场、企沙海港市场、光坡市场、公车富康农贸市场、公车农贸市场、渔洲坪农贸市场、辉龙农贸综合市场、爱尚家家居广场、司瑞娜家居建材广场、金海湾农贸市场一期、德城商贸中心市场、企沙海产品市场15家。港口区专业市场的建设基本满足了区内群众的生活需求和消费需求，较大地改变了港口区消费市场的整体面貌。

【市场监管】 强化信息监测和预警工作，掌握市场动态信息。安排专人定期到定点监测的市场采集蔬菜、瓜豆类、菌类、肉、鱼、蛋等鲜活农产品和食用油近20种食品的零售价格；安排春节、“五一”、国庆等黄金周节日市场运行专人值班，做好信息预警工作，做到对重点商场、重点商品节假日无休监测。全年港口区商品流通市场供求平衡，价格指数总体稳定，没有发生群众抢购或商户囤积行为。根据商务部生活必需品市场监测系统和重点流通企业监测系统显示，在重点监测的11大类商品中，粮、油、蛋类、食盐和奶制品的价格基本平稳，猪肉、水产品、水果、蔬菜和食糖的价格受季节天气和节假日的影响，稍有波动，但仍在正常范围内。落实制度，有效提升市场运行保障水平。坚持落实成品油销售情况的周报、月报和年报制度，及时掌握成品油流通情况。2021年以来，港口区开展了60次成品油非法经营专项整治行动，打击30个黑窝点，查扣30辆流动车，抓获犯罪嫌疑人27人。罚没油品452.02吨，较好地规范了港口区成品油市场秩序。

开展商务领域专项整治行动，严格监督企业安全生产。根据工作职责认真开展商贸流通领域安全生产监管工作。结合2021年元旦、春节、全国两会期间和清明、“五一”等节假日和重大活动期间，港口区商贸流通领域共开展安全隐患排查大行动25次，参加人员85人次，对辖区范围内的超市、商场和加油站开展安全生产隐患大排查，其中20家超市检查覆盖率为100%，加油站17家覆盖率为100%。排查出安全隐患问题10个，落实整改问题10个。

【物资流通业】 2021年，港口货物吞吐量累计完成14800万吨，同比增长21.49%；集装箱吞吐量完成77.1万标准箱，同比增长28.27%。

不断优化物流产业发展营商环境，着力打造冷链物流枢纽集散基地 一是进一步丰富冷链货源，加快申报进口冰冻水产品备案冷库、进境食用水生动物、进境冰鲜水产品、进口肉类等指定口岸，鼓励开展跨境冷链货物直通车运营，拓展国际冷链物流合作空间。二是加大冷链项目建设和冷链企业招商力度。近年来，配合市物流部门加快广西北部湾东盟生鲜冷链基地、中国东盟国际水产品交易储备中心等一批重大冷链项目建设，赴国外水产、水果等产地开展冷链货源市场拓展，大力招引国内冷链供应链龙头企业进驻。三是深度融入国家多式联运示范工程体系，配合市物流办持续拓展中外运防城港东湾国家多式联运项目、中国—东盟中心城市国际冷链多式联运广西示范工程业务，广泛组织货源，形成双向货物对流。

重点物流项目建设取得阶段性成效 一是广西北部湾国际生鲜冷链园区（一期）项目2021年累计完成投资6.2亿元，已建成3号、4号冷库和办公楼及4栋宿舍，具备试运营条件；二是北部湾金属材料交易中心项目已建成交易中心1#、2#库并完成设备安装，完成97%建设工程量，预计2022年一季度竣工运营；三是防城港渔澫港区散货专业化中心堆场工程年底基本竣工，进入试运营阶段；四是防城港粮食输送改造工程（四期）已建成，并进行试装粮压仓调试；五是西南有色金属、矿产品交割交易中心项目已落实项目用地并开工；六是防城港市电商快递物流园项目已落实投资业主，港发集团正开展总平面设计等相关前期工作；七是广西沿海铁路经贸公司正开展企沙铁路物流园项目投资评估的报批工作。

港口生产建设提档升级 在2020年港口货物吞吐量创历史新高基础上，2021年前8个月，防城港港口货物吞吐量即突破亿吨，破亿速度再创新水平，前10个月港口货物吞吐量超过2020年全年。企沙港区赤沙作业区5号泊位，渔澫港区401号泊位，散货专业化中心堆场，粮食输送改造工程三期、四期等一批新建泊位和港口配套工程先后实现了竣工投产，新增港口通过能力超过2000万吨，有力提升企沙港区大型临港企业原料保障服务能力，有效缓解渔澫港区泊位装卸、堆存压力。赤沙作业区1、2、3号等一批20万～30万吨级大型散货泊位工程建设提速，3号泊位12月完成交工验收，1、2号泊位进入海域全面施工阶段。防城港30万吨级进港航道、潭油作业区进港航道工程二期（5万～7万吨级）、西贤航道扩建工程（15万吨级）、企沙南作业区防波堤工程一期被列入交通运输部水运“十四五”规划。

大宗商品交易业态起步发展 目前，港口区拥有3个期货交割厂库，分别为：大海粮油的菜籽油（菜粕）期货交割厂库，在大连商品交易所注册了“丰益”豆粕交割品牌；枫叶粮油的菜籽油（菜粕）期货交割厂库，在郑州商品交易所注册了“裕枫”菜籽粕交割品牌，在大连商品交易所注册了“興港”豆粕交割品牌；澳加粮油的菜籽油（菜粕）期货交割厂库（2021年4月获批设立，2021年6月正式运营），在郑州商品交易所注册了“海石花”菜籽粕交割品牌。惠禹粮油、枫叶粮油正在向大连商品交易所申请设立豆油（豆粕）期货交割厂库；防城港中铝华昇公司正在向上海期货交易所申请设立氧化铝期货交割库。截至2021年12月31日，枫叶粮油的菜籽、油菜粕期货交割库共交易菜籽粕2万吨，货值5800万元；菜籽油1万吨，货值8800万元。澳加粮油的菜籽、油菜粕期货交割库共交易菜籽粕2000吨，货值600万元。广西金川有色金属公司阴极铜共交割1万吨，货值7.2亿元，其中大部分运输到广东佛山交割库交割，余下部分运输到上海交割库交割。

保税物流业态取得突破发展 2021年，防城港保税物流中心（B型）进出区货值约45.24亿元，同比增长679.6%，在全国85个保税物流中心（B型）中排名第6位。进境铜精矿“保税混矿”试点完成19批次混矿，总重量约23.95万吨，货值33.94亿元，成为海关总署向全国复制推广的亮点，青岛、金昌、南京等地政府部门和业务主管海关先后到防城港市考察学习。

东湾物流园区被列入国家首批示范物流园区，并先后荣获全国优秀物流园区、广西示范物流园区、广西现代服务业集聚区等称号。广西现代服务业集聚区发展规划（2015—2020年）中有2个一级集聚区位于东湾物流园区内（一级集聚区为国际、国家层级的集聚区），分别为综合物流园、北部湾（防城港）国际航运服务中心。每年有超过4000万吨的南向通道西南省份货物通过防城港进出口。

（吴春燕）

自然资源管理·环境保护

自然资源管理

【主要职责】 履行辖区全民所有土地、矿产、森林、草原、湿地、水、海洋等自然资源资产所有者职责和所有国土空间用途管制职责；承担辖区自然资源调查监测评价、自然资源资产有偿使用、自然资源资产有偿使用工作；负责辖区自然资源统一确权登记、辖区矿产资源管理、区自然资源的合理开发利用、建立辖区空间规划体系并监督实施、统筹辖区国土空间生态修复工作、组织实施最严格的耕地保护制度、管理辖区地质勘查行业和地质、辖区林业和草原及其生态保护修复的监督管理。执行林业和草原及其生态保护修复、辖区陆生野生动植物资源监督管理等工作。组织林木种子、草种种质资源普查编制、辖区森林和草原火灾防治规划和防护标准并指导实施等工作。

【拓资源促开发】 2021年，防城港市港口区自然资源局做好项目用地用林保障，配合市级部门编制国土空间规划和推进防城港市中心城区控制性详细规划全覆盖编制工作。协同协助中国城市规划设计院初步完成港口区生态保护红线、永久基本农田和城镇开发边界“三条控制线”的划定。完成企沙镇城北区控制性详细规划编制工作。推进老城区控制性详细规划。完成全部8个行政村的村庄规划编制，工作进度位列防城港4个县（市、区）首位。通过无偿选聘的方式选聘2名乡村规划师为光坡镇、企沙镇提供乡村规划师挂点服务。落实港口区乡镇基层企沙、沙潭江、王府、渔洲坪司法所项目，潭稔组和虾箩组群众预留用地项目，光坡镇中心小学拟新建教学综合楼及运动场项目的选址工作。2021年，共受理用地规划许可证285宗，办结257宗；受理工程规划许可证90宗，办结83宗；受理工程竣工核实72宗，办结49宗。2021年获批港安、大板安置区，盛隆研究院，固废处理，山茶油，运的易，白鹭变电站，垃圾焚烧厂等项目用地约66.67公顷。挂牌成交出让土地1宗3.42公顷，出让价1009.8440万元。完成划拨供地6宗共17.5公顷，总划拨价3161.92万元。正在办理划拨供地3宗共64.09公顷，总划拨价9828.6万元。申报使用林地项目25宗共85.4474公顷，获批10宗共26公顷，收取森林植被恢复费598.0228万元。年内，盘活用地45.946公顷。获自治区自然资源厅奖励20公顷新增建设用地指标。

【保资源促发展】 2021年，防城港市港口区自然资源局全力推进自然资源保护与开发工作　通过2020年度耕地保护工作任务和“十三五”期间耕地保护工作考核。完成第三次国土调查耕地分等调查评价工作、港口区耕地后备资源潜力调查工作和港口区耕地后备资源调查评价工作。重点推进港口区基本农田核实整改补划工作。2020年度国土变更调查工作成果顺利通过市、自治区和国家的三级检查验收。推进盐碱地开发整治项目开工，项目实施总规模65.6518公顷，涉及光坡镇、企沙镇、王府街道，预计新增耕地面积63.4170公顷。完成港口区全域土地综合整治项目立项。项目区总规模为5469.1483公顷，涉及光坡镇光坡村、栏冲村和沙螺寮村3个村，预计总投资7565.04万元。

开展生态环境保护与修复工作　全年完成植树造林136.328

12月14日，港口区自然资源管理局局长甘文堂（右三）及副区长王廷峰（右一）陪同自治区总林长办公室副主任、自治区林业局二级巡视员罗基同（右二）到渔洲坪东湾红树林片区调研“林长制”工作　　（朱振强　摄）

公顷，完成任务66.67公顷的204.49%；完成义务植树35万株，100%完成任务；完成中幼林抚育1000公顷，100%完成任务。

加强红树林资源保护工作　组织各镇（街道）、村（社区）学习宣传《广西壮族自治区红树林资源保护条例》，在连片红树林区域立警示牌、拉挂宣传横幅和发放资料。同时建立巡查制度，开展每周2次全区域巡查。并结合中央环保督察工作及“绿网·飓风2021”专项行动等，对红沙海域破坏红树林案件及时立案查处并整改，案件已查处结案并异地种植红树林面积2.3公顷、46000株。光坡镇潭油村企沙工业南路弃土填埋红树林案件进行立案并移交公安机关查处，完成补植修复13.33万株。强化重大林业有害生物监测防控。完成薇甘菊防治面积0.08公顷，完成红树林虫害防治53.33公顷。年内，港口区森林有害生物成灾率为0，无公害防治率100%，监测覆盖率100%。全面推行林长制。按照各级党委、政府的工作部署，制定具体工作方案，设立了区、镇（街道）、村（社区）三级林长，建立林长制区域，涉及林地区域的5个镇（街道）、28个村（社区）做到全覆盖。同时建立具体运行机制，印发林长考核评价指标及评分细则，压实地方党政领导干部主体责任，建立党委领导、党政同责、属地负责、部门协同、全域覆盖、源头治理的长效责任体系。

严格执行自然资源监管　2021年，共组织国土资源动态巡查46次，出动169人次；发现违法用地行为为11宗，面积5.94公顷。立案查处违法用地19宗，联合区城管局依法拆除违法图斑9个，面积0.5公顷。森林资源督查整改。如期完成2020年度森林督查48个违法图斑的整改，完成率100%；2021年度，港口区森林变化图斑234个，已完成整改图斑110个，完成率70.9%。

（黄　梅）

【土地征储】 2021年，全区共开展征迁工作任务153个，其中市级项目128个、区级项目25个，包括重点推进项目市级项目65个、区级项目6个。共需签订土地征收协议3484亩，需签订房屋拆迁补偿安置协议4043户，需搬拆房屋

6月9日，港口区自然资源局在5楼会议室举办港口区2021年汛期地质灾害防治工作暨应急避险知识培训会　　（朱桂良　摄）

4482户，需交付施工土地28181亩。共完成土地征收743.52亩，签订房屋搬迁安置协议518户，搬迁房屋506户，交地4128亩。

安置工作扎实推进，共落实永久安置849户2287人，办理8个生产组（1100人）、1个社区共计130亩生产发展留用地规划证。

（韦乔毅）

【惠民生办实事】 2021年，防城港市港口区自然资源局联合各镇（街）全面排查22个地质灾害隐患点，落实每个隐患点防灾责任人、监测责任人和监测人，将全区所有隐患点纳入群测群防体系网络。

履行防火职能 组织宣传车35车次，在进山路口、景区景点、学校等重点地段进行巡回广播宣传防火知识，在重要林区入口拉宣传横幅70条，发放《森林防火安全知识》15000份，发放森林防火宣传购物袋800个。严格落实森林防火值班制度。坚持24小时值班制和领导带班制，并及时处理森林火灾信息，与应急部门保持信息联动、信息共享，做好应急处置工作，严格执行森林火灾归口上报制度，及时准确上报森林火灾信息。2021年，港口区域范围共发生一般森林火灾1起，火场总面积为2.8公顷，受害面积为0.9公顷，受害率为0.11‰，无重大森林火灾、无人员伤亡和重大经济损失。开展农村“房地一体”不动产确权登记工作。2021年，港口区已完成登记4018宗，完成率为100.37%。推进林权类不动产登记工作开展 按照“边办理、边纠错、边整合”的要求，完成3643宗档案扫描工作。深入推进优化营商财产登记工作。通过优化一窗服务、深入推进“互联网+不动产登记”和“广西最多跑一次”平台服务，便利企业和群众融资和办理登记业务。2021年，港口区共办理不动产登记2086件，其中网上申请办理1862件。

（黄　梅）

海洋管理

【海域海岛使用管理】 合理配置海域使用管理，全面实施经营性项目用海招拍挂工作以来，防城港市港口区海洋局积极推进海域使用权的市场化配置工作，2021年共计出让海域29宗，成交价达到5824.1万元，促进了海洋经济要素的自由流动，实现海域资源效益的最大化。

依法审批工程用海项目 2021年，审批防城港市企沙镇开海节广场改造工程以及防城港市榄埠江大桥及引道工程2宗用海工程项目，推动港口区海洋经济向更高水平发展，促进海洋经济的有序、协调发展。

【海洋行政执法】 东湾航道清理。通过前期宣传、摸底排查、签订自行迁移协议自行迁移和维护施工等方式对企沙港区潭油作业区进港航道、盛隆码头回旋区、广西长科码头区域内养殖设施清理等工作。截至2021年12月，共计清理蚝排910张、蚝柱538.286亩、围网4处。组织执法人员开展清理整治行动12次，出动执法人员187人次，执法艇12艘次，勾机船12艘次，执法车辆45辆次。

海洋巡查 2021年，区海洋局执法人员通过常规巡查与重点巡查相结合，加大对港口区开展海域岸线巡查150次，派出执法

9月1日，港口区海洋局到王府街道公车社区卫国组进行超填范围整改行动

（张继鑫　摄）

人员506多人次，出动执法车辆155辆次，巡查海岛54个，项目用海7个，执法船艇21艘次，海上巡查60多小时，航程160多海里。清理围填海1宗，立案查处1宗。查处盗采海砂1宗。联合清理行动强有力打击违法用海行为，维护周边依法用海者的合法权益，进一步保护港口区海洋资源，维护海洋生态平衡。

海域海岛监视监测　开展辖区的海域使用动态监视监测，全面掌握港口区当前的海岸线开发利用现状、海域空间资源利用状况和海岛保护工作。对东湾、企沙渔港、钦州湾近海重点海域进行全天时、实时数据的高清视频监测。做好辖区内已批的用海项目的日常监视监测，确保监测数据的准确性、监测成果的科学性，异常情况及时上报领导及上级部门。

积极配合督察　全力迎接做好第二轮中央生态环境保护督察工作，及时处理围填海历史遗留问题，做好近岸海域滩涂垃圾清理整治工作，对反馈问题举一反三，开展全面深入排查清理并相应整改。向海事、自然资源局等部门通报信息6条。其中涉及海砂船12艘、上沙设备1套。并联合农水局、海警部门查扣"三无"抽沙船6艘。联合城管、市场监督等部门对非法占用大独墩岛实施清理，有效维护海域环境。配合国家自然资源海洋专项督察。拆除疑点疑区及历史遗留问题7宗，出动执法人员240人次，投入执法经费约50万元。

加大宣传力度，共创美丽海洋　通过"5·12"防灾减灾日、"6·8"世界海洋日系列宣传活动，深入沙潭江社区、北港村等村（社区），普及海洋知识，传播海洋文化，提升全民海洋意识和人与自然和谐共生理念。

（骆一彰）

6月7日，港口区海洋局联合港口区检察院、沙潭江街道办、沙潭江社区工作人员开展世界海洋日暨全国海洋宣传日活动　（王郦影　摄）

环境保护

【污染防治】　大气污染防治　2021年做好春冬季节攻坚专项整治行动，加强对施工工地扬尘、道路扬尘、码头粉尘、露天焚烧垃圾和秸秆、烟花爆竹燃放等突出问题的巡查、管理、治理，开展大气污染防治宣传工作。2021年，港口区环保局联合相关部门共开展各类大气污染防治专项行动8项，出动120人次。

水污染治理　着力解决涉水突出问题，推进城镇和农村生活污水治理能力建设，巩固近岸海域水质不下降，强化养殖尾（废）水监督管理，不断改善水环境质量。加快推进污水处理基础设施建设。联合住建部门完善城区污水处理设施及生活污水收集管网，加快完成城镇和农村地区生活污水处理设施，进一步提高城镇和农村生活污水处理能力，目前2个镇级和23个村级污水处理设施已全部建成。

全力排查入河入海排污口。为做好入海排口的污水防治工作，根据市生态环境局的工作部署，组织人员，制定计划，积极作为，合理有序开展港口区入海排口排查工作。

积极做好养殖污水管治工作。联合农业农村水利局等部门对养殖池塘的污水排放进行整治，通过对养殖池塘配建三级消毒净化池、设置专用消毒净化池塘等措施进行养殖污水的处理，从源头上杜绝污水外排，目

4月20日，港口区环保局工作人员陪同副区长吴乃华（左三）调研企业排水情况　　（港口区环保局　供图）

前已累计整治完成37处，共计426公顷。

土壤污染防治　建立制度，规范流程。建立《港口区土壤污染隐患排查制度》、《港口区危险废物规范化管理考核检查工作方案》和《2021年金属冶炼行业危废规范化管理专项行动计划》等制度。

加强污染地块防治工作。与市生态环境局执法支队、港口区工信局、市场监督管理局等部门共同商议，充分发挥各部门工作职能尽全力解决污染地块问题；开展联合检查，对正在污染地块上从事生产经营项目的业主进行了宣讲教育。

加强固体废物动态数据监控。港口区环保局及时督促相关企业提交2020年度危险废物月报、年报及2021年危险废物管理计划，并严把数据质量关，及时掌握危废产生动态。

进行社会源废机油排查整治。组织专项排查小组，对港口区废铅蓄电池及废机油年产生量较大的经营主体进行拉网式排查。排查确定5家修理厂作为2021年度重点监管单位，并进行排查整治，整治工作已完成。

开展废塑料再生资源回收排查整治工作。对港口区内所有废塑料再生资源回收利用单位开展排查，同时与商务局等部门联合开展废旧回收点的整治工作，对经营主体的责任人进行环保相关知识讲解。

噪声污染防治　严格控制噪声污染，在中、高考期前加强环境现场检查，做好宣传教育工作。按规定责令考点周边的建筑施工单位停止一切产生噪声污染的建筑施工以及一切产生环境噪声污染的行为。中、高考期间共出动工作人员20人次在城区内的考点值班及周边的现场巡查，保持考点环境的安静。

【环境统计】　对2021年环境统计基础数据进行核实，加强对汇总数据的把握，特别是对废水和废气中主要污染物排放量数据的审核，实事求是地做好2021年环境统计年报工作，确保数据能客观真实反映企业排放情况。并进行汇总统计和及时上报，完成2021年环境统计工作。

8月，港口区环保局开展废机油排查整顿工作　　（港口区环保局　供稿）

【环境监管】 港口生态环境局集中检查辖区内涉重金属企业污染物产生、处理处置和排放情况。各类工业园区和重点排污单位环保设施运行情况以及固体废物和危险废物产生、使用或经营单位的情况。2021年,共出动工作人员160人次,检查企业83家次。

【核与辐射安全管理】 2021年,港口生态环境局随同防城港市核与辐射环境监督管理站对辖区5家核技术利用单位开展核技术利用安全监督检查。检查重点为相关法律法规的执行情况,辐射安全与防护设施运行管理情况、规章制度的制定落实情况、辐射防护及应急组织机构的建立、应急与辐射防护人员的培训及对原有存在问题的整改情况。填写检查记录表并督促企业如期完成整改事项。

开展"三线一单"工作 为探索"三线一单"成果应用的技术路径、管理模式,为防城港市全面推行和实施"三线一单"成果提供经验和示范。制定《防城港市港口区"三线一单"成果应用试点工作方案》,保障"三线一单"的各项工作有章可循。并在入海排污口选划中充分衔接生态保护红线和海洋环境质量底线要求,科学划定排污区,推动湾区开展区域削减;对"三线一单"中提出的区域生态环境制约问题,有效引导专项资金投入,开展生态修复和污染防治工程。

排污许可证管理 2021年,港口区环保局全面开展排污许可证监管工作,督促排污单位落实主体责任,确保排污单位持证排污、按证排污、依证监管。对港口区90家已登记在全国排污许可证管理信息平台的排污单位,要求填报并补齐各季度、年度执行报告,填报率为100%。

(黄雄巍)

城乡建设

建设项目

【项目开竣工建设】 2021年11月30日上午，在沙潭江和平安置区内和平一贯制学校施工现场举行防城港市2021年第四季度项目集中开竣工港口分会场暨防城港市港口区和平新区九年一贯制学校（二期）等项目开竣工现场会活动。开工项目有防城港市港口区和平新区九年一贯制学校（二期）项目（总投资1亿元）、簕山古渔村旅游景区提升改造工程项目（总投资1亿元）。竣工项目为年产三万吨热法高品质磷酸项目（总投资0.5亿元）。

房地产业

【房地产市场监管】 2021年，对西湾华庭、海韵豪庭、碧园海公馆等27个住宅小区开展物业服务行业专项抽查工作，指导辖区住宅小区物业管理规范化，办结新建小区物业区域划分申请6宗；办结前期物业备案13宗，共处理阳光海岸、CBD海港城、乐天花园、碧海紫金城等物业纠纷1142宗，要求物业配合打传工作，物业小区共悬挂横幅700余条、张贴宣传海报约2300张。组织召开1次全区《广西壮族自治区物业管理条例》大型培训会。

（孙　丽）

建筑施工

【建筑市场监管】 2021年，港口区报建工程项目132个，总投资360611.44万元，建筑面积1746166.84平方米。其中，公建项目66个，总投资355288.78万元，建筑面积1710144.78平方米；私建项目66个，总投资5322.66万元，建筑面积36022.06平方米。招标站总开标19项，总中标金额40200.70万元。均为公开招标19项，金额40200.70万元。应招标项目已全部招标，应公开招标的已全部公开招标，招标率达100%。处理建筑领域拖欠农民工工资纠纷9起，涉及金额718.7

11月30日，在沙潭江和平安置区内和平一贯制学校施工现场举行防城港市2021年第四季度项目集中开竣工港口分会场暨防城港市港口区和平新区九年一贯制学校（二期）等项目开竣工活动

（港口区发改局　供图）

11月2日，港口区住房和城乡建设局局长钟科（左二）带队开展安全生产

（盘峰霖 摄）

万余元。受理建安劳保费核退申请46起，核退金额合计1367.58万余元。

【建筑节能】 开展施工图审查备案工作，对新建房屋建筑项目从设计阶段把好关，严格要求达到标准的项目必须做好建筑节能及绿色建筑的专项设计；加大宣传力度，按照国家有关规定和标准推广绿色建筑，普及绿色建筑法律法规和政策；加大对项目建设过程的核查力度，确保项目按照节能设计的相关内容进行建设。

【建筑工程质量监管】 结合项目开展自查自纠，2021年共查出质量安全隐患问题1703个，发出限期整改通知书48份，停工通知书3份。督促项目严格逐条按时整改。2021年，无重大质量事故，零死亡、零工伤，完成全年的质量安全管理目标。

（孙 丽）

城市管理综合执法

【概况】 防城港市港口区城市管理监督局为港口区人民政府工作机构。局机关内设综合股、规建股2个机构；下属有城市管理综合执法大队1个单位1个其他性质单位；城建土地综合执法大队。

【城市管理相关法规建设】 2021年，港口区城市管理监督局贯彻落实《广西壮族自治区城市管理综合执法条例》《防城港市城市市容和环境卫生管理条例》《防城港市城市建筑垃圾管理条例》《防城港市小广告发布管理条例》等法律法规和“两违”查处办法，加强城市综合治理、补齐城市短板、完善城市功能、提升城市精细化管理、深入开展“创城”等工作。

【党建工作】 坚持以党史学习教育为契机，强化党组织建设 2021年，港口区城市管理监督局坚持以党史学习教育为契机，扎实抓好思想政治引领、队伍建设，扎实做好全面从严治党主体责任、意识形态、民族团结进步、精神文明建设等重点工作。港口区城市管

3月31日，港口区城市管理监督局在党史学习专题教育活动中，启动“青春不负城管蓝 担当描绘党旗红”主题活动暨授旗仪式

（港口区城市管理监督局 供图）

12月25日，港口区城市管理监督局执法工作人员在桃花湾广场核酸检测采样点，配合开展防疫志愿服务工作

（港口区城市管理监督局　供图）

理监督局党支部在基层党组织建设工作中表现突出，被授予“先进基层党组织”称号。

【**城市管理专项整治**】 2021年，港口区城市管理监督局与市级业务主管部门强化沟通协调，梳理行政审批事项4项，行政处罚事项13项。实行审批限时办结，办结时限由10天缩减到2天，以实现高效服务群众，提升群众满意度。2021年，共办理行政审批案件67件、行政许可信息67条、行政处罚信息520条。2021年，在自治区住房城乡建设厅组织的全区城市管理执法队伍“强基础、转作风、树形象”专项行动2021年度成效突出单位、个人和优秀协管员评比中，港口区城市管理监督局骆东辉被评为优秀个人、吴汉伟被评为优秀协管员。

担当作为，“两违”整治创佳绩　2021年，严厉打击征拆范围的抢建抢种行为，组织开展“两违”拆除行动87次，依法拆除各类违法建(构)筑物共539处，总面积69167.8平方米。

全力以赴，做好重点工程项目的维护性施工　2021年累计对长科配套项目、南方有色金属项目、桂能蒸汽供应管道项目、磷化园项目及盛隆配套等重大项目维护性施工100天次。

聚力攻坚，市容环境秩序明显提升　根据中央第二巡视组巡视广西反馈意见整改工作、城市管理领域环保督察风险点整改工作的总要求、总目标，强化市容综合整治和常态化管理，较好地完成各项目标任务。2021年，共立案查处520起，处罚金额为397298元；行政性事业收费741起，总金额为480367.51元。整治各类违章占道经营12923起、教育13568人，暂扣426起、处罚355起。

【**科技化管理**】 2021年新增智慧城管视频监控点位建设15处，已完成建设并投入使用，初步完成辖区内重点治理区域覆盖管理。同时利用智慧城管大数据平台，处理完成网上投诉、“12345”热线投诉、市级数字城管派发案件等投诉案件共915件，处理率达100%。

4月26日，港口区城市管理监督局执法工作人员对占道经营的流动摊贩进行整治

（港口区城市管理监督局　供图）

【普法宣传】 通过流动广播车、制作标语牌、发放传单、拉横幅等方式，加大对相关政策的宣传。深入村屯发放宣传单5000多份。2021年，利用广播电视、报纸、微信等新闻媒体平台发表报道23篇(条)，上报政务信息10篇，引导广大群众自觉遵守法律法规。

（黄　辉）

水利建设

【水资源管理】 港口区加强饮用水水源地保护监测、重点污染企业监管、河道管理以及水资源监管队伍建设。全面贯彻落实最严格水资源管理制度，全面建立“三条红线”和“四项制度”。2021年，港口区用水总量为1.1277亿立方米，低于年度控制目标2.40亿立方米。万元地区生产总值用水量比2020年万元地区生产总值用水量同比下降23.87%。万元工业增加值用水量0.7256亿立方米，比2015年下降33.3%。农田灌溉水有效利用系数达到0.519。主要江河水库水功能区(官山辽水库开发利用区)，水质达标率为100%。

【农村饮水安全提升工程】 投资85万元实施3个乡村振兴饮水安全项目，受益群众5633人。投资24万元实施7个农村饮水维修养护工程，受益群众14600人。总投资330万元，新增日产量1.2万立方米钢结构生产线1条。投入335万元对老旧管网提质改造，有效缓解了光坡、企沙一带供水压力。

【“河长制”工作】 港口区紧紧围绕“河道清洁、河水清澈、河岸优美”工作目标，坚持把“河长制”工作与经济社会发展工作“同谋划、同部署、同落实”，推进水环境整治。对江河水库乱占、乱采、乱堆、乱建“四乱”问题集中力量开展专项整治，各项工作取得积极成效。2021年，完成1条50平方千米以下河流和4个水库管理、保护范围的划界工作。完成4个江河湖库“清四乱”问题整改销号，整改率100%，销号率100%。抓好河湖清“四乱”工作，集中清理整治位于防城河(港口段)100余张非法占用河道的蚝排及渔排，区域水质水环境持续向好。

【水土保持管理工作】 做好项目水土保持方案审批服务工作。严格按照相关法规政策抓好建设项目的水土保持方案的申报及审批，严把质量关，督促业主严格按水土保持方案落实“三同时”制度，使水土保持方案编报审批工作逐步走向制度化、规范化。2021年，审批开发建设项目水土保持方案38个。加强水土保持督查工作。加强对已审批水土保持方案项目施工现场的巡查及监督管理，促进水土保持“三同时”制度的落实，提高建设单位的水土保持法律意识，推动港口区生产建设项目的水土保持工作。加强水土保持设施补偿费的征收与管理。2021年下发放水土保持补偿费缴费通知书70份，累计征收上缴水土保持补偿费2155631.1元，确保水土保持补偿费的正常征收和使用管理。

（郑　翔）

教育·科学

教育

教育综述

【概况】 年度机构 2021年，区教科局所属事业单位机构共26个，按类型分，公益一类22个、公益二类4个。公益一类均为公办中小学、幼儿园，公益二类分别是区科学技术信息中心、区教育科学研究所、区学生资助管理中心、区青少年学生校外活动中心。

【科技成果】 2021年，入库培育24家科技型中小企业，培育和壮大一批竞争力强的科技型技术企业，推动全区高技术含量的科技型企业快速增长。港口区高新技术企业保有量32家，2021年高新技术企业保有量同比增加68.42%。新一代信息技术、生物技术、节能环保等战略性新兴产业迅速发展。科技成果转化18项，超额完成自治区下达绩效指标任务。港口区全社会研发投入187327.2万元，同比增长160.9%。占地区生产总值的4.12%，同比大幅增长，高于防城港市平均水平（2.61%），高于西部平均水平（1.51%），同时也高于全国平均水平（2.4%）。积极开展科技项目申报工作，组织辖区内企业申报市级、区本级科技项目申报，涵盖工业、农业、新材料新能源、创新创业、人才基地等领域，获得自治区科技厅立项2个、市科技局立项15个、区本级立项项目6个，各级共支持经费1340万元。强化对在研项目的检查和管理，多次组织相关人员深入企业、种养基地等各个项目单位开展项目中期检查。

【学校数和学生数】 2021年秋季学期，港口区共有中小学32所，其中，小学25所，普通中学4所，九年一贯制学校3所。在校生26303人。其中，小学生20728人，初中生6175人；小学专任教师925人，初中专任教师652人。

【基本办学条件】 小学校园总面积314162.23平方米，普通初中校园总面积306121.81平方米，小学校舍面积129702.44平方米，普通初中校舍面积110192.25平方米。

【教育经费投入和支出】 2021年，港口区教育经费总投入28959万元，比上年增2275万元，增8.53%。教育经费总支出29024万元，比上年增加支出1439万元，增长5.2%。总支出中，人员经费支出20329万元，公用经费支出5041万元，基建支出1158万元，其他支出2496万元。

【校园建设】 2021年，港口区在建市第十二中学，可新增初中学位900个、小学学位1080个，计划2022年9月建成投入使用。新建、改建、维修义务教育项目20个，面积19908平方米。投资1070万元，其中，中央资金865万元，自治区资金66万元，本级资金139万元。新增校舍建筑面积2695平方米，新增中小学位285个。新建学前教育项目1个，即港口区和平小区幼儿园B栋活动用房，为三层框架结构，建筑面积2100平方米，投资470万元，其中，中央资金196万元，市县资金274万元。该项目现已完成主体，正在进行内部装修。项目的建成投入使用，将进一步完善港口区中小学校布局，改善办学条件，促进义务教育优质均衡发展，满足社会对优质学前教育需求。

【党建工作】 深入贯彻落实新时代党的建设总要求，切实加强教育系统基层党组织建设。强化理论武装，筑牢思想根基。通过党组中心组学习、党支部集中学习、“学习强国”学习平台等方式，加强党员干部的学习教育；组织本系统宣讲团成员或邀请自治区、市、区的宣讲团深入学校开展宣讲活动，扩大宣讲覆盖面，提高宣讲实效；举办对党忠诚教育情景课选拔赛、“书记讲党史”精品党课选拔赛，全面提升学校基层党组织党课质量。把工会、共青团、少先队等群团组织建设纳入党建工作总体部署推动港口区办学优质发展。

强化组织建设，推进党组织标准化规范化。围绕基层党建重点任务，规范和夯实基础工作；重视党务干部选配工作，切实增强党务干部能力素质；坚持政治标准放首位，规范党员发展管理工作，年内共发展党员24名；加强督查指导，提高党组织生活质量。

局党组坚持以习近平新时代中国特色社会主义思想为指导，认真贯彻落实《中国共产党宣传工作条例》和党中央、自治区党委和市委、区委关于意识形态工作的决策部署和指示要求，坚持底线思维、强化担当意识。

强化师德师风建设，全面提升教师素质。完善师德师风考核机制，把师德表现作为教师年度考核、职称评审、岗位聘用、评优奖励的首要标准。健全师德师风监督机制，自觉接受学生、家长、社会各界的监督。积极运用第一种形态防患未然，年内分别开展了两批学校领导任职前廉政谈话，共73人次。

【教师队伍】 多渠道引进人才，及时补充教师队伍。2021年，开展教师公开招聘工作，考录中小学使用聘用教师控制数人员30名，区外引进优秀教师5名，2021—2022学年聘请顶岗教师191人。

加大轮教交流力度，促进教师均衡配置。2021年秋季学期，选派2021—2022学年中小学支教走教教师18名，公开招募10名优秀退休教师到乡村中小学支教。2021—2022学年全区中小学（幼儿园）系统内调配交流人员268人。

不断提高乡村教师待遇，推动人才向乡村流动。2021年7月起，乡镇工作补贴标准从每人每月450元调整为每人每月550元。中小学班主任津贴绩效增量部分标准为每人每月300元，农村教师生活补助提高至自治区标准，人均每人每月200元以上。

编制“应入尽入”，激发教师工作热情。2021年9月，根据自治区文件精神，港口区教科局组织各中小学校对使用聘用教师控制数人员进行量化考核评分、审核、公示，以及经局党组会审议并报区人民政府同意，确定73名使用聘用教师控制数人员使用事业编制、360名使用聘用教师控制数人员使用周转编制，使用周转编制的人员纳入教师总量按在编人员管理。解决港口区433名控制数人员的编制问题。另还有10名农村义务教育阶段学校特设岗位教师服务期满考核转正入编，2名农村小学全科教师定向培养毕业生毕业入编，以上人员均按有关规定办理入编手续。

坚持全面培训，不断提高队伍水平。扎实推进农村教师及校长培训的“国培计划”和“区培计划”，侧重加强对乡村教师的集中培训。组织全区教师参加区本级全员培训以及市级统筹的市级、自治区级、国家级教育培训项目。2021年8月，采取专家讲座、问题研讨、案例展示、经验分享、总结交流等学习形式组织全区教师参加区本级全员培训。内容包括：班主任管理艺术，中小学基础课程研究，师德师风建设，领导执行力提升，学生心理健康问题探究及应对，学前教育管理艺术指导，学校体卫艺工作有效落实。

【教学与科研】 创新教学教研模式，教学质量整体攀升。深入推进港口区创新的教师“异域课堂”教学体验活动，师风建设和学区及联片教研取得新成效。通过“互联网+教育”，借助优质外教师资在各中学开设“英语双师云课堂”，实现线上北美英语教师在课堂上师生实时互动教学。2021年，港口区中考文化成绩A+率为12.67%，超过全市A+平均值（11%）的1.67个百分点；文化总成绩为A人数395人，A率为23.72%，超过全市A率平均值（19%）的4.72个百分点。中考总成绩达A以上人数为606人，总达A率36.40%，比2020年增加1.38个百分点；高中录取人数为1047人，创历史新高，录取率为62.88%，高于2020年。

全面提升教育信息化水平。按规定全面配足配齐教育信息化设备设施，全区中小学共装备556间网络多媒体教室、10间录播教室、10间常态录播教室；各校均安装使用远程教育设备，教学多媒体设备（班班通）覆盖率达

100%；所有学校均安装接入互联网高速光纤，上网率达到100%；2021年港口区金湾中学被自治区遴选为了广西义务教育数字教材规模化应用示范校；多次举办中小学教师现代教育理念和信息技术技能培训，提升教师队伍信息化水平；积极推进教育信息技术与课程整合，港口区师生参加各类信息化课程比赛在自治区、防城港市均获佳绩。做好教师能力提升2.0实验区工作。按照教师信息技术应用能力提升工程2.0创新实验区项目要求，成立了实验区组织管理机构领导小组，制定实验区建设方案和逻辑框架，组建项目管理团队、区（县）级培训团队、校级培训团队、校级管理团队、校级培训团队，明确各团队的工作职责，有序开展实验区各种工作。

加强教师培训。坚持“教师全员培训”的理念，积极落实教师和校长“国培计划”和“区培计划”，组织校长（园长）、中层管理人员、骨干教师、班主任等参加市级、自治区级、国家级教育项目培训达130人次，组织教师参加区本级全员培训达1500人次。

【安全工作】 规章制度完整严密。建立健全各类安全预案，强化安全管理，狠抓各项安全措施的落实。加大校园及周边整治力度。严格落实上级有关部门关于安全生产管理的文件及会议精神，积极配合公安等部门开展校外周边治安综合治理，针对未成年人的抢夺、勒索财物等侵害中小学生权益的行为进行排查，对辖区校园及周边环境开展专项整治行动，严防危及师生安全事件的发生。安全宣传教育常开展。通过国旗下讲话、班团队会、讲座和新媒体平台等多种途径开展安全知识宣传教育工作，各中小学、幼儿园积极开展爱国卫生运动，加大对传染病的防控和宣传教育工作，开设健康教育课，开展防溺水、消防、预防非职业性一氧化碳中毒、交通安全、食品安全、汛期安全、禁毒等方面宣传教育工作。落实校长、园长陪餐制度，加强食品卫生安全管理。全面完成“4+N”校园安全防范建设的4个100%工作任务，认真开展预防校园欺凌、创建消防安全标准化管理示范学校和扫黑除恶治理工作。组织开展“5·12”地震疏散演练、防溺水自救应急演练、“119”消防安全演练等多场安全演练，不断提高师生的安全防范意识和应急避险逃生能力。

【学生资助】 2021年，发放学前教育免保教费补助资金共44.0775万元，惠及学前教育阶段幼儿有713人次（建档立卡582人次）。义务教育阶段：2021年享受家庭经济困难学生生活费补助的有8337人次（建档立卡1915人次），按照自治区有关文件要求，按时足额发放资金450.8625万元；为学生提供营养膳食16074人次，膳食补助金额约693.45万元。高中阶段：农村籍普通高中生免学费教育共发放了2445人次，补助金额约126.4525万元。高等教育阶段：为754名大学生办理生源地助学贷款，贷款金额约627.755万元；为港口区146名获得基层学费和国家助学贷款补偿资格的高校应届毕业生发放补偿金额103.91万元。

【素质教育】 各学校少先队继续开展各种活动。“三月三”庆祝广西“三月三”民俗风情活动。清明节前后组织师生开展了祭英烈“祭扫”活动。“六一”国际儿童节、国庆节、中秋节、“10·13”建队日、“九一八”、重阳节等重大节日，港口区各学校少先队均开展校园文化艺术活动。“六一”国际儿童节，全区中小学校少先队开展“迎接少代会　争做好少年”“红领巾　我为你自豪”“扣好人生第一粒扣子”“学习总书

7月1日，金湾中学开展庆祝“七一”活动　（港口区教科局　供图）

记六一寄语精神 争做新时代好队员”“你好少代会”主题班会活动等主题的少先队活动，其中包括新队员入队、书画展、讲故事比赛、游园活动等。

【教育督导】 2021年港口区教科局接受自治区的教育督导委员会对港口区人民政府履行教育职责的情况的评估，获自治区优秀等次，名列自治区110个区（县、市）19位。完成《中共广西壮族自治区委员会教育工作领导小组关于印发广西壮族自治区贯彻落实〈新时代教育评价改革总体方案〉工作任务清单和负面清单的通知》文件要求的整改任务，走在全市之先，聘任总督学、副总督学，印发《防城港市港口区深化新时代教育评价改革实施方案》。

（张家春）

基础教育

【学前教育】 2021年港口区目前共有幼儿园70所（其中公办幼儿园7所、公办分园22所、民办幼儿园41所），看护点25所。幼儿园人数13821人（其中公办幼儿园幼儿1878人、公办分园幼儿3645人、民办幼儿园幼儿6008人、看护点幼儿2290人）。公办园在园幼儿占比例55.27%，公办幼儿园（含公办分园）生均公用经费标准按每生300元/年纳入财政预算。多元普惠幼儿园28所，普惠率达，87.95%，自治区级示范幼儿园1所，市级示范幼儿园1所，港口区示范幼儿园13所，港口区一级幼儿园7所，港口区二级幼儿园5所。3～5周岁适龄幼儿入园率达到98.50%。实现乡镇中心幼儿园全覆盖目标；落实多元普惠性幼儿园的申报和学前教育集团化办园的试点工作，18所民办园通过自治区多元普惠幼儿园评估，7所民办园通过市多元普惠幼儿园评估，3所民办园通过港口区多元普惠幼儿园评估，1个学前教育集团通过自治区认定并与2所农村幼儿园结对开展了一系列的帮扶指导工作。配备了专职学前教育管理干部和学前教育教研员，增强了学前教育管理工作及保教水平。港口区实施小学协助管理生源服务范围民办幼儿园工作，提升民办幼儿园管理工作和水平。邀请协管学校领导为港口区等级园评估组成员，学前一年保教费材料需经协管学校审核等方式，使港口区民办幼儿园管理工作不断创新，逐步规范。

【义务教育】 继续实行中小学新生网上报名入学。做好进城务工人员随迁子女、农村留守儿童和残疾人教育工作。切实做好留守儿童关爱与教育工作。建立留守儿童名册，成立留守儿童关爱领导小组，形成“学校—班主任—学生监护人—社会组织”多层面、一体化的管理模式。认真履行义务教育控辍保学法定职责，成立控辍保学工作领导小组，严格落实控辍保学“双线四包”工作机制和“三级联动”防护网络。

2021年，港口区小学学龄儿童入学率为99.90%，小学毕业升学率为99.80%，初中毕业升学率为92.80%，辍学率为0。

（张家春）

文化·广电·体育·旅游

文旅局

【应急广播建设】 2021年成立港口区应急广播建设领导小组，科学规划港口区建设方案，统筹利用现有广播电视及相关应急基础设施和传输网络，建设1个港口区级播控平台、6个镇级播控平台和42个村级播控平台，整体建成与全广西各级预警信息发布系统有效对接区、镇（街道）、村（社区）三级贯通应急广播体系，应急广播体系建设任务按时完成。

【壮美广西·智慧广电】 2021年自治区广电局下达港口区“壮美广西·智慧广电”数字广西广电云村村通户户用工程建设任务为200户，完成新入户数229户，完成率114.5%。超额完成任务。完成自治区下达的“智慧广电”村级全媒体信息站（室）建设任务。企沙镇华侨村作为全媒体信息室试点，已按要求完成建设任务，配备有视频会议室，党员远教，一村一屏，视听播映，数字网络图书馆，电视课堂，电视卡拉OK，广电Wi-Fi等功能。”

【全民健身运动】 开展以“永远跟党走　奋进新征程”为主题的2021年“壮族三月三·民族体育炫”港口区系列活动；举办篮球争霸赛、足球争霸赛、大型排舞展演等活动17场次，参加人数约350人次，新闻媒体报道次数3次，新闻点击量5000次，进一步丰富和活跃港口区广大干部群众的文体生活。建设全民健身设施，新增及更换光坡镇大龙村、大坡社区、渔洲坪街道、沙潭江街道冲孔社区缪屋小区等地健身器材5处，金海湾社区篮球架1处，完善群众身边的公共体育服务，为群众参加锻炼提供便利条件。

开展全民健身宣传，利用体育赛事活动宣传中国共产党成立100周年，印制12000册全民健身宣传手册，分发至港口区直各单位、镇（街道）、村（社区）、体育社会组织、图书馆、文化站。

【国民体质监测】 完成2021年国民体质监测任务，于2021年10月开展港口区国民体质监测工作，分别完成幼儿（3～6岁）160人、成人（20～59岁）480人和老年人（60～79岁）160人3个类别的监测任务，监测样本量共计800人。

【旅游经济情况】 自治区全域旅游示范区创建工作加快推进，完成申报广西特色街区、广西边海国家风景道旅游标识牌布改项目和港口区滨海乡村风貌提升示范带规划（区住建局）等项目的前期准备工作。开展乡村旅游提升工程，落实乡村振兴工作，指导已有的小八黑、大龙口、山新等农家乐继续完善基础设施，提升服务水平，促进基础设施再完善、再提升。引导有资源优势的行政村发展乡村旅游，重点推进山新村、沙螺寮村等发展乡村旅游，鼓励和扶持一批农家乐建设经营。开展旅游品牌创建，2021年8月簕山古渔村成功创建广西五星级乡村旅游区；10月大龙口休闲山庄成功创建广西五星级农家乐。2021年1—11月，港口区接待国内游客954.2万人次，同比增长39.7%，国内旅游消费90.1亿元，同比增长53.2%。

【旅游营销推广】 2021年4月22—23日赴广州市参加2021年边关文化旅游宣传推介活动，2021年5月28—30日赴桂林市参加2021广西全域旅游大集市活动，2021年9月16—18日赴钦州市浦北县参加2021年乐游广西乡村旅游嘉年华暨乡村旅游电商大会，2021年10月14—18日赴桂林市参加2021中国—东盟博览会旅游展。

【文艺活动丰富多样】 结合中国共产党成立100周年和党史学习教育活动，围绕“感党恩 跟党走”主题宣传教育、“我们的中国梦”—文化进万家、“壮族三月三·八桂嘉年华”等主题活动，开展了一系列丰富多彩、形式多样等文艺活动30多场，开展送戏下乡惠民活动60场。举办“庆百年华诞为党旗增辉”港口区庆祝中国共产党成立100周年文艺晚会，充分展现港口区人民永远跟党走的坚定信心以及对党和祖国的诚挚祝福，营造共创历史伟业的浓厚氛围。组织原创舞蹈《大潮曲》《追寻》，原创采茶戏《海角真情》双排键独奏《钢铁洪流进行曲》，等优秀节目参加防城港市“永远跟党走”庆祝中国共产党成立100周年暨第九届全区基层群众文艺会演，其中舞蹈《大潮曲》入选自治区决赛，荣获“永远跟党走”庆祝中国共产党成立100周年第九届全区基层群众文艺会演舞蹈类三等奖。舞蹈《大潮曲》《追寻》参加自治区总工会举办的“永远跟党走 奋进新征程”全区职工文艺展演荣获舞蹈类二等奖。

7月18日，在市文化艺术中心港口区举办中国共产党举办100周年文艺晚会
（港口区文旅局 供图）

【非遗文物保护】 2021年港口区两会期间，对全区38个文物保护单位（文物点）开展消防安全巡查。巡查和调研陈维周旧居、杨氏民居、吴四桂堂、裴振臣旧居、下东“八角楼”、大路坳碉楼、山口屯民居、杨济宗旧居、大屋屯碉楼、天邓屯民居、牛下屯民居11个文物建筑。组织人员到文物点大路坳碉楼开展保护警戒工作，在碉楼墙面和楼旁设置文物点标示牌，并在周边拉保护警戒线；对

7月10日，在桃花湾广场举行“壮族三月三·民族体育炫”港口区系列活动暨“百年百城百万舞红八桂”大型排舞展演
（港口区文旅局 供图）

石龟头炮台遗址的文物保护范围和建筑控制地带进行划定，在遗址现场设置文物安全责任人公示牌。通过文艺表演和文博知识抢答等形式宣传博物馆和文物法等知识，提高文物工作人员和群众的文物保护意识。举办非物质文化遗产展演4场次，加大对疍家文化的保护、研习和传承力度，非物质文化遗产得到活态传承。

新闻出版局

【新闻出版交流活动及版权保护】 2021年，港口区抓实版权工作常态宣传。利用电子屏、海报等多种形式，广泛开展版权工作的各类社会宣传，宣传保护知识产权及相关法律法规等，提高群众对版权工作的知晓度、支持度。港口区还结合工作实际，打造桃源小学"护苗工作站"等示范典型。2021年，港口区新闻出版局联合桃源小学"护苗工作站"举办庆祝"三月三"民族风情展演暨"保护知识产权·绿书签·全民阅读"活动。活动中，港口区新闻出版局创新编创校园主题情景剧，并联合新华书店开展赠送党史教育和民族团结书籍。桃源小学"护苗工作站"还在日常教学中融合开展观看"护苗"小短片、展示手抄报、撰写体会感悟等主题活动，倡议师生自觉抵制非法出版物，保护知识产权。

4月13日，防城港市桃源小学自主创编"护苗保护知识产权"情景剧表演
（港口区委宣传部　供图）

【"扫黄打非"工作】 港口区把"扫黄打非"工作列入精神文明建设、平安港口创建、社会市域治理等考评中，一体化部署、推进、落实。并以区委常委会、宣传思想和意识形态工作领导小组会、"扫黄打非"联席会、业务培训会等载体，多层级研究部署、上下联动、传导压力，联动聚力地织密"扫黄打非"横向到边，纵向到底的"一张网"工作格局。2021年，港口区进一步压实各基层站点责任，把"扫黄打非"工作深度融合到"平安建设"基层社会综合治理网格当中，发现线索

9月28日，港口区新闻出版局联合市级执法队员定期在港口区校园周边开展"扫黄打非"检查行动
（港口区委宣传部　供图）

及时上报。

2021年，在防城港市文化市场综合行政执法支队的大力支持下，在市公安局港口分局、港口区法院、港口区市场监管局等部门的协同下，港口区以“护苗、秋风、清源、固边、净网”五大专项行动为抓手，主抓市场监管，重拳查办案件。2021年，共组织联合检查20余次，出动检查人员450多人次，检查文化经营单位近500家次。全年共办理“扫黄打非”案件8件。

（蒙祥洋）

地方史志研究

【概况】 港口区委党史研究和地方志编纂办公室是区委直属公益一类事业单位。主要负责辖区党史、地方志文献资料征集、整理、核实、研究和编纂工作，编辑出版地方党史基本著作、重大历史资料以及本辖区地方志书、综合年鉴和地方史、地情丛书，承办地方志资料年报工作。

【党史征研】 做好《中国共产党防城区、港口区历史（第二卷）》审稿报送工作。《中国共产党防城区、港口区历史（第二卷）》一书，由两区一市党史研究和地方志编纂办公室共同对原防城县的党史资料进行征集研究，联合编纂著成；完成《中共港口区委2020年执政纪事》的撰写、送审工作。执政纪事文字部分约4000字，图片6幅；及时传达全区党史工作会议精神，组织做好党史学习宣传教育工作。

【地方志工作】 《防城港市港口区志》于5月13日最后一次向各承编单位征求样书意见，6—8月，已针对修改意见修改完善样书，9月与出版社进行最后一次的样书校对，11月已到出版印刷阶段。《防城港市港口区志》全书20篇68章325节，全书约80万字、图照250幅。

【港口年鉴】 完成《广西年鉴》《广西图鉴》2021卷港口区概况材料的收集以及编写工作；完成《防城港年鉴（2021）》港口区文字和图片收集以及编写工作，共撰写约5000字的文字稿，收集图片8幅；做好《港口年鉴（2021）》编纂工作，2021年3月底完成《港口年鉴（2021）》编纂方案拟定，并下发至各承编单位，在9月完成全书的定稿统编和组版，11月报区人民政府审定通过后正式出版印刷。《港口年鉴（2021）》全书约48万字，图照217幅。

（陈铭相）

档案

【概况】 2021年，港口区档案馆获防城港市巾帼文明岗、港口区事业单位脱贫攻坚先进集体嘉奖2个集体奖项。

【档案接收和征集】 2021年，接收区委政法委、区发改局等11个单位的档案进馆，其中文书档案18184件、业务档案3666件、照片193幅。征集到30年才印一次的《防城港志》，反映海洋文化的《疍家曲》《疍家文化介绍》和涵盖光坡英雄人物、家风家教的图书《书乡光坡》等20余件档案史料。

【档案服务利用和宣传工作】 接待来电来访查阅档案40人次，提供查阅档案资料56件。为港口区“纪录小康工程”等庆祝中国共产党成立100周年提供档案资料20余件。汇编《港口区政府工作报告（2016—2021年）》共9.4万字。

【档案信息化、数字化建设】 与传统载体档案同步接收数字化扫描件453004页。

【档案安全体系建设】 开展档案馆安全检查，确保24小时有安保人员值班，及时维修办公楼电箱，更换损坏及到期应急灯。开展档案库房安全检查，进行除湿除霉。对馆藏16.25万件档案进行全面消毒，最大限度延长档案寿命。

【其他重要档案工作】 做好脱贫攻坚档案等档案（以下简称“两类档案”）归集工作，保管好港口区打赢脱贫攻坚战的记录。共接收2014—2020年区、镇（街道）脱贫攻坚档案13953件、照片档案508张。下一步“两类档案”均实现传统实体档案与数字化成果同时移交进馆，方便查阅利用和保护实体档案。对3757册馆藏图书报刊进行分类、编码，对2016年以来的《人民日报》《防城港日报》等报纸进行整理装订。

（骆泽生）

卫生健康

综述

【概况】 2021年，港口区共有医疗卫生机构131家。其中，区人民医院1家，卫生院3家，社区卫生服务中心4家，村卫生室19家，医务室（所）4家，门诊部9家，个体诊所87家，中医备案诊所4家。

【医疗卫生体制改革】 2021年，港口区卫生健康局继续建设以港口区人民医院为主、基层卫生院和社区卫生服务中心为枢纽、村卫生室为基础的区级医疗共同体，实现医共体建设全覆盖。

构建紧密型三二医联体。防城港第一人民医院对区人民医院实施“整体帮扶”合作，防城港市第一人民医院专家定期到港口区人民医院开展巡讲、临床查房、手术示教等工作，对港口区人民医院外科、妇科、儿科、口腔科、感染科、消化内科、心电图科、医学影像科等科室大力扶持。成功开展了人工全髋关节置换术、腹腔镜下阑尾切除术、腹腔镜下疝修补术，基本满足当地群众以及周边企业职工的看病需求。2021年手术量275例，其中三四级手术100例，占比36.36%。

分级诊疗制度效果明显。根据《防城港市分级诊疗平台建设工作实施方案》，港口区人民医院与防城港市第一人民医院以及6个医共体成员单位之间成功开通了双向转诊工作平台和远程医疗工作平台，所有双向转诊病例均通过网络平台操作，构建“基层首诊、双向转诊、急慢分治、上下联动”的诊疗新方式。2021年各医共体分院向总院转诊（包括上送检查）300余人次，港口区人民医院向防城港市第一人民医院医院转送危重病、疑难病人47人次，防城港市第一人民医院下转病人到总院14人次，促进了医疗资源的纵向流动。

医疗资源共享稳步推进。医共体内实行检查、检验结果互认，充分利用现有设备资源。利用医共体医疗资源3个资源共享中心：医学影像中心、医学检验中心和消毒供应中心。按照《资源共享协议书》确定权责，明确业务收入利润分配共享机制。2021年医共体医学影像中心接待医共体各成员单位上送CT检查项目399次、彩色多普勒检查项目42次、医学检验项目120次、消毒供应中心共接受医共体各分院器械消毒1168件。

联防联控工作成效明显。港口区人民医院医共体总院，充分发挥医共体机制体制优势，全面统筹协调医共体成员单位，整合医疗资源，克服困难，长期抽调和安排大量医务人员参联防联控和医疗救治工作。2021年从成员单位抽调医护和后勤保障人员110多人，各级医疗机构有序开展预检分诊，累计预检分诊9万余人。

业务统一管理成效显著。2021年港口区人民医院累计继续派出12名骨干医师等优质医疗资源到各乡镇基层医院，各基层卫生院和社区卫生服务中心选派医务人员到港口区人民医院进修学习。港口区人民医院2021年门急诊104827人次，同比增长28.52%；住院3988人次，同比基本持平；医疗总收入同比增长18.08%。

【卫生人才医疗队伍建设】 港口区拥有执业（助理）医师127人，注册护士200人。每千人口执业（助理）医师1.23人，每千人口护士数1.76人。高级技术职称20人，占卫生技术人员5.4%；中级技术职称以上57人，占卫生技术人员15.6%；研究生学历2人，本科学历62人，大专学历131人，大专以上学历占卫生技术人员42.95%。2021年,接收订单定向医学毕业生1人,与卫生院签订就业合同并落实岗位,目前在钦州市中医院参加住院医师规范化培训。

【卫生科技与教育】 实行“人才强医”“科教兴医”战略,建立适合行业特点的医学人才培养制度和用人新机制。采取“送出去请进来”的方式,抓好人才短期培训、上级医院进修和跟班学习,采取院内查房、案例讨论等方式,促使人才加强交流学习。选派医疗骨干参加上级组织的专业能力提升培训班,培养造就一批高水平本土医疗卫生人才。2021年,参加全科医师转岗培训的有4人,其中中医1人、临床3人。卫生专业技术人员职称考试271人,其中,参加护士资格考试的有24人,卫生专业技术人员职称考试的有166人,医师资格考试的有81人。

【卫生项目建设】 继续推进港口区人民医院传染病病房、港口区人民医院业务用房项目、企沙中心卫生院业务用房扩建项目。

【食品安全风险监测】 全区承接食品安全风险监测任务数105份,其中国家级监测任务数(化学污染物及有害因素监测20份和微生物监测10份)共30份,自治区级监测任务数(化学污染物及有害因素监测15份和微生物及其致病因子监测60份)共75份。截至12月底,国家级监测任务完成采样30份[虾蛄肌肉10份(检测化学污染物及有害因素)、双壳贝类10份(检测化学污染物及有害因素)、学生午餐10份(检测微生物及其致病因子)],完成采样率100%;自治区级监测任务完成采样75份,其中婴幼儿配方食品20份、蛋糕面包20份、熟制蛋类20份,均是检测微生物及其致病因子;生干米粉10份和花生油5份,均是检测化学污染物及有害因素,完成采样率100%。

【卫生法治建设】 贯彻落实卫生健康行政审批制度改革要求,规范卫生健康行政许可工作流程,依法做好卫生健康行政审批事项审查工作,做好“双随机、一公开”工作。制定完善行政执法三项制度——《防城港市港口区卫生健康局卫生行政执法全过程记录制度》《防城港市港口区卫生健康局行政执法公示制度》《防城港市港口区卫生健康局重大执法决定法制审核制度》。2021年,共受理行政审批事项742件,所有审批事项均在承诺时限内办结,群众满意度评价满意率100%。行政处罚案件36件,其中,公共场所案件9起,医疗卫生案件13起,传染病防治2起,职业卫生7起,学校卫生案件5起,结案32起,正在办理4起。

【职业病防治】 根据《防城港市职业卫生用人单位职业病防治专项执法工作实施方案》《防城港市卫生健康委关于印发2021年防城港职业病防治项目工作方案的通知》要求,开展职业健康卫生监督执法工作,监督检查共出动卫生监督执法人员300人次,车辆98辆次,共检查企业85家次,下达监督意见书76份,职业卫生案件7起。开展职业病防治等相关法律法规知识进行宣传3次,共发出5000份宣传单。截至2021年年底,港口区共有79家企业在职业病危害项目申报系统进行申报。

【综合监督管理】 重点对传染病疫情控制措施落实情况、消毒隔离制度执行情况、医疗废物处置情况、传染病疫情报告和疫苗收发贮存登记情况、医护人员个人防护情况等开展监督执法检查,保证传染病防控工作的落实,预防各类传染病的流行。依法对辖区医疗机构进行常规监督检查,监督检查医疗机构131家次,下达监督意见书130余份,规范各级医疗机构的各项工作。开展打击无证行医专项行动工作,召开卫生监督保障工作会议3次,共出动执法车97余辆次,卫生监督执法人员390余人次,同时加大曝光力度,及时将群众的举报投诉及有关案件的查处情况公布。

严格对辖区内1000余家公共场所经营单位进行监督管理,按相关法律法规的规定,要求公共场所经营单位定期组织从业人员进行体检,取得有效健康合格证明后方可上岗工作,以及对场所内的顾客用品用具进行清洗、消毒、保洁,保证“一客一用一换一消毒”,禁止重复使用一次性用品用具。同时开展艾滋病防控宣传工作,要求每个住宿场所均放置有防艾宣传册,客房内放置有安全套。监督检查出动卫生监督执法人员875人次,出动监督车辆218车次,监督检查单位815家次,共下达监督意见书815份。

港口辖区共有2家餐饮具消

毒单位，重点检查餐具消毒工艺流程、使用的消毒产品的合格证明文件、生产记录、餐饮具检验报告、包装及标签等内容是否符合有关规定，从业人员的卫生状况是否符合要求等。监督检查6家次，针对在检查中发现的存在问题，现场下达监督意见书，责令整改。

港口辖区共22家中小学，组织开展对城区及乡镇的中小学校监督检查，重点检查学校的传染病防控工作、生活饮用水的管理、教学环境等卫生状况，同时对6月高考和中考考点进行重点监督检查，对学校卫生监督检查22家次，下达卫生监督意见书22份。

【妇幼健康】 全区产妇数1222人，无孕产妇死亡；活产数1242人，婴儿死亡4例，婴儿死亡率3.22‰；5岁以下儿童死亡6例，死亡率为4.83‰；无新生儿破伤风病例。孕产妇系统管理1058人，系统管理率85.19%。住院分娩活产数1242人，住院分娩率100%；孕产妇艾滋病、梅毒及乙肝检测均为1222人，检测率均为100%。结婚登记1214人，婚前医学检查1202人，婚检率99.01%。孕产妇产前筛查574人，产前筛查率99.11%；新生儿疾病筛查1226人，筛查率98.71%。新生儿听力筛查1236人，筛查率99.52%；地贫基因诊断补助25对。地贫基因诊断补助率100%。叶酸服用率112.74%。

【医疗工作】 严格医疗质量安全管理，落实首诊负责制度、查房制度、交接班制度等各项核心制度。同时按照执业医师法、护士条例、医疗机构管理条例、医疗技术临床应用管理办法等有关法律法规规定，严格执业准入、资质准入，加强监督。执行《医师定期考核管理办法》，加强对医师执业的定期考核和评价。规范医务人员的诊疗行为。通过组织医疗纠纷预防与处置培训，加强医患沟通能力，有效地减少医疗纠纷和医疗事故的发生。强化医院感染管理。按照《医院感染管理办法》和相关技术规范、行业标准，制定突发医院感染事件应急预案，加强对各个科室的管理和监控。其次按照《医疗废物管理条例》等法规和规章，加强对医疗废物的分类、运送、暂存处理工作，加强医疗废物的规范化管理，预防和控制医院感染，杜绝感染事件发生。

【医疗机构管理】 港口区共有各级各类医疗卫生机构131家，按照执业医师法、护士条例、医疗机构管理条例、医疗技术临床应用管理办法等有关法律法规规定，严格执业准入、资质准入，加强监督，按期校验。

【医疗服务质量管理】 以“以病人为中心”的服务理念，进一步优化医疗服务环境、保障医疗质量安全。坚持“以病人为中心”的服务理念，完善医疗服务的各项措施，做到安排合理、服务热情、流程顺畅，促进医患关系和谐，提高病人满意度。建立医德医风监督员队伍，并通过在各个医院设立意见箱、投诉电话，不定期召开群众座谈会等，进一步提高医院的服务质量。严格抓好医疗质量安全，提升医疗安全管理和风险防范工作能力，落实首诊负责制度、查房制度、交接班制度等各项核心制度，保障医疗安全。加强平安医院创建工作，实行每月一报制度。

【国家基本药物制度完善】 实施药品零差率销售。2021港口区医疗机构严格按照要求进行网上采购，确保网采率达到100%，无网下违规采购药品现象。港口区人民医院通过药品集中采购服务平台采购药品，中标药品金额数占同期医院同种药品采购金额总数的比例90.51%，占全院药品采购金额4.45%；其余药品通过广西药械集中采购平台采购。

开展基本药物制度综合试点。港口区入选广西开展基本药物制度综合试点，出台《防城港市港口区国家基本药物制度综合试点实施方案（试行）》，要求二级公立医疗机构、基层医疗卫生机构的国家基本药物配备品种数量总体占比原则上分别不低于45%、60%，国家基本药物配备使用金额总体占比原则上分别不低于40%、55%。并逐年提高基本药物配备使用比例。推动实现港口区人民医院医共体内药品供应保障一体化管理，满足临床用药需求，促进分级诊疗、双向转诊，提升药学服务能力，促进上下级医疗机构用药衔接；规范使用药品YPID编码，实现院内药品编码与国家YPID编码有效衔接，推进药品管理信息化、标准化，加强药品使用监测；各级医疗机构合理设置急（抢）救药等特定药品库存警戒线，及时采购补充，医共体总院适量储备易短缺药品、急(抢)救药等,并将其纳入调剂范围,完善短缺药品监测预警和应对机制;开展药品临床综合评价,加强评价结果的分析应用,并将评价结果作为医共体用药目录遴选、优化用药结构、提高安全合理用药水平、提供药学服务、控制不合理药品费用支出等的重要依据;探讨基本药物制度与分级诊疗制度、家庭医生签约服务、慢性病健康管理、健康扶贫、医保支付方式改革等工作的有机结合,完善慢性病长期处方制度及线上处方机制,减少慢性病患者就诊次数。

10月25日,港口区疾控中心在防城港市第一中学开展港口区2021年秋季学期健康进校园巡讲活动 (黄小玲 摄)

【群众性爱国卫生运动】 2021年,经过自治区爱卫会的复审决定,确认港口区王府街道、港口区沙潭江街道为"自治区卫生镇";确认港口区企沙镇簕山古渔村、港口区光坡镇红沙村、港口区沙潭江街道冲孔社区、港口区白沙沥仙人湾社区为"自治区卫生村"。

【健康促进】 2021年,实施"将健康政策融入所有政策"策略,开展健康知识宣传和健康场所建设,开展港口区健康促进工作。通过自治区级健康促进区评审港口区共创建健康促进机关单位43个、健康社区(村)12家、健康促进学校14家、健康促进医院6家、健康促进企业12家,健康家庭1800户。

【健康教育】 为推进健康中国、健康广西、健康防城港建设,广泛传播健康知识,引导群众树立健康观念,养成健康行为,提高群众健康素养水平,港口区组织各相关单位开展健康教育宣传活动。全区累计开展健康教育知识讲座207余次;开展健康咨询活动114次;印刷健康教育宣传资料180余种,发放各种宣传资料约1807519万份,其中,中医药宣传资料发放约12000份,调查问卷1280余份,悬挂宣传横幅800余条,展示宣传展板106多块。

【免疫规划】 实现全区预防接种数字化门诊全覆盖,各类免疫规划疫苗报告接种率均达到绩效考核要求。全区出生上卡3204人,出生上卡率16.62‰。五苗报告接种率为卡介苗99.91%、脊灰糖丸99.80%、百白破99.72%、麻类99.80%、乙肝99.80%。其中,首针应种2245人,24小时及时接种2060人,及时率91.76%。扩大国家免疫苗接种率为:乙脑疫苗第1针99.80%,第2针99.62%;流脑A群第1针99.83%,第2针99.74%;流脑A+C群第1针99.81%,第2针99.90%;甲肝99.63%。

【传染病防控】 辖区医疗机构共登记法定传染病587例,报告法定传染病587例,报告传染病587例,传染病报告率100%,报告及时率100%。

【艾滋病防治】 2021年港口区持续巩固艾滋病防治成果,遏制艾滋病疫情的传播和蔓延,开展艾滋病防治各项工作。2021年,全区农村居民、青年学生艾滋病防治知识知晓率分别达到89.5%、96%。

【结核病防治】 2021年肺结核发病率较2020年下降12.44%;肺结核患者和疑似肺结核患者的追踪总体到位率95.94%;肺结核患者成功治疗率99.06%;基层医疗卫生机构肺结核患者规范管理率100%;公众结核病防治核心知识知晓率86.6%;艾滋病病毒感染者的结核病筛查率97.72%;病原学阳性率50.69%(广西结核病防治"十三五"规划2020年指标要求50%以上),以上指标均达标。

12月5日，港口区疾控中心在防城港市港口区阳光实验学校开展结核病防治知识宣教（蒋欣玉　摄）

【健康扶贫】港口区建档立卡脱贫人口4013人，参加基本医疗保险4013人，参保率达100%。我区建档立卡脱贫人口参加城乡居民基本医疗保险个人缴费全部由区财政承担。截至2021年12月31日，符合参保条件的农村低收入人口1619人参保率100%。

每月提供上个月未参保的脱贫人口，以及城镇医疗保险对象因病导致家庭生活出现困难的农户，主要包括经基本医疗保险、大病保险、医疗救助等报销后，合规自付住院或门诊医疗费用花费仍然较高的农村参保人员名单，其中脱贫户、低保户的标准为当年缴纳基本医保年内累计自付费用5000元以上，普通农户标准为当年缴纳基本医保年内累计自付费用10000元以上。截至12月30日，港口区卫生健康局因病返贫致贫风险预警监测共报送112条。

港口区患29种门诊特殊慢性病脱贫户、监测户共741人，办理慢性病证741本，其中企沙镇189本、光坡镇334本、王府街道169本、沙潭江街道49本，办证率100%。

按照"定点医院、定诊疗方案、加强质量安全管理"的原则，开展30个病种大病专项救治，完善住院先诊疗后付费政策，加强医保与定点医疗机构互联互通，落实脱贫户、脱贫不稳定户、边缘易致贫户、突发严重困难户、特困户、低保户6类人员按规定在县域内就医"一站式"结算。截至12月31日，港口区患有国家确定大病病种（含脱贫人口、监测对象和农村低收入人口）共129人，患大病脱贫人口治疗率为100%。实施"先诊疗后付费"政策（含脱贫人口、监测对象）共455人次。港口区共组建家庭医生服务团队39个，对符合签约条件的脱贫人口继续实现家庭医生签约全覆盖，对患有高血压、糖尿病、肺结核、严重精神障碍的脱贫人口，每季度至少开展1次随访服务。全区脱贫人口、监测户共计4121人，提供签约服务4121人，签约率100%。

【基本公共卫生服务】2021年，基本公共卫生服务逐步均等化工作正常开展。累计建立居民健康档案16.9172万人份，建档率92.85%；共签约家庭医生式服务协议书共77386人，签约率为42.50%；辖区重点人群数63459人，重点人群签约家庭医生式服务共44218人，签约率为69.70%。全区贫困户数1039户，已签约1039户，签约率为100%。各项目实施单位资金到位1289.1086万元，资金到位率97.48%，资金使用率100%。

新生儿访视2403人，访视率为98.65%；辖区内接受1次及以上随访的0～6岁儿童数22604人，健康管理率为93.67%；辖区内活产数2436人，孕13周之前建册并进行第一次产前检查的产妇数2258人，产后访视产妇数2403人，产后访视率98.65%。

全区65岁及以上老年人16464人，接受健康管理人数9377人，健康管理率56.95%。

全区高血压患者管理10538人，规范管理高血压患者累计人数9342人，规范化管理率88.65%，老年人中医药健康管理率58.67%；0～36月龄儿童中医药健康管理覆盖人数11045人，辖区内接受中医药健康管理服务0～36个月儿童数8697人，健康管理率为78.74%。糖尿病患者已管理3725人，规范管理糖尿病患者累计人数3293人，糖尿病患者规范化管理率88.40%；重性精神疾病患者登记管理756人，检出率为4.15‰，按要求规范管理695人，规范管理率91.93%。

【基层医疗卫生改革】 对全区各乡镇的卫生室标准建设情况进行调研指导，目前全区共有标准建设村卫生室19个，均按标准配备有合格的乡村医生及药品、设备。

持续巩固乡镇卫生院、村卫生室达标设置和合格医务人员达标配备成果，保持乡村医疗卫生机构和人员“空白点”动态清零。全区村医26人，做到有房办公，有人办公，业务正常开展。所有村卫生室均实施国家基本药物制度，药房备有常用药物30种以上。

（刘心乔）

民族·宗教

民族事务

【概况】 2021年，港口区民族宗教事务局（简称区民宗局）认真贯彻落实中央和全区民族工作会议精神，积极适应新时期民族工作的新要求，全面促进民族事业发展。

【民族团结进步】 2021年，港口区民宗局开展民族团结创建活动。港口区、企沙镇、白沙沥街道仙人湾社区获第五批自治区民族团结进步示范区示范单位命名，港口区人民检察院、港口区市场监督管理局、光坡镇、企沙镇山新村获第三批防城港市民族团结进步示范区示范单位命名，“三光企”革命武装起义纪念碑获第一批防城港市民族团结进步教育基地命名。

【民族工作开展】 2021年，推进民族基础设施项目建设安排中央财政专项扶贫资金108万元，分别实施光坡镇中间坪村江尾灌溉渠道工程和光坡镇栏冲村旧洋组灌溉渠道工程项目，自治区少数民族发展资金13万元用于山新村亮化工程，解决群众灌溉和出行亮化等问题。2021年，项目已全部完工验收合格并交付使用，解决2698名群众行路难、用水难问题。完成“同心文化载体”建设项目（同心文化广场6个，同心文化长廊2个）。做好公民变更民族成分的初审工作，共为18名符合条件的公民初审民族成分变更。解答前来（电话）咨询民族成分新政策的群众30人次，成功调解涉民族劳务纠纷1起，为民办实事6件（次）。

【民族政策法规宣传】 2021年在乡镇、机关、社区等场所开展民族政策法规宣传活动。港口区中小学和幼儿园结合平时教学工作，开展民族政策法规和爱国主义宣传教育。在“港口区资讯”和“港口区统战工作”微信公众号开设“铸牢中华民族共同体意识”专栏，利用微博、微信、微视频、短信平台等新技术和新媒体，扩大对外宣传渠道，提高民族政策法规知晓率。

【少数民族干部培养】 2021年10月18—24日，在广西民族大学举办党外干部和少数民族干部专题培训班，来自镇（街道）和区直各单位的45名党外干部与少数民族干部参加培训。通过专题讲

10月18—24日，在广西民族大学举办党外干部和少数民族干部专题培训班
（港口区民宗局　供图）

4月13日，在华侨村举办"唱支山歌给党听"2021年港口区"三月三"活动（企沙专场）（港口区民宗局　供图）

座学习党和国家的民族理论政策、民族团结进步与民族文化传承发展、宗教政策与法规等内容，通过现场教学参观广西民族博物馆和李明瑞、韦拔群烈士陈列馆，进一步强化少数民族干部队伍理想信念，切实提升少数民族干部的综合素质。

【民俗文化活动】　举办"唱支山歌给党听"2021年港口区"三月三"活动。在企沙镇华侨村，疍家渔民唱起咸水歌，向游客展示织渔网、绞大绳、喷索仔等古老渔港文化；在光坡镇大龙口生态园，村民们积极参加民俗展示活动。参加在防城港市园博园举办的"壮族三月三非遗展示活动"，向现场观众活态展示港口区非遗项目企沙山歌。

宗教事务

【概况】　港口区民族宗教事务局（简称区民宗局）加强党对宗教工作的领导，宣传党关于宗教工作的基本观点和基本政策，落实党的宗教工作基本方针，学习宗教工作基本知识，提高依法治理宗教事务能力。

【宗教事务管理】　2021年，组织召开宗教工作联席会议，学习传达中央、自治区和市领导关于宗教工作的重要指示精神，并结合落实中央第二巡视组巡视广西反馈意见整改工作，部署开展整治非法宗教活动、遏制非法宗教渗透蔓延工作。以宗教活动场所、基督教私设聚会点、信教群众等情况为排查摸底重点，对相关宗教基础信息进行采集和汇总分析，进一步摸清港口区宗教工作底数。多个部门联合行动，开展各项排查摸底工作，依法取缔非法宗教聚会点7个。

【其他重要宗教事务工作】　2021年，港口区民宗局完善三级宗教工作网络和两级责任制，压实宗教（民间信仰）活动场所"三人驻点"小组和社会治理"三官一律一网格"工作责任。12月17—19日，港口区联合防城区举办农村宗教治理专项培训班，区统战部、区民宗局及各镇（街道）、村（社区）宗教工作信息员共52人参加培训。培训邀请广西社会主义学院副教授潘宏纹进行授课，培训课程有宗教工作基础知识、当前农村宗教工作的形势与任务、国家安全观、保密知识等内容，通过培训，提升了宗教工作区、镇（街）、村（社区）三级网格信息员理论修养和工作能力。

社会生活

婚姻·家庭

【婚姻登记】 2021年，港口区办理结婚登记754对、离婚登记274对，补发婚姻登记186对，婚姻登记合格率100%。

【儿童收养登记管理】 2021年，按照“一切为了孩子”的工作宗旨，进一步加强相关收养登记法律法规、政策的宣传，进一步增强群众收养子女的法治观念。严格依法行政，规范收养登记工作，遏制非法收养，切实维护被收养儿童和收养家庭的合法权益。至年底，办理收养登记13例。

【其他妇女儿童重大项目、活动】 2021年，全区有留守儿童21人、困境儿童51人。

为切实维护留守儿童合法权益，促进留守儿童健康成长，推进儿童福利服务事业发展，港口区人民政府出台《港口区加强农村留守儿童关爱保护工作方案》。6月22日下午，港口区民政局联合港口区妇女联合会及防城港市佳园社会工作服务中心社工在港口区光坡镇中间坪村村委会开展“儿童关爱保护政策宣讲暨普法教育进村(居)”活动。截至2021年12月，港口区有35个村建设有儿童家园，41个村均配备有儿童福利督导员，其中22个村儿童福利督导员已落实工作经费。

（麦瑞志）

6月22日，港口区民政局联合港口区妇女联合会及防城港市佳园社会工作服务中心社工在港口区光坡镇中间坪村村委会开展“儿童关爱保护政策宣讲暨普法教育进村(居)”活动　　（港口区民政局　供图）

妇女·儿童

【概况】 2021年，港口区妇联围绕区委、区政府中心工作，在上级妇联的指导下，发挥组织妇女、引导妇女，服务妇女和维护妇女儿童合法权益的作用。2021年获评“2019—2020年广西三八红旗集体”及“2018—2020年度全市关爱女性健康保险工作先进单位”。

【妇女儿童权益维护】 做好来信来访工作，维护妇女儿童合法权益。2021年，共接待来电来访9件，处理9件，处理率达100%。开展普法宣传，提高妇女维权意识，抓住“三八”妇女维权周、“6·26”国际禁毒日、“11·25”反家暴日、“12·1”艾滋病防治日、“12·4”全国法制宣传日等契机，以设点咨询、知识竞赛、文艺展演、有奖问答、制作宣传栏、流动宣传展板等形式，开展丰富多彩的普法、帮教、禁毒、防艾、防溺水等宣传活动。发放各类宣传资料2000多份。3月2日上午，在沙潭江街道金海湾社区举办"婚姻家庭律师实务知识讲座"，50多名妇女群众参加讲座。3月8日上午，联合区委宣传部、区法院、区检察院、区司法局、区卫健局、区信访局、区总工会、区科协在中心区德城市场开展"三八"维权大型宣传、咨询、服务活动，发放维权宣传资料1000多份。

【关爱弱势妇女儿童】 加大关爱项目实施力度，大力实施关爱女性健康"四癌"保险工作。深入两镇四街开展慰问关爱活动，2021年春节期间，慰问留守妇女、儿童、老人、贫困困难妇女群众23人，开展活动慰问品暨慰问金活动合计11500元。为一名患癌困境妇女争取中央专项彩票公益金贫困母亲"两癌"救助金10000万元。"六一"期间，开展关爱慰问困境留守儿童及组织观光仙人山公园和防城港市园博园活动，联合爱心单位区财政局、区司法局及桂林银行防城港分行给全区20名困境留守儿童送去慰问金及书包、笔盒、蛋糕、糖果、牛奶等慰问品。

（周小燕）

社区

【社区基础设施和服务体系建设】 加强推进城乡社区服务站建设，不断提高为民服务水平。整合社区内人、地、事、物、组织、房屋等公共服务设施、公共服务信息资源，做到情况全摸清、问题全掌握、服务全方位。通过以图管房、以房管人，使网格化管理的运转方式更加精细化，实现了网格管理全面覆盖、居民信息全面采集、网格员代理服务办事、城市部件网格排查等功能，达到服务与管理并重。

【社区管理服务创新】 加强推进城乡社区治理协商工作。督促对城乡社区治理工作的推进力度，切实落实好此项工作。加大社区职能转变的力度，切实推进部门"下放"和社区"上交"面向社区居民的公共服务事项和行政审批事项的进程；进一步丰富"三社联动"工作内容；强化网格化服务管理工作，健全网格协管员、网格公益员队伍，落实各项服务管理制度。

加强推进社区公共事务准入管理工作。全面贯彻落实中共十九大精神，以创新基层社区治理为重点，以完善社会服务为基础，结合港口区社区建设实际，建立健全社区公共事务准入管理制度，理顺社区工作关系，促进政府职能转变，实现社区治理和社会自我调节、居民自治良性互动。

（麦瑞志）

劳动就业

【就业与再就业】 2021年，全区实现城镇新增就业4260人，失业人员再就业591人，就业困难人员实现就业368人。农村劳动力转移就业1749人，城镇登记失业率为1.45%。

【人力资源市场建设】 每月定期收集发布企业招聘信息，全年发布招聘信息34期，提供就业岗位6000多个，落实带动就业、见习、岗位补贴440.91万元、365人。举办"春风行动""我为群众办实事"

4月30日，港口区人社局开展"我为群众办实事，社保政策进万家"宣传活动

（港口区人社局　供图）

等各类现场招聘会8场次，提供就业岗位5000多个。同时，组织辖区企业赴南宁、河池等地开展招聘活动，有效解决企业用工需求，促进失业人员、就业困难人员、农村劳动力、高校毕业生等群体实现高质量就业。

【技能人才队伍建设】 2021年，开展了保安员、中式面点师等职业技能培训班41期，共培训城镇登记失业人员、农村转移劳动力、建档立卡劳动力2189人。落实就业技能培训、职业技能培训、“以工代训”、稳岗职业培训补贴868.25万元、16414人次。落实创业扶持政策。认定创业孵化基地企业3家34户孵化企业补贴30.77万元；发放农民工创业奖补232户共116万元；发放高校毕业生创业奖补4人共2万元。

【根治欠薪】 通过全面开展劳动保障监察年度审查、清理拖欠农民工工资专项行动，加强劳动保障专项检查及投诉举报案件查处力度。2021年，开展4次专项检查，检查26个在建工程项目，涉及农民工8000余人，协调处置欠薪投诉1061件。

社会保障

社会保险

【基本养老险入库参保率】 2021年，全区基本养老保险入库参保率达95.46%，提前实现“十四五”目标（基本养老保险参保率提高到95%）。

【推进社会保险全覆盖】 深入实施全民参保计划，职工养老保险、居民养老保险、工伤保险、失业保险参保人数分别为4.59万人、4.12万人、3.25万人、3.59万人，完成年度任务的125.51%、117.88%、177.97%、183.56%。

9月10日，农民工送锦旗感谢劳动保障监察大队帮其追讨工资
（港口区人社局 供图）

【帮扶企业稳定岗位】 港口区降低失业保险费率1426.51万元，受惠企业2011家，人数3.25万人；降低工伤保险费率688.63万元，受惠企业2040家，人数3.93万人。落实失业保险稳岗补贴政策，累计向628家企业发放稳岗补贴232.34万元，受惠职工1.91万人。

（许强定）

医疗保障

【概况】 2021年，港口区医疗保障局贯彻落实区委、区政府的决策部署，坚持“保基本、可持续”的原则，着力解决人民群众最直接的“看病贵”问题，落实“医有所保”“病有所医”，为全区医疗保障事业健康发展开创了良好局面、打下了坚实基础。

【医疗保险参保基本情况】 截至2021年12月，港口辖区基本医疗保险参保人数为131652人。职工医疗保险参保人数34020人，城乡居民医疗保险参保人数97632人。基本医疗保险收入16927.75万元，其中，职工医保收入14303.43万元，城乡居民医疗保险收入2624.32万元。基金支出方面，2021年基本医疗支出11332.72万元。其中，职工医疗保险支出7944.65万元，城乡居民医疗保险支出3388.07万元。医疗救助各级财政补助收入299万元，支出271.49万元，滚存结余311.34万元。

【建档立卡工作】 2021年12月，共有建档立卡脱贫人口4013人，脱贫人口应参保4013人，已参保4013人，完成率100%。其中，参加城乡基本医疗保险3779人，参加职工医疗保险234人，参保率均为100%，参加城乡居民基本医疗保险的缴费由财政补助全额代缴，医疗救助收入283万元，支出221万元。全区未消除风险防贫监测对象（边缘易致贫户、突发严重困难户、脱贫不稳定户）共143人，已参保143人，参保率100%；因病返贫致贫风险预警共报送285人。截至2021年12月，全区建档立卡贫困人口、监测户住院866人次，发生总费用639.61万元，报销总费用518.94万元，报销比例81.13%；医疗救助资金救助63.65万元。

8月5日，港口区医疗保障局对辖区内定点药店进行现场检查
（港口区医疗保障局　供图）

【医疗保障经办机构改革】 2021年6月，防城港市港口区医疗保障服务中心挂牌成立。港口区医疗保障服务中心是防城港市港口区医疗保障局所属副科级公益一类事业单位，内设有8个股室。其主要职责是承担全港口区机关、企事业单位、城乡居民基本医疗保险、生育保险、医疗救助的经办服务，以及负责医疗保障经办机构内控管理和风险防控工作。

【打击欺诈骗保专项行动】 采取日常监督检查、现场检查、自治区飞行检查、智能监控、专项治理自查自纠、专项治理“回头看”、与财政局、卫健局、市场监管局开展联合检查、重点核查等多种形式，开展专项整治，确保监管无遗漏、无盲区。

2021年，港口区共128家定点医药机构，其中，定点医疗机构11家，定点零售药店117家。港口区医疗保障局对辖区内定点医药机构进行全覆盖检查，共下发113份处理通知。其中，处理违规定点医疗机构9家、63次，定点零售药店49家、50次。暂停医保协议24家，约谈65家，限期整改65家。按协议追回医保基金3190247.82元，其中定点医疗机构自查退回违规资金42176.08元。

6月23日，港口区医疗保障局挂牌成立　（港口区医疗保障局　供图）

【医疗保险费核查整改专项行动】 追缴港口区公办义务教育学校欠缴职工医疗保险费　对港口区6所公办义务教育学校欠缴医疗保险费，完成2021年欠缴金额合计8202.39元；

追缴港口区欠缴职工基本医疗保险机关事业单位　2021年，港口区医疗保障局开展机关事业单位缴纳医疗保险费核查整改专项排查整治行动。截至7月，港口区机关事业单位基本医疗保险欠费29.93万元（其中，单位部分欠费23.1万元，个人部分欠费6.92万元），另有公务员医疗补助欠费10.44万元。针对欠缴情况，港口区医疗保障局联合税务部门通过向相关机关事业单位发放催缴通知书、补缴通知书以及电话沟通等方式进行追缴。

【医保支付方式改革】 2021年，港口区共有3家二级以上定点医疗机构，已全部实现支付方式改革。其中，市精神病医院实现按床日付费，市妇幼保健院和港口区人民医院实现DRG付费。

社会救助与最低医疗保障

【社会救助】 2021年1月至2022年10月31日，港口区救助受助人员共248人次。为加强流浪乞讨人员中危重病人、精神病人的救治工作，在康晨医院治疗无名氏16人，救助治疗费用102万元。对滞留人员采集血样送公安部门做DNA录入"涉拐"案件信息采集系统，将滞留在港口康晨医院救治的15名流浪乞讨受助人员安排到港口区福利院安置，为其办理残疾证，纳入城市特困人员，护送1名核实身份的受助人员返乡。

【城乡最低生活保障】 根据广西壮族自治区民政厅　广西壮族自治区财政厅关于《提高全区城乡居民最低生活保障补助水平的通知》精神。城市最低生活保障补助标准由平均每人每月370提高到平均每人每月390元，农村低保补助水平从平均每人每月210提高到平均每人每月235元。根据防城港市人民政府《关于提高我市城乡居民最低生活保障标准的通知》，防城港市城市低保保障标准从每人每月685元提高到每人每月780元，农村低保保障标准从每人每年4600元提高到每人每年5500元。根据防城港市人民政府《关于提高我市农村居民最低生活保障补助水平的通知》精神，全市统一提高农村低保补助水平标准。其中，A类提高到每人每月360元，B类提高到每人每月330元，C类提高到每人每月240元。截至2021年12月，全区享受低保待遇961户、1909人，月保障金额69.53万元，累计保障金额842.80万元。其中，有城市低保455户、807人，月保障金额33.63万元，累计保障金额382.81万元，月人均补差417元；农村低保506户、1102人，月保障金额35.90万元，累计保障金额459.99万元，月人均补差326元。

（麦瑞志）

住房保障

住房保障建设

【概况】 港口区高度重视住房保障及棚户区改造工作，将其作为改善民生的重要内容，不断扩大保障性住房覆盖面，切实解决城镇中低收入家庭的住房难问题。通过压实责任目标任务，强化项目用地保障，多渠道筹措资金，交叉推进项目前期审批，严格工程质量安全监督管理，完善配套设

10月12日，防城港市人民政府在港口区召开棚户区改造实地调研暨项目推进工作专题研究会。图为市长黄江（图中间）带队到港口区和平安置住宅区进行实地调研

（张超海　摄）

施,加大督查指导力度,如期完成年度各项目标任务。2021年棚户区改造项目基本建成5400套(户),廉租住房与公共租赁住房实现并轨运行。

【棚户区改造】 2021年,防城港市港口区棚户区改造基本建成5400套(户),占年度基本建成任务5357套的101%。具体为2015年港口区企沙棚户区改造工程400套、2016年港口区企沙棚户区改造工程583套、2015年港口区旧公车安置住宅区120套、2016年港口区旧公车安置住宅区31套、2014年港口区沙港安置住宅区363套、2014年港口区和平安置住宅区667套、2014年港口区豪丫市场配套安置住宅区188套、2014年港口区北港安置住宅区(三、四期)307套、2014年港口区大龙安置住宅区1211套、2014年港口区缪屋二期安置区267套、2014年港口区冲孔安置住宅区490套、2014年公车垭港二区住宅区323套、2014年港口区渔民上岸棚户区改造450套。

2021年续建的棚户区改造项目共有13个,具体为沙港安置住宅区、和平安置住宅区、豪丫市场配套安置住宅区、北港安置住宅区(三、四期)、大龙安置住宅区、缪屋二期安置区、垭港二区住宅区、企沙棚户区改造、港口区旧公车安置住宅区、渔民上岸棚户区改造、光坡安置区项目——城东新区、高铁安置区——三沙小区以及经开区安置区棚户区改造项目。2021年施工面积697.7万平方米,完成投资4347万元。

【保障性住房建设】 港口区共开工建设公共租赁住房项目21个,总套数1822套。截至2021年12月底,港口区共基本建成公共租赁住房1822套,累计分配入住2182套,占开工套数1822套的119.75%。2021年度正在入住1729套,正在入住率为94.89%。

改造后的港口区北港安置住宅区(三、四期)公寓楼(2021年)

(张超海 摄)

被列入国家政府投资建设计划的公租房170套,正在入住148套,正在入住率87.05%;全年新增分配入住189套。

【保障性安居工程管理】 棚户区改造政策措施落实 贯彻落实棚户区改造相关文件精神,严格抓好棚户区改造工作,将符合棚户区改造政策的征拆安置纳入棚户区改造范畴进行统一安置,同时将棚户区改造等保障性住房项目列为重点支出保障项目。

公共租赁住房分配和运营管理 根据《公共租赁住房管理办法》《防城港市公共租赁住房管理暂行办法(试行)的通知》《防城港市廉租住房、公共租赁住房分配"三审两公示"操作程序的通知》《关于做好公共租赁住房和廉租住房并轨运行的通知》等文件精神,港口区严格按照公共租赁住房申请"三审两公示"操作流程,加强与民政、街道等有关部门联审机制,简化申请程序和材料,严格申报、审查、公示、分配、入住程序,确保公共租赁住房项目分配工作公正、公平、透明,切实惠民利民。

定期报送月报进展情况 每月按时完成港口区保障性安居工程建设任务完成情况月报表填报工作,于每月中下旬报送给防城港市住房和城乡建设局;同时填报"广西壮族自治区住房和城乡建设厅'住房保障信息系统'",完善系统项目基本信息和更新项目进展情况。

严格按照《公共租赁住房管理办法》《防城港市公共租赁住房管理暂行办法(试行)》和《关于公布2017年防城港市本级公共租

赁住房(含廉租住房)供应对象家庭人均年收入标准和住房建筑面积标准的通知》中的申请条件规定,贯彻落实公共租赁住房申请“三审两公示”操作流程,强化管理,确保公共租赁住房项目切实惠民利民。

公共租赁住房保障情况。2021年,共完成38户新申请家庭的准入登记工作。港口区公共租赁住房874套(不含商铺16套,盘活95套),共入住853套,清退6户,入住率98%;正在实施租赁补贴保障户数共86户,已发放2021年租赁补贴专项补助资金15.12万元。

公租房小区管理情况。加强廉租(公租)房小区房屋基础设施、物业的维护管理工作,及时进行水电、房租的收取,定期对小区开展安全检查、卫生检查,保证公租房小区各项秩序稳定。2021年上半年共投入15.32万多元对北港廉租小区、沙港廉租房小区进行化粪池疏通清理、水管维修、电线更换及监控设备等维修安装工作;共收取公租房租金约22.38万元,已全部上缴港口区财政。

(孙　丽)

住房制度改革

【房改政策落实】 2021年港口区认真贯彻执行《广西壮族自治区危旧房改住房改造暂行办法》,《广西壮族自治区人民政府办公厅关于加快实施全区大板结构住房改造工作的意见》,《关于严明危旧房改住房改造工作纪律的通知》和自治区房委会桂房改〔2009〕6号、〔2011〕44号、〔2012〕62号文件,《关于清房后续工作若干问题的通知》等各项危旧房改住房政策对危旧房改住房改造项目的规定。

【公有住房上市交易】 2021年,贯彻执行自治区和防城港市有关公有住房上市交易实施细则等文件,做好已售公有住房交易工作。2021年,港口区审批公有住房上市交易共6套(含出售、抵押、析产、继承、赠与)。

【公有住房档案管理】 2021年,对办理上市交易的公有住房档案材料进行整理、归档、保管、利用,做好档案管理维护工作,同时填报“广西住房改革管理信息系统”,按要求录入并定期完善相关信息。2021年,港口区经查“广西住房改革管理信息系统”出具个人政策性住房情况证明33份;协助核查政策性住房情况来函4份,共29户。

(孙　丽)

社会福利与公益事业

【社会福利和社会事务管理】 特困供养人员　2021年,港口区城乡特困供养人员共264人,其中城市特困人员76人,救助供养基本生活标准为1015元/(人·月),累计发放城市特困人员救助供养基本生活费共69.02万元。农村特困人员188人,救助供养基本生活标准为596元/(人·月)。累计发放农村特困人员救助供养基本生活费共136.186万元。截至2021年12月,安排港口区集中供养人员70人,分别安排在光坡敬老院、企沙敬老院、牛路五保村、栏冲五保村、沙螺寮五保村、新兴五保村、中间坪五保村入住。

儿童福利　严格按照“确定关爱内容、落实关爱责任、制定关爱措施”的工作要求,2021年,港口区有符合孤儿供养条件的儿童17人,累计发放补助金19.9万元,为孤儿提供全方位的救助,使他们的学习和生活得到较好保障。

老年人福利　据港口区高龄补贴标准:80~89岁每人每月120元,90~99岁每人每月180元,100岁(含100岁)以上每人每月1300元。2021年,共发放高龄补贴464.244万元,维护老年人合法权益。

残疾人福利　2021年,在领残疾人“两项补贴”的居民共2272人,其中,在领困难残疾人生活补贴的666人,累计发放困难残疾人生活补贴64.208万元;在领重度残疾人护理补贴的1606人,累计发放重度残疾人护理补贴153.64万元。

殡葬事业　港口区政府为妥善解决全区项目建设的坟墓搬迁安置问题,于2007年征收原公车镇白沙村上队组土地426亩作为公益性公墓(即白沙墓地安置点)。2020年,根据市委、市政府的工作部署和要求,结合港口区实际,将港口区白沙墓地进行扩建,总用地面积492.444亩。

(麦瑞志)

镇(街道)概况

企沙镇

【概况】 企沙镇位于港口区东南部,光企半岛南端,三面临海,距离市中心区32千米,辖区陆域面积77.2平方公里,海岸线长51公里。企沙镇是广西重点规划建设的大型临海工业区,是中铝、钢铁、金川镍铜等重大项目落户地。渔业资源丰富,是广西第二大渔港,生态旅游资源丰富,拥有长达10多公里的滨海旅游长廊景点,为国家一类边地贸易口岸,是大西南出海大通道的出口。2021年,企沙镇荣获2018—2020年防城港市驻村工作先进后盾单位、防城港市先进基层党组织、防城港市五星级乡镇党委、第五批自治区民族团结进步示范单位等荣誉称号。

企沙镇下辖8个行政村、7个社区。肉类产量865.34吨,水产品产量82031吨。镇有工业企业10家,其中规模以上工业企业9家。

【组织建设】 2021年,企沙镇争创星级乡镇党委,获评自治区农村基层党建示范镇、全市五星级乡镇党委。突出"精干高效",全面重构镇机构职能体系,顺利通过经济发达镇行政管理体制改革验收;紧盯"1+6"系列及"四红"党建工程要求,扎实推进党支部标准化规范化建设,年内共有7个农村星级党组织、1个自

2021年,企沙镇党委荣获防城港市五星级乡镇党委称号

(港口区企沙镇 供图)

10月15日,自治区党委编办副主任农乐(左四)在市委组织部副部长、市委编办主任徐强(左三),区委书记朱靓(左五)的陪同下到企沙镇调研评估经济发达镇管理体制改革试点工作 (港口区企沙镇 供图)

3月26日，企沙镇第1期“星期五学堂”以党史学习教育委第一课正式开课，全镇15个村(社区)“两委”干部共110余人参与听课

(港口区企沙镇　供图)

治区先进党组织；着力创建“一村一品”滨海党建特色村及党建示范带，成立全市首个海上党群服务中心及渔船党支部，搭建海上服务新载体；推进“两新”党组织质量提升行动年，接收及新成立4个非公有制企业党支部，打造小藻等一批新的“两新”党建示范点。

【干部队伍建设】 完成2021年村(社区)“两委”换届工作，选举产生村(社区)“两委”干部120人，支书主任全部实现“一肩挑”。完成镇党委、人大、政府换届选举，为企沙镇“十四五”规划顺利实施和乡村振兴打下坚实基础。开展党史学习教育及“解放思想、转变作风、提升能力”专项行动，发挥镇党校育才、正才作用和青年人才服务中心“聚才、荐才”作用，创设“星期五学堂”，累计开展党史专题学习23场次，培训党员干部约600人次。严把党员入口关，2021年共发展21名预备党员，吸纳30多名入党积极分子，党员结构和质量进一步优化，党员干部先锋战斗力有效增强。

【党风廉政建设】 坚持党风廉政建设工作摆在重要日程，强化党风廉政绩效考核，层层压实全面从严治党主体责任，树立风清气正的干事氛围。强化廉洁教育，以学习贯彻政治建设六项重点任务为重点，深入开展廉洁文化“五进”、以案促改、以案促建等活动，全面加大纪律作风警示教育力度，党风政风得到持续转变。强化正风肃纪，以开展“四风”及扶贫领域腐败和作风问题专项治理工作为重点，年内共重新调查处理历年问题线索问题5件，查办案件13件，给予党纪政纪处分5人，全面推动从严治党向基层延伸。

【项目建设】 大力推行“六个一线”工作法，镇三套班子成员靠前指挥，全镇80%干部均奋战在征地一线，做到特事特办、特事快办、跟踪督办，确保了簕山古渔村景区改造提升工程、五金铜

8月16日，镇党委书记冯云峰(前排右二)，党委副书记、镇长骆振华(前排右一)，党委委员、副镇长、二级主任科员叶胜林(后排右二)陪同区委书记朱靓(前排右三)，区委常委、统战部部长吴乃华(前排左一)到企沙镇调研柳钢多元产业园项目征地工作　　(港口区企沙镇　供图)

材卫浴产业园配套道路、防城港电厂潭松220千伏线路工程等一批重点项目顺利交地施工。特别是7月初开展柳钢多元产业园项目征地拆迁50天攻坚战，仅用一个多月的时间，清表交地施工635.05亩，彻底破解了阻碍施工建设的征迁瓶颈。2021年，共开展征迁项目36个，涉及旅游开发、农业生产、工业企业和基础设施建设等领域，完成土地征收982亩，拆除房屋118户，交地1233.29亩。

9月11日，港口区组织共产党员、团员青年志愿者、爱心企业人士及村里乡贤、村屯群众等在企沙镇簕山古渔村、山新村等地开展乡村人居环境综合治理志愿服务行动

（港口区企沙镇　供图）

【产业发展】 着力打造"特""精""优"农业，红衣花生、红香薯等特色种植业增产、增效。小藻农业科技二期项目建成投产，现代农业经济示范园区建设加快推进。积极配合推进企沙渔港经济区建设，德城渔业码头改造、东部万吨级远洋渔业码头等总投资约18.65亿元的5个项目全面开工。做大做强海洋捕捞、对虾养殖等传统海洋渔业，全镇渔业生产总产量达8.65万吨，总产值达19.95亿元。滨海旅游业态势火热，簕山古渔村、天堂滩、山新大沙滩等"网红"点游客流量持续增加，其中簕山古渔村被评为广西四星级乡村旅游区。

【乡村振兴】 严格落实"四个不摘"要求，继续保持兜底救助类政策稳定，持续落实好教育、医疗、住房、饮水等民生保障普惠性政策，胜利完成自治区脱贫后评估工作，完成产业奖补资金发放49户、17.44万元，"雨露计划"资助学生123人次、17.1万元，新增扶贫小额信贷15笔、68.5万元。定期开展防贫监测集中排查，对新纳入的监测对象，逐户制定有针对性的帮扶措施。全镇共有防贫监测对象16户、36人，已消除风险5户、11人。深入推进农村人居环境整治专项行动，累计出动党员干部及群众约2200人次参与村庄清洁行动，平整地面约2万平方米，拆除、修复危旧房72间、约3150平方米，清理村庄垃圾约690吨、海洋垃圾42吨，拆除乱搭乱建256处。重点打造以山新、簕山、天堂角等为代表的一批精品示范村屯。成立全市首个乡镇国有平台公司——防城港市振企投资发展有限公司，加快推进广西宇煌村集体经济产业园项目建设，村级集体经济收入达222.23万元。

【民生福祉】 按照"一个都不能少"的工作目标，严格落实控辍保学"双线四包"和"三级联动"工作机制；全面落实"双减"政策，全力推进中小学生课后延时服务。举办"侨心永向党　感恩跟党走"庆祝中国共产党成立100周年文艺演出、"唱支山歌给党听"等各类文体活动30余场。计划生育奖励扶助政策兑现率100%，为独生子女家庭缴纳"爱心保险"120户、208人。2021年，全镇农村劳动力转移就业新增290人，城镇新增就业人数221人。对因疫、因病、因灾等造成基本生活困难的群众及时给予救助，全面落实城乡养老、医保、低保、特困人员、临时救助、孤儿、残疾人"两项补贴"等保障政策，实现应保尽保、应救尽救。

【社会治理】 探索建立"基层党组织—综治中心—网格工作站—网格单元—网格员"组织框架，将消防、防疫、防溺水、扫黄打非等工作纳入网格化管理，建立常态化"六联"工作机制。积

6月26日，在企沙镇华侨村举办“侨心永向党　感恩跟党走”——防城港市侨界庆祝中国共产党成立100周年文艺演出　（港口区企沙镇　供图）

7月16日，市海监支队副支队长余丽云（正面左三）到企沙镇召开“基层党建+社区（村屯）警务+网格化综合治理”基层社会治理模式调研座谈会　（港口区企沙镇　供图）

极开展“三进六访”工作，成功调解矛盾纠纷20件，无矛盾纠纷转化为重大刑事、治安案件的情况。答复各类信访件19件。全市群众安全感得分92.44%，再创历史新高；扫黑除恶专项斗争成效调查得分97.4%，排在全区第2位。同时，严格落实安全生产责任制，积极开展防溺水安全隐患排查整治，在危险水域设立防溺水警示牌，切实保护广大群众生命安全，没有发生较大以上安全生产事故，社会大局和谐稳定。

光坡镇

【概况】 光坡镇（1993年撤乡设镇）位于港口区东南面，地处光企半岛中段，距防城港市中心仅18千米，东连钦州湾，南接企沙镇，西至白沙沥街道东海湾，北靠王府街道。光坡镇为“三光企”革命武装起义的发源地，有中学1所、小学8所、公立幼儿园1所。光坡镇自然资源丰富，主要矿产品有重晶矿、水晶矿、石英砂等；主要旅游景区景点有大龙口生态休闲山庄、火山岛、小八黑家庭生态农场、万亩大蚝养殖基地观光景点以及沙螺寮新农村等一批旅游景点；主要地方特色有光坡鸡、红香薯、海红米、沙虫、文蛤、大蚝等。

2021年，全镇辖8个行政村、2个社区，198个自然村（屯）。经济作物种植面积1334公顷；粮食种植面积2014公顷；肉类产量1182.13吨；水产品产量13.18万吨；辖区有工业企业13家。

【巩固脱贫成果】 全镇共有监测对象46户、155人，每户均落实帮扶联系人。其中，2021年新识别监测对象27户、94人，已消除风险8户、23人。帮助脱贫人口就业，安置公益性岗位人员102人；特色产业以奖代补113户次，累计发放产业奖补金额38万余元；落实教育保障政策，春秋季两学期发放“雨露计划”政策助学金60.64万元，惠及学生150人次。医疗保障全覆盖，建档立卡户和监测对象城乡居民基本医保参保

光坡鸡（2021年）（港口区光坡镇 供图）

率100%，共461户、1756人。加大脱贫人口小额信贷发放力度，完成脱贫户和监测对象申请贷款19户、90万元贷款。完成7个扶贫项目建设。为123户贫困户发放小额信贷546.28万元。支持发展产业。新建15个扶贫车间、扶贫工厂，解决55名贫困户就业问题。落实稳岗补贴86.65万元。落实619人线上培训补贴和生活补贴。开发临时公益性岗位21名。推进数字乡村建设，共参加10场次直播带货，把光坡农产品卖向全国各地。10个村（社区）集体经济全面完成年度5万元任务，脱贫出列村突破20万元。建立健全精准防贫机制，围绕“两不愁三保障”，定期开展防贫监测风险评估，针对性开展帮扶，切实消除监测户、边缘户返贫风险点。

【项目建设】 继续坚持“六个一线工作法”，妥善抓好被征地群众社会保障及安置就业，重点推动完成核电“红沙湾”国际科研培训基地、桂能热力管网、沙企大道扩建等项目交地。2021年完成征收14.197亩、签订房屋协议35户、拆除房屋55户、交地432.616亩。严格项目管理，保障项目任务。每一个项目均明确专人负责，协调跟进项目进展，严格按照有关要求，完善项目手续，优化项目管理。针对2021年10个新建项目做好管理服务工作，对往年30个项目进行结算审核，对150项前期工作进行梳理。2021年，项目资金支出约300万元，主要用于村庄基础设施以及村集体经济发展等项目。

【乡村振兴】 发展大蚝对虾养殖、海产品精深加工和仓储物流等特色产业，持续打造渔光互补规模养殖和红沙湾万亩大蚝养殖等特色品牌。打造扶贫特色农产品海红米种植基地。全镇复耕面积近2000亩。完成2846户耕地地力保护补贴录入发放。投入210万元对28个村屯实施乡村风貌提升工程。完成新兴村大龙口组村屯绿化美化景观提升。完成新兴村、栏冲村村庄规划编制。

【科教文卫体】 举办“光坡鸡养殖培训班”等科技培训班，帮助农民创业致富。落实好学龄前一年适龄儿童入园保教费补贴政策、农村义务教育家庭困难寄宿生生活资助、义务教育学生营养改善等。光坡中学扩建已进入招标阶段。光坡镇中心小学荣获自治区文明校园奖。完成广西广电网络光坡镇广播电视机房1个。举办各类文体活动文艺晚会10余场，采茶戏下村演出活动10场，电影下村放映120场。完成大龙口生态乡村停车场旁旅游厕所主题改造，公共卫生服务水平持续提升，各村（社区）卫生室全部达到标准化卫生室建设标准。

【社会治理】 建立社会综合治理网格化体系，全面建成镇、村两级综治中心加大矛盾纠纷排查调处力度，调处成功信访件33件，答复各类网上信访件35件。深化基层村（社区）警务工作，接收报警414起，受理治安案件67起，查处32起，行政拘留37人，立刑事案件61起，逮捕10人，维护社会治安稳定，提高群众安全感明显。严格落实“党政同责、一岗双责、齐抓共管”的安全生产责任制，组织开展各类安全生产大检查10次，强化排隐患排查治理和专项安全整治工作，开展“1+6+N”安全生产隐患集中排查治理专项行动，确保全镇安全生产形式持续稳定向好。

【民生福祉】 城镇新增就业人数89人，农村劳动力转移就业新增人数702人。全镇享受低保户数501户931人。临时救助121户，救助金额达66万余元。落实残疾人“两项补贴”共计739人。发放高龄补贴761人。完成居民养老保险参保7378人,养老保险参保4523人,领取养老金2855人,做到应保尽保,应发尽发。积极实施“阳光家园”和“党员助残”活动。

【组织建设】 坚持学做常态化,开展理论中心组学习4场,主题宣讲12场,组织集中学习十九届五中全会精神3次,深入学习习近平新时代中国特色社会主义思想,巩固“不忘初心、牢记使命”主题教育成果。开展2021年光坡镇村(社区)“两委”换届工作。完成7个党支部升格党总支工作,成立1个青年人才服务中心党支部、1个离退休党员党支部,完善组织架构。全镇90%的村党组织被评为“星级支部”,40%被评为“五星支部”,后进村党组织完成整顿。

渔洲坪街道

【概况】 渔洲坪街道位于港口区渔沥岛北面,东与光企半岛隔海相望,南连白沙沥街道,西连西海湾,北邻沙潭江街道,是港口区委、区政府所在地。街道行政区域面积36.51平方千米,海岸线长35千米,拥有红树林约133.33公顷。2021年底,户籍人口5.3万人,下辖渔洲、珠砂港、车辽、桃花湾、长山5个社区、54个居民小组。辖区内梦幻北部湾、西湾观光游、仙人山公园、桃花湖公园、北部湾大道景观带等一批文化旅游项目和公共设施已建成并对游客开放。

【党建工作】 坚持以小区党建“红色港湾”工程为抓手,引领广大党员干部和居民群众群策群力,2021年开展“红色书亭”、“温情候鸟湾”关心关爱活动等活动,参与党员、志愿者累计达500多人次,服务群众累计1000多人次,实现党群“零距离”。

【服务大项目】 防东铁路、望海大数据、公车一号路、港口区公共交通站用地等项目稳步推进。防东铁路涉及国有土地上房屋已评估86户,签订协议28户,补偿到位8户。公车一号路项目应签协议11户、34人,目前已签订协议书8户、20人。望海大数据、港口区公共交通站正全力推进。广西崇鹏金科有限公司用地、港口区公共交通场站用地、港口区幼儿园项目项目均已完成交地。

【为民办实事】 完成港口区企事业单位退休人脸识别认证1992人,城镇居民医疗保险新参保人数2768人,续保人数7885人,共参保人数为10653人。做好城乡低保工作。根据动态管理原则,做到应保尽保,应退尽退。共发放低保补助金额共39.3万元、残疾人两项补贴金18.136万元、临时救助金额7680元、事实无人抚养救助金9.405万元;共有80岁以上高龄老人177人,为其发放金额23.616万元。做好特困人员供养工作。加强散居农村特困人员的安全管理和服务工作,确保基本生活无忧,把党和政府的政策落到实处。

【社保工作】 港口区企事业单位退休人脸识别认证1850人,其中协助异地认证62人。接收退休管理人员55人、档案43份。城镇居民养老参保人数1254人、医疗保险新参保人数692人、就业申请登记人数371人、退役军人优扶定量补助优扶对象66人,企事业退休人员申请独生子女补贴103人。节日慰问发放15000元。企事业退休人员申请独生子女补贴发放10.28万元。

【安全生产】 严格落实安全生产“党政同责、一岗双责、齐抓共管”工作制度,狠抓安全生产检查,共出动600多人次对辖区内危化、商贸生产经营企业、天然气销售安装企业、三合一、人员密集场所以及公共基础设施进行安全隐患排查,其中发现安全隐患87处(其中燃气方面40处),已责令整改87处,整改率达100%。

【安全工作】 渔洲坪街道建立“党员楼长+小区网格员”制度,辖区共划分,构建“网格覆盖、条块结合、权责分明”的综治网格化工作体系。在网格阵地开展活动50余场次,服务群众1万余人次,政策宣传100余次,发放法治宣传资料4000余份,面对面解答群众法律咨询上百余人次,“治理+服务”成效渐显。

【清廉建设工作】 认真履行党风廉政建设主体责任,按照全街道党风廉政工作的要求,定期召开党风廉政建设工作会议,开展廉政约谈活动,做到了掌握情况、督促工作、提醒警示。强化监督执纪,加强党风廉政建设,规范党员干部教育管理,不定期开展警示教育谈话,开展谈心谈话10场次，其中，集体廉政谈话4场次共50人，单独谈心谈话8场次共8人。加大查处党员领导干部违纪违法案件力度，聚焦主责主业，强化监督执纪问责，重点查处工程项目招投标、征地拆迁、土地整理、惠民补贴等领域重点岗位、重要环节、重点人员的职务犯罪案件，有效遏制职务犯罪多发态势，营造不敢腐的氛围。

（董　敏）

白沙沥街道

【概况】 防城港市港口区白沙沥街道办事处于1994年10月经广西壮族自治区人民政府批准成立。位于港口城区中心，东起吹沙填海区，西至港务集团北区码头，南接港务集团南区岸线，北靠仙人山。行政区域面积约19.67平方千米。海岸线总长21.6千米。总人口42289人，户籍人口总数19525人，常住人口29223人。下辖沙万、插排尾、兴港、仙人湾4个社区，共有85个居民小组。辖区集合医疗、教育、商贸、就业、旅居等多项功能，产业结构覆盖临港、粮油、加工、石化、物流、仓储、商贸、金融等业态。有大中小型企业1864家，其中，规模以上企业108家，规模以下企业1756家。形成以富裕路世界风情步行街为中心的社区便民商圈。辖区东、南、西三面环海，中国西部地区第一大港、中国大陆海岸线最西南端的深水良港防城港的码头坐落于此，是中国内地进出东盟各国最重要的中转基地和大西南最便捷的出海通道。

2021年，白沙沥街道仙人湾社区荣获自治区最美志愿服务社区称号，沙沥社区荣获防城港市先进基层党组织称号。

【基层党建】 选优配强“头雁队伍”，激活发展“新动能”。4个社区高标准完成社区“两委”换届工作，整体实现年龄下降、学历和妇女比例上升、班子结构和整体功能优化的“一降两升双优化”的预期目标。同时，留下经验丰富的老支书帮助支持新班子开展工作，发挥“传帮带”作用，进一步巩固换届工作成果。筑牢红色阵地，党建引领激发小区治理活力。充分发挥党建引领作用，着力破解小区治理难题。分别在4个社区建立21个小区党支部，积极对接相关部门落实场地5个，落实小区党建“红色港湾”用房7套。其中，2个小区党支部被评为三星级小区党支部，1个小区党支部被评为四星级小区党支部。筑强战斗堡垒，扎实推进“民企红堡垒”党建工程。落实领导干部联系企业制度，街道14名领导干部包片挂钩59家企业，服务、帮助企业协调解决党建工作中存在的困难和问题。积极推进党支部联建，先后与非公企业党组织开展联建活动50余次，扶弱助困50余人。强化示范引领，以大海粮油党总支部、广西力峰投资集团有限公司党总支部为龙头，引领街道非公企业党组织发展。2021年，新组建非公企业党组织3家，培养入党积极分子30名，发展党员16名。全力推进街道青年人才服务中心建设。把提升城市青年人才服务中心服务功能作为重要抓手，构建青年人才精准服务体系，打造一支高素质的城市青年人才队伍，激励人才干事创业热情，为推动白沙沥街道、港口区高质量发展夯实人才基础。持续推进党风廉政建设，营造风清气正的良好环境。从群众急难愁盼问题着手，强化民生领域专项督查。通过深入社区检查党建台账、回访处分党员等方式对历年的低保五保、社区资产管理、公款吃喝等可能存在问题线索的领域进行摸底底深排查。2021以来，通报典型案例1件，明察暗访10次，疫情防控督查15次，排查线索7起，转立案3起，3名党员干部受到处分，对4人进行了约谈，推动街道党员干部转作风树新风、展形象提效能。

【党建工作】 坚持党史学习教育与理论学习中心组学习规范化制度化，利用党史学习教育“指定书目”做好理论学习成果转化。通过开展“党史知识竞赛”，利用“青年课堂”开展党史学习读书交流，邀请党校教授讲党课，组织唱红歌，观看红色电影，参观红色基地，送红色书籍到社区、企业，为48名“光荣在党50年”党员颁发纪念章等活动，全面掀起党史学习热潮，推动“我为群众办实事”全面落地。

成立街道宣讲团，党工委书记带头到非公有制企业党支部讲党课，街道其他宣讲团成员深入到各挂钩点开展讲党史学习教育专题党课，营造学习党史的浓厚氛围，推动党史学习教育系列活动走深走实。依托社区新时代文明实践站，创新活动载体，积极开展喜迎中国共产党成立100周年

6月23日,街道党工委送红色书籍进社区

(港口区白沙沥街道　供图)

等主题活动6次。学习党史与习近平总书记关于网络强国的重要思想,及时处置化解问题,解民忧、纾民困。2021年,向区委办信息科、区政府办信息科、港口区新闻中心、《防城港日报》报送信息28条。

【民生社保】 扎实做好企业退休人员社会化管理服务　2021年,共接管退休人员5820人,接管企业人事档案168份,100%完成每年资格认证任务。

稳步推进低保和社会救助等工作　落实续保和新增低保人员76户、121人,剔除3户、6人。排查出重度残疾人和困难残疾人享受残疾人补贴154名,有事实无人抚养儿童4人,享受临时救助4人。

扎实开展控辍保学工作　按照区政府控辍保学"双线四包"要求,压实街道控辍保学属地工作职责,加强与辖区学校沟通联系,提高学校、教师、家长等各方的思想认识,打消学生辍学念头。目前,街道辖区无学生辍学现象。

加大财力物整治辖区环境卫生　街道前后共投入10万元用于环境卫生整治和生活垃圾分类工作,建立了5个垃圾驿站,配备32套垃圾分类桶、500个厨余垃圾桶,以及一批扫把等保洁用具,建立生活垃圾分类示范点,实现生活垃圾分类全覆盖。小区的垃圾投放及收运工作有序推进,辖区城中村和无物业小区的"脏、乱、差"问题得到有效整治,居民的生活环境明显改善。

重点推进老旧小区改造项目　街道作为代建单位,积极配合住建局对辖区内外贸大院、白沙小区等9个老旧小区(涉及居民999户、建筑面积6.47万平方米)进行改造,完成了道路维修、排水沟改造、路灯安装、绿化提升整治等项目建设。

用心解决群众诉求　协调防城海关、防城港务集团等单位拆除了封堵了15年的插排尾望海路拦路围墙,打开了群众的"心墙"。

积极联系辖区市新华书店有限公司、市区农村信用合作联社港口信用社、广西力峰投资集团有限公司等爱心企业,为辖区14名困难大学生捐赠助学金28000元、一批图书和学习笔记本。

【安全生产工作】 严格落实安全生产一岗双责工作制度,把安全生产工作纳入街道全年工作的重要议事议程,定期分析研判,及时解决街道安全生产重大问题。结

8月9日,街道联合派出所开展矛盾纠纷调解

(港口区白沙沥街道　供图)

合日常工作实际和“安全生产月”开展宣传活动，通过制作展板、张贴海报、电子显示屏播放等方式，普及防灾减灾安全知识和自救互救技能，积极营造社会关注、全民参与的良好氛围，切实提高社会参与能力、全民安全素质和社会整体安全水平，筑牢安全风险防线。严格落实汛期24小时干部在岗值班制度，确保信息报告及时。重点抓好街道辖区山体滑坡、水塘、市场内涝、城中村危房等安全隐患点。充分发挥部门联动作用，共同抓好防汛和未成年人防溺水工作，确保辖区人民群众生命财产安全。2021年以来，街道开展日常安全检查41次，组织集中检查企业安全生产和消防安全28次，排查安全隐患23处，口头指令整改18处。正面法治教育2人，责令新添加灭火器16个。

【社会综合治理建设】 全面推行“三官一律”进社区工作机制。构成“三官一律一网格”工作体系，为辖区居民提供主动、高效、精准服务，力争小事不出社区、大事不出街道、矛盾问题不上交。成立“阳光大妈”“红袖章”等治安巡逻队，开启小区群防群控工作力量，实现全方位、立体化群防群治工作体系。

推动社区群防群治 把强化基层党组织、重点行业专项整治、打击传销专项行动等工作与扫黑除恶专项斗争结合起来，发动群众积极提供线索，协调各方共同打压黑恶势力滋生空间，营造基层稳定、和谐发展新局面。

抓好平安校园建设 联合辖区派出所、司法所等多家单位对辖区内20所中小学、幼儿园校园及周边环境开展联合整治行动，切实消除校园及周边安全隐患，净化校园及周边治安环境，推进平安校园建设。

加强反邪教工作 分别组织1465人参与“对邪教说不”网络签名活动、1580人参与“广西文明家庭拒绝邪教”网络签名活动。

（潘冬云）

沙潭江街道

【概况】 沙潭江街道是市委、市政府所在地，是全市政治文化中心。地处防城区与港口区、渔万半岛和光企半岛的接合部，三面环海，水陆交通便利，是通往防城港、企沙、钦州龙门港的交通咽喉。境内主要交通干线有北部湾大道、金花茶大道、江山大道、公车大道（现更名为沙潭江大道）、东湾大道和沙企一级路，北靠防城区文昌街道，西面临防城江，南与渔洲坪街道渔洲社区相连，东与王府街道公车村衔接。下辖5个社区、68个村民小组，居住有汉、壮、瑶、京等多个民族，常住人口3.9万人（流动人口约2.9万人），总人口6.8万人。全街道总面积43平方公里，其中，耕地面积0.67平方公里，林地面积12516亩，浅海滩涂面积1082.5亩。辖区内建设有北部湾海洋文化公园和白鹭公园，建设有防城港市第四中学、公车中学、金湾中学3所中学和金湾小学、公车中心校、豪丫小学3所小学，另有图书馆1个、体育馆1个、科技馆1个、影剧院1个、青少年活动中心1个、集贸市场4个。

【北部湾海洋文化公园】 位于防城港市港口区沙潭江街道辖区内，面朝大海，毗邻市博物馆、文化艺术中心、科技图书馆、青少年活动中心，占地面积35.5公顷，海洋诗书苑的60多块景观石上刻有100多幅伟人、名人书法作品，公园内园林景观、亭台楼阁、石刻书海，相映成趣，以高品位的艺术景观，优雅的园林成为人们休闲放松、欣赏海景、体验海洋文化的新平台，集市民集会场所、居民休憩游玩公园、红树林保护基地和城市开放空间于一体。公园以高品位的艺术景观，优雅的园林成为人们休闲放松、欣赏海景、体验海洋文化的新平台。

【工业】 沙潭江街道辖区共有工业企业58家，其中规模以上企业17家，盛隆冶金、华晨矿业、源盛矿渣、富味乡油脂、十九冶结构、天睦化工、宝兴工艺、昌海木业、杭氧气体、捷康生物等工业企业生产销售态势继续保持良好势头。2021年，广西盛隆冶金有限公司2021年以营业收入584.07亿元继续蝉联广西百强民企榜单榜首和百强民企制造业榜首，入围2021年中国民营企业500强161名、中国制造业企业500强162名。全街道工业已发展形成了钢铁、建材、磷化、矿产、食品五大工业体系。

【乡村振兴工作】 2021年，沙潭江街道支出特色产业以奖代补项目资金1.8万元、新增小额信贷10万元，用于扶持2016—2021年的脱贫户及监测户用于带动种植、

6月23日，沙潭江街道联合港口区消防应急救援大队在和平永久安置区开展灭火器演练（港口区沙潭江街道办 供图）

养殖特色品种鸡产业发展，增加脱贫户及监测户家庭产业收益。此外，街道全力落实雨露计划学历教育补助资金，充分发挥教育扶贫作用，年内核发2名学生学历教育补助，解决贫困家庭子女教育问题，杜绝就学返贫致贫情况发生。

【"三农"工作】 在农业方面，2021年沙潭江街道农业完成支持保护补贴的面积申报和核实，共补贴3个社区139户面积14.14公顷，发放补贴金额2.14元；完成2021年实际种粮农民一次性补贴项目的申报和核实工作，核实面积13.31公顷发放金额2.52万元。在林业方面，积极配合上级业务主管部门，认真调查违法用地，处理查处非法占用林地案件；对森林防灭火半专业队伍进行一次森林防灭火知识培训，组织人员力量，开展不间断的防火巡护；全面推行林长制工作，各项目标任务按质按量如期完成。水利方面，全面落实街道河长制办公室及巡河工作，按巡河要求落实镇级河长每周3次，村级河长每周4次巡河，发现问题及时上报解决。对防城河（港口区段）介排桥至针鱼岭桥段管辖范围内的"僵尸"蚝排全面清理，对河道排污和乱占河道建房等问题及时制止并上报处置。

【社会保障事业】 2021年，完成农村劳动力调查5524人次，发布就业招聘信息30期。2021年3月2日，沙潭江街道联合港口区就业中心组织企业在沙潭江富康市场旁举行"春风行动"企业现场招聘会（沙潭江专场），同时宣传创业、就业及社保相关政策，发放宣传单2000余份，悬挂张贴社保宣传横幅标语36条。落实创业补贴政策、减轻企业压力，完成办理创业补贴审批59人次，办理2021年脱贫劳动力边缘易致贫劳动力务工交通补贴审批8人次。完成脱贫劳动力就业调查18人，就业困难人员再就业人数10人，城镇失业人员再就业人员60人，农村劳动力转移就业新增90人，城镇新增人员1350人。

【卫生计生】 2021年，通过积极开展健康教育活动，宣传教育普及率在95%以上，举办健康教育宣传专栏，提高居民健康基本知识知晓率，知晓率达到85%以上，促进居民形成健康的生活方式，形成率达到75%以上，基本技能

4月1日，港口区沙潭江街道联合各相关单位在海湾公馆小区开展"感党恩跟党走 党史知识大家答"、"传递爱心、情暖长者"公益义剪、义诊等"为民办实事"活动（港口区沙潭江街道办 供图）

掌握率大于75%以上。

【安全生产】 2021年，沙潭江街道重点开展地质灾害防治与国土监察动态巡查工作108次，其中国土监察动态巡查96次，共220人次；累计发现违法建设13宗，报送“两违”办13宗，拆除违法建筑面积3335平方米；受理不动产土地登记权属调查8宗；配合上级部门核查设施农地卫片图斑土地调查工作19宗。2021年街道对辖区内的加油站、液化气储罐站和烟花爆竹经营、储存场所等重点危化单位，以及大型商场、超市、农贸市场、学校等人员密集的场所进行了集中检查，其中存在一般安全隐患的有20家，责令现场整改16家，下达限期整改通知书8份，保障居民群众生命财产安全，确保安全生产工作落到实处。

【党史学习教育】 2021年，沙潭江街道紧紧围绕庆祝中国共产党成立100周年、民族团结等主题并结合党史学习教育工作安排开展了“感党恩 跟党走”主题系列及“民族团结一家亲、凝心聚力颂党恩”“欢歌三月三，党建领航歌颂党”等系列“红色”活动；组织党员赴光坡“三光企”革命武装起义纪念碑、防城烈士陵园、东兴纪念碑等爱国主义教育基地等开展党史学习教育系列主题党日活动。同时，街道召开“党史学习教育与建党百年”宣讲报告会，街道党政主要领导结合当地特色，分别利用本地方言和普通话围绕党史学习、中国共产党成立100周年等主题和基层干部如何敢于担当、勇于作为、如何提高执行力等内容进行拓展宣讲。此外，街道各党支部成立了“我为群众办实事”实践活动工作组，全面开展“我为群众办实事”——“上门慰问老人，送祝福”、环境卫生整治、“传递爱心，情暖长者”、矛盾纠纷调解、“庆建党百年，扬志愿新风”等实践活动，不断把党史学习成果转化成为民实事、解难题的实际行动。

（吴子营）

4月9日，沙潭江街道开展“三月三”文艺会演

（港口区沙潭江街道 供图）

王府街道

【概况】 王府街道位于港口区东北部，是港口区与防城区接合部，防城港大西南临港工业园B区所在地，是通往钦州龙门港、企沙渔港、核电、钢铁、金川的交通咽喉。东南接光坡镇，南向渔洲坪街道，西接沙潭江街道，北邻防城区茅岭镇，东北与钦州市钦南区龙门港镇交界。

行政区域面积 街道总面积68平方公里，街道下辖1个行政村和3个社区，分别是白沙村、王府社区、公车社区、沙港社区。

水陆交通情况 滨海公路、沙企一级路、沙企铁路、榕木江大街、文昌大道、玉石滩大道贯通全境，小龙门街、沙港路、兴化路、洲尾路、新风路等大西南临港工业园路网在境内纵横交错，城区道路骨架已经初步形成。

历史古迹 王府街道三面临海，海岸线长约30千米，白沙村东面村口有两口鸳鸯古井，呈三角形，古井已有300多年的历史，相传明末将领杨彦迪曾在此一带开展抗清活动。古井潮起覆盖潮落呈现，常年不干，始终甘甜清澈。

主要资源 王府街道耕地面积442公顷，林地面积2943.5公顷，浅海滩涂面积466.7公顷，海水养殖塘4000多亩。海洋资源主要有各种鱼类、虾类、蟹类和贝

类800多种，量大质优。

主要地方特产　主要有对虾、大蚝、青蟹、光坡鸡、五黑鸡、雁鹅、海红米、红衣花生、牛大力、中华蜂蜜和杂粮杂豆等。

获地厅级以上表彰情况　自治区级奖项3个，分别是王府街道党工委获“自治区先进基层党组织”称号，白沙村获“自治区脱贫攻坚先进集体”称号，王府街道办事处被自治区统计局授予“广西新时代统计工作规范化建设示范单位”称号。市级奖项4个，分别是白沙村党总支部被评为“防城港市先进基层党组织”，冯明龙、黄积春、庞兴振3人被评为防城港市优秀党务工作者。

【党建工作】　2021年，开展政治理论专题学习4次，重点学习习近平新时代中国特色社会主义思想、中央十九届历次全会精神以及习近平总书记“4·27”视察广西重要讲话精神。讲党课5次，培训党员干部200多人次，组织开展红色教育基地学习、山歌会等党史教育活动8次，组织开展“我为群众办实事”活动，为群众办实事50多件。召开落实党风廉政建设责任制会议4次，开展书记面对面谈心谈话11人次，专题集体约谈4次、31人次。对4名新任村(社区)支书开展任前廉政谈话，对涉及村(社区)两委换届、干部职务调整、评先选优等方面的100多人次进行廉政审查，完成37份廉政档案的动态更新。对5名班子成员及9名下级“一把手”进行廉政家访，推动良好家风建设。主动认领区委巡察组巡察反馈问题，牵头制定《巡察整改责任清单》，在规定时间内完成区委第二巡察组巡察王府街道党工委反馈的4个方面、10个问题的整改。

组织党员干部集中开展4次警示教育学习活动，针对脱贫成果后评估等工作开展“四风”问题检查6次，提醒谈话5人。开展“解放思想、转变作风、提升能力”专项行动，召开专题会议3次，破除思想“顽疾”2个，制定制度3项，维修“民心”路2条。集体约谈街道、村(社区)党员干部31人次，立案3件，处分4人，提醒谈话5人。

【党史学习教育】　成立党史学习教育工作领导小组和工作组，制定党史学习教育方案。开展“感党恩跟党走”主题系列活动，开展走访慰问老党员、困难党员活动，开展“光荣在党50年”纪念章颁发仪式，到“三光企”革命武装起义纪念碑、江战役纪念馆开展“缅先烈温党史”和举办“奋斗百年路，启航新征程”庆祝建党100周年文艺晚会等活动。开展“我为群众办实事”活动，共为群众办实事20多件。其中，筹资30多万元实施城乡环境卫生改善项目，改善人居环境。修建公车社区榕木组至卫生院道路，维修中一重工门口道路，解决5000多名群众的出行难问题。开展慰问帮困活动，慰问困难群众300多人次。制定“开新局勇争先”活动方案，以“四创”佳绩为载体，落实好港口区“开新局、勇争先”的自选动作。“四创”为：在服务重大项目上创佳绩，在服务百姓民生上创佳绩，在推动乡村振兴上创佳绩，在推动向海经济上创佳绩。着力解难题破瓶颈，解决影响项目建设的征拆历史遗留问题20多个，服务项目建设取得新成效。

【征地拆迁】　2021年，共完成土地征收259.9亩，签订房屋协议90户，搬迁房屋57户交地1400亩。其中防城港市沙企大道工程项目、广西物资集团冷链、白沙墓地扩建工程项目、川金诺湿法磷酸净化及精细磷酸盐项目、翠竹产业园、澳加粮油项目、天地和年产150万吨精品钢铁深加工项目一期、新型环保型化学原料、志成有色金属项目、防城港科栖小微产业园等10个项目全部完成交地任务。皇城坳大街东段、广西滨海公路企沙至茅岭段(约余3亩)、防城港宝能新材料有限公司用地(余10亩)等项目基本实现完全交地。

【乡村振兴】　推进乡村振兴“三清三拆”工作，2021年共向市区“两违办”等部门报告“两违”64宗，配合执法部门拆除违章建筑6688.8平方米，拆除违法建造集装箱6处、48个，清理围挡150多米。拆除白沙村危旧房8间和残余广告牌30处，整治公共活动场所约5000平方米。推进农房风貌塑造工作。王府街道农房风貌塑造任务数51户，已开工40栋，完工14栋。加大脏乱差现象整治力度，组织开展集中整治脏乱差活动3次，清理垃圾60多吨，更换垃圾箱10个，增加村级保洁工作人员4名。

【社会保障】　2021年，享受农村低保为47户、113人，城市低保57户、114人，农村特困供养人员35户、35人，临时救助2户救助金额每户12480元，孤儿和事实无人抚养儿童共13人，领取两项补贴人员共有414人次，医疗参保6331人，养老正常参保3130人，领取待遇1382人。

【生态文明】 2021年4月，开展环保专项整治工作。重点做好农村垃圾处理收集清运工作，由村收集、街道清运。经过1个月的整治，各村无陈年垃圾，主干道两旁和垃圾池垃圾及时清运。虾塘尾水处理。配合农水局做好坑尾虾塘尾水处理，并确保辖区虾塘尾水无直排入海现象。企业排污口整治。重点检查华晨矿业、铁路货场等企业，确保无企业污水直接外排现象。红树林保护，确保无污染、砍伐现象。加强督查，确保辖区无偷采盗采海沙现象。检查废旧回收点，确保无污染、收购违禁品现象。检查生猪养殖塘，确保养殖污水不外排。

【社会治安综合治理】 全面推行“基层党建+社区(村屯)警务+网格化综合治理”基层治理模式，街道分成14个网格，100多名党员干部、村(居)小组长全部划分到各网格，建立从街道、村(社区)、居民小组“三级联动”的网格化管理机制，形成纵向到底、横向到边的共治局面。全面推进“三官一律”村(社区)，化解矛盾积案12件，进一步完善基层治理的制度化和法治化，群众安全感上半年排名全市前列，位居港口区第一。

【防返贫监测】 *聚焦年度目标，压实脱贫责任* 对街道277户脱贫户、5户边缘易致贫户以及其他因病因意外事故等刚性支出较大或收入大幅度缩减导致基本生活严重困难的农户开展全面集中排查，建立并完善防贫监测体系，顺利通过巩固脱贫成果后评估检查。

强化政策落实，稳固脱贫成效 2021年，街道特色产业以奖代补项目共有84户脱贫户与边缘户申请奖补资金，共计321760元。共有25户脱贫户符合申请小额信贷资金共321760万元。共为35名贫困学生申办落实国家“雨露计划”资金共计4.95万元。集体经济带动 采取“合作社＋基地＋农户”的合作经营模式，带动农户发展五黑鸡等特色种养产业并帮助群众拓宽销售渠道，年帮助销售光坡鸡1000多羽、五黑鸡蛋1万多个。2021年，街道利用乡村振兴补助资金196万元，建设鼎鲜鸭生态养殖示范基地项目，推广科学养殖，对产业进行深加工。养殖规模5万羽，预计产值约300万元。通过出租房屋、入股合作社和龙头企业等获得收益分红，村级集体经济不断发展壮大。

【法治建设】 *加强基本农田的保护* 开展自然资源执法监察动态巡查88次。

做好农村建房报批工作 落实新出台的农村建房“带图报批”和“按图验收”有关规定，建房13宗、1280平方米，146户通电。

加强地质灾害防治和洪涝灾害防治工作 建立灾害风险隐患点数据库，街道有地质灾害隐患点9处、15户，涉及63人，洪涝灾害隐患点2处，影响人数594人。通过落实灾害信息员，制定预案、设置有警示牌等方式，确保群众生命财产安全。

【安全生产】 2021年开展企业安全生产大排查活动，重点检查防城港越洋化工有限公司、华晨矿业有限公司、燃气门市部等5家企业，对安全隐患提出了书面整改措施，并责令限期改正。开展道路交通、水上交通安全检查，开展农村道路交通安全专项检查整治，深入沙港社区独山码头开展水上交通安全检查，严厉打击交通违法违规等问题，确保街道辖区良好的交通秩序。开展重点人员密集场所消防安全排查，重点检查学校、幼儿园、沙港公租房住宅区等场所，加强防火消防、家庭用电等安全宣传，对沙港公租房、沙港安置住宅区等小区的乱堆乱放和施工乱象进行整治。

【应急管理与值班工作】 2021年，实行严格的值班值守制度，建立完善领导带班24小时值守机制，规范建设值班室，杜绝值班脱岗、漏岗现象。健全主要领导任组长的应急救援指挥机构，落实防汛、防火等应急救援队伍，准备较为充足的救险物资和抢险装备，确保一旦发生安全生产事故，能及时启动应急救援预案，有效保障群众生命财产安全。

（麦华智）

大事记

1月

1日 防城港市港口区采珠市场、光坡市场正式回迁启用。

5日 防城港市市委常委、市纪委书记、市监委主任袁煌到港口区沙潭江街道、光坡镇督导调研村(社区)“两委”换届选举工作。

7日 防城港市市委副书记于英杰带队到港口区企沙镇和王府街道调研乡村振兴工作，市人大常委会副主任、港口区委书记黄炳利一同调研。

13日 举办港口区第6期“先锋讲堂”建党100周年系列专题讲座“鲜红党旗飘八桂——新民主主义革命时期中国共产党在广西的历程”邀请自治区党史研究室宣教处处长张丽红授课，全区80名领导干部参加培训。

20日 市政府张海副市长在副区长陈佳佳的陪同下到经开区管委调研。

22日 2019年扶持集体经济项目——核电综合市场验收。

29日 防城港市代市长唐铁昂到港口区代表团、防城区代表团，与代表们一起审议政府工作报告。

30—31日 自治区“奋战一季度、加力开新局”督导组(第二组，自治区财政厅二级巡视员蒙永雄带队)在副区长陈佳佳的陪同下到港口区进行督导工作。

2月

3日 防城港市港口区沙潭江街道金海湾社区第二届居民委员会选举工作正式开始，市委书记李延强、市长唐铁昂等已登记为金海湾社区选民的市四大班子领导，以普通选民身份在市行政中心区投票站参加投票。

4日 自治区政协副主席黄洲率慰问团一行到防城港市开展春节慰问及视察，黄洲一行到港口区光坡镇潭油村细亚组视察。

23日 市政府副市长廖云在副区长陈佳佳的陪同下到华昇生态铝项目赤泥堆场调研。

是月 防城港市海洋局在市公共资源交易中心成功出让企沙半岛附近海域使用权2宗，出让海域面积32.961公顷，成交价款2072万元，出让期限为50年。

3月

5日 港口区召开党史学习教育动员大会，深入学习贯彻习近平总书记在党史学习教育动员大会上的重要讲话精神，贯彻落实党中央、自治区党委、市委关于党史学习教育有关工作部署，对港口区开展党史学习教育进行动员部署。

9日 市政协主席黄强余率队到津西钢铁防城港生产基地项目征拆指挥部开展调研活动，并召开现场协调会。

上旬 在港口区企沙镇山新村的世界最大的藻油产品生产基地即将投产。

16日 贵州省副省长李睿一行13人到防城港市，就港口建设展开专题调研。

19日 国家发改委副主任胡祖才率队到防城港市调研防城港国际医学开放试验区、西部陆海新通道等建设情况。

26日 市委常委、宣传部部长梁宗勇率市厅级领导联系推进重大项目第六组调研联系推进的重大项目建设情况，研究解决项目建设中的突出问题。梁宗勇一行先后到港口区企沙镇工程项目、广西北部湾国际生鲜冷链基地项目（一期）、文昌大桥项目及配套工程、市工人文化宫项目现场了解项目征地拆迁、供水供电、建设进展等情况。

△企沙镇第1期“星期五学堂”以党史学习教育为第一课正式开课，全镇15个村（社区）“两委”干部共110余人参加教育培训。

4月

1日 自治区副主席方春明在市长唐轶昂、市委副书记于英杰、副市长董凌陪同下调研企沙渔港经济区建设情况。

9日 由中共防城港市委党史学习教育领导小组办公室主办，中共防城港市委宣传部、防城港市文明办、防城港务集团有限公司承办的党史学习教育“感党恩　跟党走·红色电影大家看”进企业活动在港口区桃花湾广场举行。

12日 市委书记谭丕创深入港口区，就推进重大项目建设进行专题调研。

20日 自治区信访局副局长陈海波在副区长陈佳佳的陪同下到纳川山海府楼盘开展中央第二巡视组交办信访事项实地督查工作。

22日 中国电子材料行业协会七届五次常务理事会在港口区召开，市领导于英杰、黄炳利参加欢迎会。

△市委书记谭丕创到港口区检查指导全面从严治党主体责任落实情况，并就基层党建、党史学习教育等工作开展调研。

25日 区长朱靓在区自然资源局局长甘文堂、住建局局长钟科、城市管理监督局局长骆东辉的陪同下到企沙镇调研五金铜材卫浴项目建设。

26日 自治区高级人民法院黄坚二级巡视员一行在副区长陈佳佳的陪同下到港口区开展妇女儿童两纲两规划（2011—2020年）终期评估检查。

28日 全国政协常委、自治区政协副主席、民盟广西区委主委刘慕仁在市政协主席黄强余、副主席张祖广的陪同下到企沙镇山新村调研山心沙岛整治、基层党建工作。

5月

11日 农业农村部副部长于康震率队就防城港市企沙渔港经济区建设情况开展调研。

18日 市政协“防城港乡土文化建设模式”专题调研组（市政协雷璧翠副主席带队）在副区长陈佳佳的陪同下到企沙镇华侨村、山新村调研。

20日 召开第七次党代会代表选举工作部署会，布置党代表推选及选举工作阶段重点督导内容。

△市人大常委会调研组（市人大常委会副主任黄子洮带队）在副区长陈佳佳的陪同下到桃源小学开展关于市人民政府《少数民族聚居区九年义务教育贯彻实施情况的报告》审议意见办理和2019年十大民生项目之一“边远山区教学点改造”项目建设完成情况专题调研。

△市委书记、市政法队伍教育整顿领导小组组长谭丕创率队到港口区调研政法队伍教育整顿工作，副区长荣斌参加。

27日 市委书记、市政法队伍教育整顿领导小组组长谭丕创率队到港口区调研政法队伍教育整顿工作，并召开座谈会。

28日 自治区党委副书记刘小明在市委书记谭丕创，市委副书记于英杰，市人大常委会副主任、港口区委书记黄炳利的陪同下到企沙调研企沙渔港经济区建设情况。

6月

7日 市政府唐铁昂市长、廖云副市长在副区长陈佳佳的陪同下到市高级中学巡视全市2021年高考工作。

14日 市长唐铁昂率队到港口区检查集贸市场安全生产工作。

16日 市委书记谭丕创到港口区调研全市钢铁、铜等金属材料产业和新材料产业发展情况。

18日 自治区副主席费志荣在区长朱靓的陪同下到企沙镇调研指导经济稳增长和推进工业振兴工作。

△副市长、市公安局局长彭顺克到港口区开展调研并召开座谈会，区长朱靓、副区长荣斌陪同。

20日 市委书记谭丕创到港口区开展安全生产月安全生产知识宣传活动，调研检查全市安全生产工作。

△市委书记谭丕创到港口区调研检查安全生产工作，区长朱靓陪同。

24日 市委常委、组织部部长黄学军在港口区区长李广斌的陪同下到光坡镇龙兴社区开展“七一”走访慰问。

29日 防城港市人民政府党组成员、市公安局党委书记覃汇，市中级人民法院院长韦武斌，市人民检察院检察长黄世根到防城港高速公路执勤点、北部湾大道交通执法点、防城重要路段区域，慰问在一线执勤的民警、辅警，副区长荣斌陪同。

30日 港口区委统战部党支部、港口区工商联党支部组织党员到企沙镇山新村，打扫该村初心广场、开展讲党史故事活动，推动党史学习教育入基层。

7月

2日 防城港市市长唐铁昂到港口区企沙镇沙耙墩岛上党支部，实地调研岛上党支部开展强边固防等情况，并结合党史学习教育给在场人员上专题党课。

△市政府市长唐铁昂在港口区委书记朱靓、港口区区长李广斌的陪同下到山心沙岛开展防城港市强边固防主题实践活动专题党课。

△市长唐铁昂到企沙镇沙耙墩岛上党支部实地调研岛上党支部开展强边固防等情况，并结合党史学习教育给在场人员上了一堂生动的专题党课。市政府秘书长林春胜，市外事办副主任、边海人防局局长张培爱，区委书记朱靓，区长李广斌一同参与活动。

6日 自然资源部海域海岛管理司四级调研

员刘志军一行6人在副区长陈佳佳的陪同下到赤沙1、2号泊位码头,防城港渔澫港区407号泊位,第四作业区408~410号泊位开展用海需求情况调研。

7日 防城港市市委、市政府召开会议,专题研究推进防城港渔港经济区建设工作,会议听取防城港渔港经济区项目总体推进情况、企沙渔港经济区、双墩渔港经济区规划进展和项目建设情况,以及天鹅湾渔港经济区有关情况的汇报。

△市人大常委会副主任黄炳利带队的第六督查组在副区长陈佳佳的陪同下到沙潭江社区、沙潭江街道公共服务文化中心对2018年来市政府为民办实事未完成的部门项目进行督查。

8日 自治区核查组专家(由自治区政府督学、全国中小学教育督导专家彭运峰带队)在副区长陈佳佳的陪同下到走访公车中心校、市四中。

13—14日 防城港市人大常委会主任、党组书记奉海峰率队先后到防城区、上思县、港口区开展县乡人大换届选举工作督查指导。

15日 自治区人大常委会副主任杨静华率队到防城港市调研指导县乡人大换届选举工作,防城港市人大常委会主任、党组书记奉海峰陪同调研。杨静华一行到港口区白沙沥街道仙人湾社区,现场观摩该选区投票选举过程。

16日 副市长、市公安局党委书记、局长覃汇率队到港口区督导调研政法队伍教育整顿“回头看”工作,副区长荣斌陪同。

20日 自治区集中隔离场所督导组巡视员关辉等一行5人在副区长陈佳佳的陪同下到港口区开展隔离场所督促指导工作。

21日 农业农村部农村经济研究中心副研究员冯丹萌在市农业农村局副局长唐家文的陪同下到企沙镇簕山古渔村、山新村开展壮大村集体经济专题调研。

△自治区国安办副主任谭军到企沙镇华侨村督查边海防工作暨国家安全责任制和防范化解重大风险工作落实情况。

26日 防城港市市委副书记于英杰到港口区就乡村风貌提升、产业就业车间进乡村、“林长制”落实等工作开展调研。

△市政府副市长董凌在副区长鲍基石(提名)的陪同下到防城港海警局开展慰问工作。

△防城港市市委书记谭丕创到港口区调研东湾红树林资源保护情况。

27日 市委书记谭丕创到防城区、港口区调研全市医疗卫生健康工作。

27—30日 2021年第九届澳门国际武术节暨澳门国际武道大赛在澳门大学体育馆举行,港口区文化馆代表队应邀选派5名运动员参加武术套路项目不同组别的竞赛,共摘得10金1银。

29日 防城港市港口区沙企大道主线实现双幅全线通车。

8月

4日 自治区农业农村厅副厅长王凯学、自治区财政厅二级巡视员唐际明在防城港市人民政府副秘书长梁家田、防城港市农业农村局副局长班小倩、防城港市财政局副局长曾繁宁的陪同下到企沙镇调研企沙渔港项目建设进展情况。

9日 副市长、市公安局党委书记、局长覃汇到港口分局开展调研指导活动,副区长荣斌陪同。

13日 市人大常委会党组书记袁煌在区委书记朱靓的陪同下到企沙镇赤沙村、山新村调研省级领导进驻的备选代表联络站情况。

18日 副区长陈佳佳接待泰国领事到访座谈会。

25日 自治区文旅厅领导（桂林旅游学院教授粟维斌带队）在副区长陈佳佳的陪同下到港口区做好2021年部分旅游品牌复核工作。

△市人大常委会副主任李疆在副区长鲍基石（提名）的陪同下到大海粮油工业（防城港）有限公司、枫叶粮油工业有限公司开展粮油加工产业发展实地调研。

29日 市政府副市长、市公安局局长覃汇，副市长许伟（提名）在副区长鲍基石（提名）的陪同下到防城港市高级中学调研。

9月

1日 自治区信访局二级巡视员张政一行在副区长王廷峰的陪同下调研江滨雅轩二期项目。

2日 防城港市市政协主席黄强余深入港口区王府街道白沙村调研乡村振兴工作。

△自治区民政厅党组成员、副厅长文琦在副区长鲍基石（提名）的陪同下到长山社区、白沙沥街道办开展乡镇（街道）社工站和社工人才队伍建设工作调研。

3日 防城港市公安局打击电信网络诈骗犯罪“清源”专项行动（港口分局战区）启动仪式在港口分局办公大楼七楼会议室举行。副市长、市公安局党委书记、局长覃汇出席启动仪式并讲话，副区长荣斌参加。

6日 市政府副市长廖云在副区长王廷峰的陪同下到调研渔港经济区项目、渔船安全生产工作。

9日 “自治区民族团结进步示范企业”授牌仪式在广西盛隆冶金有限公司举行。

△市政府市长黄江在港口区区长李广斌的陪同下到港口区开展2021年教师节慰问工作。

14日 市政府市长黄江在港口区区长李广斌的陪同下到港口区开展国家自然资源督察海洋专项督察迎检工作现场调研工作。

15日 市委书记谭丕创、市政府市长黄江、市人大常委会副主任黄炳利、市政府副市长潘展东、市政协副主席（提名）林春胜等领导一行在副区长王廷峰的陪同下调研西湾两岸规划建设情况。

上旬 防城港市港口区召开学习贯彻市第七次党代会精神会议，研究部署港口区贯彻落实措施。

22日 市政府副市长许伟在港口区区长李广斌的陪同下到王府街道皇城坳大街东段项目、沙潭江街道东湾大道延长线项目召开现场协调会。

23日 市政府市长黄江在港口区区长李广斌的陪同下到港口区就国庆节前安全生产、食品安全和消防安全进行督导检查。

△自治区信访联席办副主任杨义杰在副区长鲍基石的陪同下到港口区东湾大道保税物流园区开展党史学习教育“我为群众办实事”暨党史学习教育宣传活动。

25日 国家林业和草原局动植物司副司长万自明一行在副区长王廷峰的陪同下调研山心沙岛野生动物及其栖息地保护情况和东湾红树林保护情况。

27日 市政府副市长许伟在副区长鲍基石的陪同下到市一中开展督导校园安全工作。

28日 防城港市市委书记谭丕创分别到市七届人大一次会议上思县、港口区、解放军和武警代表团，与代表们共同审议政府工作报告、市人大常委会工作报告和法检两院工作报告。

30日 防城港市市委书记谭丕创率有关部门

负责人到港口区企沙镇，深入生产一线，检查相关行业领域安全生产责任和措施落实情况。

10月

6日 防城港市市长黄江率队到北部湾港防城港码头有限公司、广西广投天然气管网有限公司防城港企沙分输站、中电广西防城港电力有限公司等地，就防城港市电煤、天然气保障和电力生产工作进行调研。

近日 防城港市文旅集团作为项目业主负责建设的自治区层面统筹推进重大项目——沙企大道工程迎来了竣工验收。

11日 市委常委、统战部部长、市实施乡村振兴战略指挥部代指挥长黎家迎在区委副书记钱天鹏，区委常委、办公室主任傅政华，副区长王廷峰，区委农办主任、区农水局局长林明滨，区乡村振兴局局长肖超的陪同下到企沙镇广西小藻农业科技有限公司、山新村调研乡村振兴工作。

12日 市政府市长黄江在港口区区长李广斌的陪同下到港口区沙潭江街道和平安置住宅区、企沙镇北港安置住宅区(三、四)开展棚户区改造实地调研。

13日 市政府副市长罗真一行在副区长王廷峰的陪同下开展2021年中秋、国庆期间安全生产和消防安全督导检查工作。

△自治区海洋局副局长罗绍鹏一行在副区长王廷峰的陪同下到堤西与海精品民宿项目开展督导工作。

15日 自治区党委编办副主任农乐在市委组织部副部长、市委编办主任徐强，区委书记朱靓的陪同下到企沙镇调研评估经济发达镇管理体制改革试点工作。

19日 市人大常委会副主任陈丹桂在区长李广斌的陪同下到企沙镇检查企沙渔政码头消防安全工作。

21日 市政府副市长罗真在副区长王廷峰的陪同下开展城市生活污水集中收集率现场调研。

11月

2日 自治区妇联一级巡视员陈映红在港口区副区长、公安分局局长荣斌，区委常委、统战部部长吴乃华，统战部副部长，民宗局局长钟海德陪同下到企沙镇开展申报第五批自治区民族团结进步示范区示范单位及“同心文化载体”核验工作。

△市政协主席庞卡在在港口区区长李广斌的陪同下到翠竹产业园项目调研。

△自治区民族团结进步示范区核验组到港口区开展第五批自治区民族团结进步示范区示范单位及“同心文化载体”核验工作，区长荣斌副陪同。

4日 防城港市市长黄江率队到港口区调研防城港市五金铜材卫浴产业园、防城港金属新材料精深加工产业园项目(一期工程)以及柳钢防城港多元产业园(延链产品配套项目)，并在现场召开办公会，深入对接企业需求，及时协调解决企业建设中的难题。

△防城港市长黄江在港口区区长李广斌的陪同下到企沙镇调研五金铜材卫浴项目、柳钢多元产业园项目。

5日 市人大常委会副主任梁光一行在副区长王廷峰的陪同下开展现代化特色农业示范区建设情况专题调研。

11日 自治区党委常委何文浩深入防城港市港口区、东兴市调研，市委书记谭丕创陪同调研。

△市委常委、副市长向拥俊在副区长鲍基石的陪同下到企沙镇现场调研久恒高端铝合工业型材智能制造项目。

△市委常委、宣传部部长梁宗勇在副区长鲍基石的陪同下到防城港科栖小微产业园项目现场调研。

△防城港市副市长罗真一行在副区长王廷峰的陪同下开展推进打通“断头路”工作现场调研。

△防城港市副市长向拥俊在副区长鲍基石的陪同下到交通标准件智能制造、御澜匠心工业装备研制中心、久恒高端铝合工业型材智能制造项目现场开展重大工业项目建设调研。

15日 防城港市市长黄江率队赴企沙渔港经济区调研并召开专题座谈会，协调加快推进企沙渔港经济区规划建设工作。

△防城港市市长黄江在港口区委书记朱靓、港口区区长李广斌的陪同下开展企沙渔港经济区规划建设专题调研。

16日 防城港市市政协主席庞卡率队到港口区王府街道白沙村三角井组调研乡村振兴工作。

△自治区广电局调研组到港口区调研应急广播体系建设工作，区政府副区长鲍基石陪同。

21日 防城港市港口区率先在广西全面完成应急广播体系建设，获得自治区主管部门表扬。

25日 市人大常委会副主任李疆、市政府副市长廖云在区实施乡村振兴战略指挥部办公室主任、区乡村振兴局局长肖超的陪同下到企沙镇调研乡村振兴工作。

12月

1日 自治区检察院检察长茅仲华到企沙镇山新村开展2021年度各级人大代表“混合编组、多级联动、履职为民”进站履职活动。

2日 市政协常委视察团在港口区区长李广斌的陪同下到企沙镇调研渔港经济及农业产业发展情况。

7日 自治区公安厅党委委员、副厅长胡建奇率法制总队、反恐总队、监管总队相关领导到港城派出所调研“枫桥式派出所”创建工作情况，副区长荣斌陪同。

8日 防城港市市长、自治区人大代表黄江到港口区沙潭江街道金海湾社区人大代表联络站开展人大代表进站履职活动，并宣讲中共十九届六中全会精神和自治区第十二次党代会精神调研指导社区工作。

△防城港市人大常委会主任袁煌到港口区走访基层人大代表，并调研指导人大代表联络站进站工作。

△防城港市长黄江在港口区区长李广斌的陪同下在港口区开展人大代表进站履职“改善城乡人居环境，提高人民生活品质”主题活动，并宣讲中共十九届六中全会精神和自治区第十二次党代会精神。

9日 防城港市委常委、宣传部部长梁宗勇到港口区宣讲中共十九届六中全会和自治区第十二次党代会精神，并调研党史学习教育、新时代文明实践所（站）建设等工作。

△市委常委、宣传部部长梁宗勇在区委常委、宣传部部长何苗的陪同下到企沙镇调研党史学习教育、新时代文明实践站（所）、乡村振兴、乡风文明等工作。

10日 市政府市长黄江在港口区区长李广斌的陪同下到港口区开展防城港市城市品质提升工作调研。

14日 自治区林长办副主任罗基同一行在副区长王廷峰的陪同下调研“林长制”工作推进情况。

△防城港市市长黄江在副区长陈佳佳的陪同下到沙潭江街道金海湾社区开展接访下访活动。

先进集体和先进个人

地厅级及以上先进集体

2021年港口区获地厅级及以上先进集体称号一览表

表2

序号	获表彰单位名称	表彰名称 （含称号、奖项、奖次等）	表彰单位	表彰时间
1	国家税务总局防城港市港口区税务局	全国税务系统文明单位	国家税务总局	2021年1月
2	防城港市港口区人民法院执行局	2020年度全市法院先进集体	防城港中级人民法院	2021年2月
3	防城港市港口区企沙人民法庭	2020年度全市法院先进集体	防城港中级人民法院	2021年2月
4	防城港市港口区妇女联合会	广西三八红旗集体	广西壮族自治区妇女联合会	2021年3月
5	防城港市港口区委统战部	2020年度全市统战信息工作先进单位	中共防城港市委统战部	2021年3月
6	防城港市港口区委宣传部	广西广播电视台2020年度通讯报道先进集体	广西广播电视台	2021年3月
7	防城港市港口区委宣传部	2020年度新闻报道先进单位	广西日报社	2021年3月
8	防城港市港口区人民检察院	2018—2019年度广西“青少年维权岗”	共青团广西壮族自治区委员会	2021年3月
9	防城港市港口区农业农村水利局	全区脱贫攻坚先进集体	中共广西壮族自治区委员会办公厅	2021年4月

续表2

序号	获表彰单位名称	表彰名称（含称号、奖项、奖次等）	表彰单位	表彰时间
10	防城港市港口区乡村振兴局	2020年度市县党委和政府扶贫开发工作成效考核综合评价好的等次	广西壮族自治区委员会办公厅、自治区人民政府办公厅	2021年4月
11	防城港市港口区光坡镇党委	自治区“两委”换届选举工作先进单位	中国共产党广西壮族自治区委员会组织部	2021年5月
12	防城港市港口区纪委监委	全区脱贫攻坚先进集体	中共广西壮族自治区委员会、广西壮族自治区人民政府	2021年5月
13	防城港市港口区人民检察院	2021年全市检察机关“两优一先”先进基层党组织	防城港市人民检察院	2021年5月
14	防城港市港口区人民检察院	2021年防城港市先进基层党组织	中共防城港市委员会	2021年6月
15	防城港市光坡镇红沙村委会	防城港市先进基层党组织	中共防城港市委员会	2021年6月
16	防城港市港口区企沙镇山新村党支部	自治区先进基层党组织	中共广西壮族自治区委员会	2021年6月
17	防城港市港口区企沙镇人民政府	2018—2020年防城港市驻村工作先进后盾单位	中共防城港市委员会组织部	2021年6月
18	防城港市港口区企沙镇党委	防城港市先进基层党组织	中共防城港市委员会	2021年6月
19	防城港市港口区企沙镇山新村	防城港市脱贫攻坚先进集体	中共防城港市委员会、防城港市人民政府	2021年6月
20	防城港市港口区白沙沥街道沙沥社区党总支部	防城港市先进基层党组织	中共防城港市委员会	2021年6月
21	防城港市港口区总工会	全市脱贫攻坚先进集体	防城港市委、市政府	2021年6月
22	防城港市港口区委宣传部党支部	防城港市先进基层党组织	中共防城港市委员会	2021年6月
23	防城港市港口区市场监督管理局党支部	防城港市先进基层党组织	中共防城港市委员会	2021年6月

续表2

序号	获表彰单位名称	表彰名称（含称号、奖项、奖次等）	表彰单位	表彰时间
24	防城港市港口区政务服务监督管理办公室	2020年度全区数字广西建设和政务服务工作突出贡献奖	广西壮族自治区大数据发展局	2021年7月
25	防城港市港口区人民武装部	先进人武部党委	中共广西军区委员会	2021年7月
26	中共防城港市港口区委员会办公室	荣获2020年防城港新时代发展贡献奖	中共防城港市委员会、防城港市人民政府	2021年9月
27	防城港市港口区企沙镇党委	防城港市五星级乡镇党委	中共防城港市委员会组织部	2021年10月
28	防城港市港口区光坡镇党委	防城港市四星级乡镇党委	中共防城港市委员会	2021年10月
29	防城港市港口区工商业联合会	2020—2021年度广西“五好”县级工商联	自治区工商联	2021年11月
30	防城港市白沙沥街道办事处仙人湾社区	2021年全区最美志愿服务社区	广西壮族自治区精神文明建设委员会办公室	2021年11月
31	防城港市港口区统计局	广西第七次全国人口普查先进集体	自治区统计局	2021年11月
32	防城港市港口区人民检察院	命名为第四批全区检察机关“自治区妇女儿童维权岗”	广西壮族自治区人民检察院、广西壮族自治区妇女联合会	2021年11月
33	防城港市港口区人民检察院	2016—2020年全区普法工作先进单位	广西壮族自治区委员会宣传部、全面依法委员会办公室、广西壮族自治区司法厅	2021年11月
34	防城港市港口区人民检察院	全区先进基层检察院	广西壮族自治区人民检察院	2021年11月
35	防城港市港口司法局	2016—2020年广西法治建设先进集体	广西壮族自治区司法厅	2021年11月
36	防城港市港口区工商业联合会	2020—2021年度全国“五好”县级工商联	全国工商联	2021年12月

续表2

序号	获表彰单位名称	表彰名称（含称号、奖项、奖次等）	表彰单位	表彰时间
37	防城港市港口区市场监督管理局	第三批防城港市民族团结进步示范区示范单位	中共防城港市委员会宣传部、中共防城港市委员会统战部、防城港市民宗委	2021年12月
38	防城港市港口区光坡镇人民政府	自治区核应急先进集体	广西壮族自治区核事故应急委员会	2021年12月
39	防城港市港口区光坡镇	防城港市民族团结进步示范区示范单位	中共防城港市委员会宣传部、中共防城港市委员会统战部、防城港市民宗委	2021年12月
40	防城港市港口区企沙镇	第五批自治区民族团结进步示范乡镇	广西壮族自治区民族宗教事务委员会	2021年12月
41	防城港市港口区文化广电体育和旅游局	2021年应急广播体系建设工作先进集体	自治区广电局	2021年12月
42	防城港市港口区委宣传部	2021年度《广西日报》发行工作“先进单位”	广西日报社	2021年12月
43	防城港市金湾小学	在2021年学校组织学生参加自治区教育厅关于“感恩党跟党走　中华民族团结进步”征文活动优秀组织奖	广西壮族自治区教育厅	2021年12月
44	防城港市港口区人民武装部	全面建设先进人武部	广西军区	2021年12月
45	国家税务总局防城港市港口区税务局第二税务分局	2019—2020年度广西青年文明号	共青团广西区委	2021年12月
46	防城港市港口区人民检察院	第三批防城港市民族团结进步示范单位	中共防城港市委员会宣传部、中共防城港市委员会统战部、防城港市民族宗教事务委员会	2021年12月
47	防城港市港口区档案馆	2021年度防城港市巾帼文明岗	防城港市妇女联合会	2021年12月
48	政协防城港市港口区委员会办公室	2021年度广西政协报刊宣传工作先进单位二等奖	政协广西壮族自治区委员会办公厅	2021年12月

地厅级及以上先进个人

2021年港口区获地厅级及以上先进个人称号一览表

表3

序号	受表彰人姓名	获奖时工作单位	表彰名称（含称号、奖项、奖次等）	表彰单位	表彰时间
1	方　爵	防城港市港口区人民法院	全市法院优秀员额法官	防城港中级人民法院	2021年2月
2	黄元艺	防城港市港口区人民法院	全市法院优秀员额法官	防城港中级人民法院	2021年2月
3	宁　菲	防城港市港口区人民法院	全市法院优秀员额法官	防城港中级人民法院	2021年2月
4	彭小山	防城港市港口区人民法院	全市法院优秀法官助理	防城港中级人民法院	2021年2月
5	谭帮益	防城港市港口区人民法院	全市法院优秀法官助理	防城港中级人民法院	2021年2月
6	李柏良	防城港市港口区人民法院	全市法院优秀法官助理	防城港中级人民法院	2021年2月
7	邓斯华	防城港市港口区人民法院	全市法院优秀司法警察	防城港中级人民法院	2021年2月
8	苏大成	防城港市港口区人民法院	全市法院优秀司法警察	防城港中级人民法院	2021年2月
9	林芳羽	防城港市港口区人民法院	全市法院优秀司法行政人员	防城港中级人民法院	2021年2月
10	刘冠男	防城港市港口区人民法院	全市法院优秀司法行政人员	防城港中级人民法院	2021年2月
11	劳雪阳	防城港市港口区人民法院	全市法院优秀司法行政人员	防城港中级人民法院	2021年2月
12	黄永永	防城港市港口区人民法院	全市法院优秀书记员	防城港中级人民法院	2021年2月
13	朱俊杰	防城港市港口区人民法院	全市法院优秀书记员	防城港中级人民法院	2021年2月
14	庞　剑	防城港市港口区人民法院	全市法院优秀书记员	防城港中级人民法院	2021年2月
15	杜忠达	防城港市港口区人民法院	全市法院优秀书记员	防城港中级人民法院	2021年2月

续表3

序号	受表彰人姓名	获奖时工作单位	表彰名称（含称号、奖项、奖次等）	表彰单位	表彰时间
16	韦良开	防城港市港口区人民法院	全市法院优秀人民陪审员	防城港中级人民法院	2021年2月
17	何水清	防城港市港口区人民法院	全市法院优秀人民陪审员	防城港中级人民法院	2021年2月
18	陈肖芬	防城港市港口区人民法院	全市法院优秀人民陪审员	防城港中级人民法院	2021年2月
19	宁　菲	防城港市港口区人民法院	全区法院“优化营商环境专项工作”先进个人	自治区高级人民法院	2021年2月
20	吴爱物	防城港市区扶贫办	自治区级脱贫攻坚先进个人	中共广西壮族自治区委员会、广西壮族自治区人民政府	2021年4月
21	王海峰	防城港市港口区人民法院	防城港市脱贫攻坚（乡村振兴）工作队员	中共防城港市宣传部	2021年4月
22	张国航	国家税务总局防城港市港口区税务局	自治区激励干部担当作为“六稳”“六保”专项奖励	中共广西壮族自治区委员会、广西壮族自治区人民政府	2021年4月
23	杨纯环	防城港市港口区工商联	民进全国社会服务暨脱贫攻坚先进个人	中国民主促进会	2021年5月
24	黄双梅	防城港市港口区人民检察院	2021年全区检察机关民事检察人才库	广西壮族自治区人民检察院	2021年5月
25	杨　珂	防城港市港口区人民检察院	2021年全区检察机关扫黑除恶专项斗争表现突出个人	广西壮族自治区人民检察院	2021年5月
26	韦钰滢	防城港市港口区人民检察院	“八桂未检护航宣讲团”人才库成员	广西壮族自治区人民检察院	2021年6月
27	韦钰滢	防城港市港口区人民检察院	“八桂未检护航宣讲团”优秀成员	广西壮族自治区人民检察院	2021年6月
28	黄元艺	防城港市港口区人民法院	防城港市优秀共产党员	中共防城港市委员会	2021年6月
29	唐　鹏	防城港市港口区光坡镇委员会	自治区优秀共产党员	中共广西壮族自治区委员会	2021年6月
30	刘德漫	防城港市港口区光坡镇委员会	防城港市优秀党务工作者	中共防城港市委员会	2021年6月
31	黄国祥	防城港市港口区光坡镇栏冲村总支部	防城港市优秀党务工作者	中共防城港市委员会	2021年6月

续表3

序号	受表彰人姓名	获奖时工作单位	表彰名称（含称号、奖项、奖次等）	表彰单位	表彰时间
32	张志强	防城港市港口区光坡镇委员会	防城港市优秀共产党员	中共防城港市委员会	2021年6月
33	张志强	防城港市港口区光坡镇人民政府	全市脱贫攻坚先进个人	中共防城港市委员会、防城港市人民政府	2021年6月
34	陈宪堂	防城港市港口区光坡镇新兴村委会	全市脱贫攻坚先进个人	中共防城港市委员会、防城港市人民政府	2021年6月
35	吴能文	防城港市港口区企沙镇人民政府	防城港市脱贫攻坚先进个人	中共防城港市委员会、防城港市人民政府	2021年6月
36	黄国志	防城港市港口区企沙镇人民政府	防城港市脱贫攻坚先进个人	中共防城港市委员会、防城港市人民政府	2021年6月
37	赖胜鑫	防城港市港口区企沙镇人民政府	防城港市优秀党务工作者	中共防城港市委员会	2021年6月
38	刘　胜	防城港市港口区企沙镇人民政府	防城港市优秀共产党员	中共防城港市委员会	2021年6月
39	罗平锦	防城港市港口区总工会	全市脱贫攻坚先进个人	防城港市委、市政府	2021年6月
40	冼锦霞	防城港市港口区直属机关工委	防城港市优秀党务工作者	中共防城港市委员会	2021年6月
41	黄乾峰	防城港市港口区市场监督管理局	全市脱贫攻坚先进个人	中共防城港市委员会、防城港市人民政府	2021年6月
42	黄乾峰	防城港市港口区市场监督管理局	防城港市2018—2020年脱贫攻坚(乡村振兴)工作队员“奋斗之星”	中共防城港市委员会组织部	2021年6月
43	李奇鹏	防城港市港口司法局	防城港市2018—2020年脱贫攻坚(乡村振兴)工作队员“奋斗之星”	防城港市委员会组织部	2021年6月
44	李　丽	防城港市港口司法局	防城港市政法十大先进典型人物	防城港市政法队伍教育整顿领导小组	2021年6月
45	唐时秀	防城港市港口区扶贫办	全市脱贫攻坚先进个人	中共防城港市委员会、防城港市人民政府	2021年6月
46	马尉岚	防城港市港口区委办	防城港市优秀共产党员	中共防城港市委员会	2021年6月
47	张国航	国家税务总局防城港市港口区税务局	全国税务系统百佳县税务局长(书记)和百佳税务所长(书记)	国家税务总局	2021年6月

续表3

序号	受表彰人姓名	获奖时工作单位	表彰名称（含称号、奖项、奖次等）	表彰单位	表彰时间
48	李　慧	国家税务总局防城港市港口区税务局	全区税务系统优秀党员	中共国家税务总局广西壮族自治区税务局委员会	2021年6月
49	李　慧	国家税务总局防城港市港口区税务局	全区财贸轻纺烟草系统第七届“最美服务员”	广西壮族自治区财贸轻纺烟草工会委员会	2021年9月
50	马小红	防城港市港口区人民检察院	第一届全区检察机关行政检察业务竞赛全区行政检察“业务能手”	广西壮族自治区人民检察院	2021年10月
51	黄双梅	防城港市港口区人民检察院	第一届全区检察机关行政检察业务竞赛全区行政检察“业务标兵”	广西壮族自治区人民检察院	2021年10月
52	韦钰滢	防城港市港口区人民检察院	2021年广西妇女儿童维权项目（信访及舆情处置主题）成果评比优秀奖	广西壮族自治区妇女联合会	2021年11月
53	何红霞	防城港市港口区司法局	2016—2020年广西法治建设先进个人	司法厅	2021年11月
54	赵俊羽	防城港市港口区扶贫办	全区脱贫攻坚普查先进个人	广西壮族自治区脱贫攻坚普查领导小组办公室、国家统计局广西调查总队、广西壮族自治区乡村振兴局	2021年11月
55	陈子良	防城港市港口区市场监督管理局	2016—2020年广西法治建设先进个人	广西壮族自治区司法厅 广西壮族自治区法学会	2021年11月
56	马小红	防城港市港口区人民检察院	2019—2020年度建设平安广西活动先进个人	中共广西壮族自治区委员会、广西壮族自治区人民政府	2021年12月
57	杨　珂	防城港市港口区人民检察院	2019—2020年度扫黑除恶专项斗争领域先进个人	中共广西壮族自治区委员会、广西壮族自治区人民政府	2021年12月
58	夏溢民	防城港市公安局港口分局刑事侦查大队	二等功	广西壮族自治区公安厅办公室	2021年12月
59	唐子惠	防城港市港口区科学技术协会	自治区2021年全国科普日广西活动“八桂科普大行动”先进个人	自治区科协	2021年12月
60	黄乾峰	防城港市港口区市场监督管理局	全区优秀工作队员	中共防城港市委员会组织部	2021年12月

统计公报

2021年港口区国民经济和社会发展统计公报

港口区统计局

（2022年10月）

2021年以来，港口区立足新发展阶段、贯彻新发展理念、构建新发展格局，持续统筹疫情防控，扎实推进工业振兴、乡村振兴、产业发展、项目建设等重点工作，紧抓住西部大开发和泛北部湾经济区开发双重机遇，加快推进了我区经济高质量发展，努力保持全区经济运行平稳有序。全年全区经济稳中向好、稳中提质，在高质量发展的道路上迈出坚实步伐，为全区“十四五”良好开局做出了积极贡献，民生和各项社会事业也保持快速发展。

一、综合

初步核算，全年全区实现生产总值514.58亿元，同比增长11.7%(按可比价格计算，同比，下同)。按常住人口计算，人均生产总值209223元，增长7.9%。

从产业看，第一产业实现增加值23.65亿元，同比增长4.1%；第二产业实现增加值334.84亿元，增长16.0%；第三产业实现增加值156.09亿元，增长4.6%。

从产业结构看，三次产业结构由上年的4.9∶63.3∶31.8调整为4.6∶65.1∶30.3，第一产业比重回落0.3个百分点，第二产业比重提高1.8个百分点，第三产业比重回落1.5个百分点。

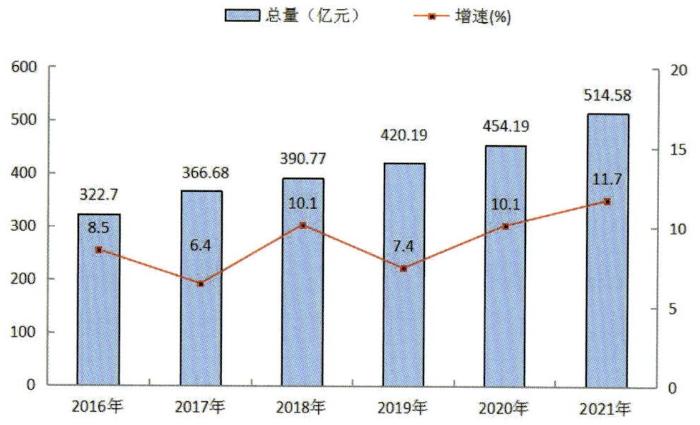

图2　2016—2021年港口区生产总值总量及增长速度

根据人力资源和社会保障部门统计，全区新增城镇就业人数4260人，同比增长7.6%，其中下岗失业人员再就业591人，增长239.7%。农村剩余劳动力转移就业1992人，下降2.9%。城镇登记失业率1.5%。

二、农业

全年农作物播种面积3218.24公顷，比上年同比减少341公顷；经济作物种植面积191.29公顷，增加4.2公顷，其中，花生种植面积28.48公顷，减少0.15公顷；蔬菜及食用菌种植面积149.13公顷，增加3公顷；果园面积466.79公顷，增加10.3公顷。

未成林及中幼林抚育面积3000公顷。全年全社会木材采运量1.76万立方米，同比下降43.3%。大杂竹采运1065万根，增长77.8%，小杂竹采伐900吨，增长469.6%。

年末，农村用电量855万千瓦时，同比增长0.2%；全年化肥施用折纯量1303吨，增长0.4%；农田有效灌溉面积245公顷，机耕面积5624公顷，机播面积419公顷，机收面积1088公顷。

2021年港口区主要农副产品产量

表4

产品名称	单位	产量	增长(%)
粮食	吨	12669	−6.7
其中：稻谷	吨	5904	−2.0
薯类(折粮)	吨	2252	−0.6
油料作物	吨	1092	−1.0
花生	吨	1091	−0.6
蔬菜	吨	24637	2.4
水果	吨	1608	2.5
肉类总产量	吨	2701	22.4
其中：猪肉	吨	1228	101.9
禽肉	吨	1296	−9.7
水产品总产量	吨	240800	3.9
其中：海水产品产量	吨	237675	4.0

三、工业和建筑业

图3　2021年港口区规模以上工业增加值各月累计增长速度

全年港口区规模以上工业增加值同比增长19.9%。年末全区规模以上工业企业60家，其中产值超亿元企业41家。

规模以上工业中，从轻重工业看，轻工业增加值同比增长31.9%，重工业增加值增长19.8%。

从经济类型看，股份制企业增加值同比增长32.3%，国有企业增加值下降1.4%，外商及港澳台投资企业增加值下降4.0%。

从重点行业看，黑色金属冶炼和压延加工业增加值同比增长37.7%，有色金属冶炼和压延加工业增加值增长19.3%，农副食品加工业增加值下降9.3%，电力、热力生产和供应业增加值下降2.7%。

从产品看，主要工业产品产量实现五成增长。全区20种主要产品中，有10种产品实现增长，增长面为50.0%。

2021年港口区规模以上工业增加值增速、贡献率、拉动率

表5

项目	单位	增长(%)	贡献率(%)	拉动百分点(%)
总计	亿元	19.9	100.0	19.9
#轻工业	亿元	31.9	1.1	0.2
重工业	亿元	19.8	98.9	19.7
#国有企业	亿元	−1.4	−0.5	−0.1
股份制企业	亿元	32.3	106.1	21.1
外商及港澳台商投资企业	亿元	−4.0	−5.6	−1.1
#国有控股企业	亿元	−2.6	−5.8	−1.2
#非公有工业	亿元	6.6	17.8	3.5
#大中型工业企业	亿元	−91.3	−23.9	−4.7
#国有大中型企业	亿元	−100.0	0.0	0.0

建筑业保持较快增长。年末全区有资质总承包和专业承包建筑企业42家，同比增加10家，共完成产值80.20亿元，增长8.0%。房屋建筑施工面积118.27万平方米，下降26.6%。

四、固定资产投资

全年，固定资产投资(不含农户)同比下降23.3%，比去年同期回落26.7个百分点。

投资运行特点：

(1)从管理渠道看，项目投资同比下降21.7%，比去年同期回落35.9个百分点；房地产投资下降29.7%，比去年同期回落3.9个百分点。

(2)分产业看，第一产业投资为零；第二产业投资同比下降20.1%，总量占全部固定资产投资的67.9%；第三产业投资下降29.2%，总量占固定资产投资的32.1%。

(3)5000万元以上项目继续保持投资主导地位。2021年5000万元以上项目共108个(不含房地产)，占投资项目个数比重为78.8%。5000万元以上项目共同完成投资额同比下降21.3%，占投资项目总完成投资比重达99.4%。

(4)非公投资增速提高。全年全区非公投资同比增长79.7%,比去年同期提高123.9个百分点。

(5)民间投资增速提高。全年全区民间投资同比增长78.0%,比去年同期提高119.6个百分点。

2021年港口区固定资产投资增长速度

表6

指标名称	单位	增长
固定资产投资额	%	-23.3
#项目投资	%	-21.7
5000万元及以上项目投资额	%	-21.3
房地产开发投资	%	-29.7
分产业固定资产投资		
#第一产业	%	—
第二产业	%	-20.1
其中:工业投资	%	-20.1
第三产业	%	-29.2

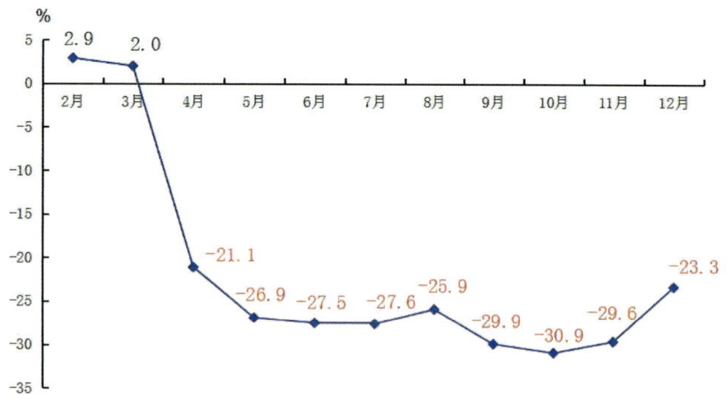

图4 2021年港口区固定资产投资各月累计增长速度

2021年港口区按行业分固定资产投资(不含农户)增长速度

表7

指标名称	单位	增长
累计完成投资	%	-23.3
农、林、牧、渔业	%	—
制造业	%	-21.9
电力、热力、燃气及水生产和供应业	%	-10.8
批发和零售业	%	0.0
交通运输、仓储和邮政业	%	-27.0
信息传输、软件和信息技术服务业	%	118.9
房地产业	%	-31.4

续表7

指标名称	单位	增长
科学研究和技术服务业	%	153.5
水利、环境和公共设施管理业	%	-60.9
教育	%	-78.5
卫生和社会工作	%	925.1

全年房地产开发投资同比下降29.7%。其中,商品住宅投资下降0.4%;办公楼投资下降15.4%;商业营业用房投资下降60.6%;其他用房投资下降73.0%。

2021年港口区房地产开发和销售主要指标完成情况及其增长速度

表8

指标	单位	绝对数	比上年增长(%)
投资额	亿元	—	-29.7
其中:住宅	亿元	—	-0.4
其中:90平方米以下	亿元	—	4.9
房屋施工面积	万平方米	686.68	-2.8
其中:住宅	万平方米	524.27	1.2
房屋新开工面积	万平方米	19.62	-86.8
其中:住宅	万平方米	16.36	-82.7
本年房屋竣工面积	万平方米	16.01	全增
其中:住宅	万平方米	11.93	全增
本年商品房销售面积	万平方米	89.61	-9.7
其中:住宅	万平方米	80.37	-6.3
本年资金来源	亿元	45.10	-27.3
其中:国内贷款	亿元	6.30	-21.9
个人按揭贷款	亿元	4.18	-14.7
本年购置土地面积	万平方米	1.87	-70.4
土地成交价款	亿元	0.04	-95.6

五、国内贸易

全年全区社会消费品零售总额同比增长11.4%,比上年同期提高22.4个百分点。从经营单位所在地看,城镇市场消费品零售额增长11.4%,乡村市场消费品零售额增长10.8%。

在限额以上企业商品零售额中，粮油、食品类同比下降2.2%；书报杂志类增长16.4%；石油及制品类增长13.4%；汽车类下降45.2%。

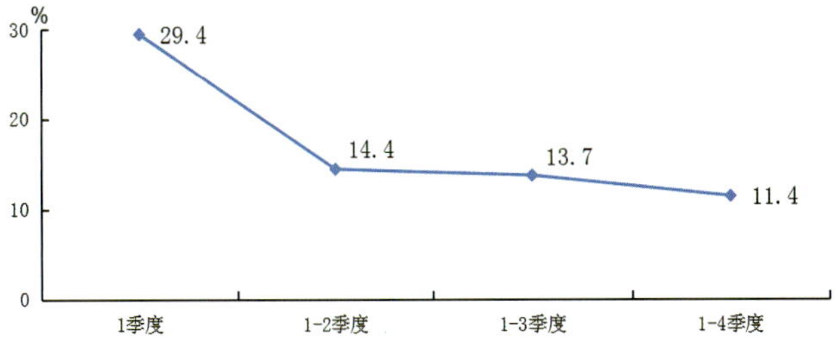

图5　2021年港口区社会消费品零售总额累计增长速度

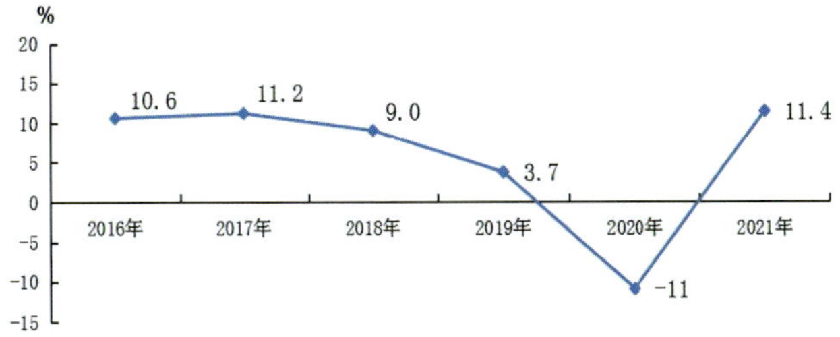

图6　2016-2021年港口区社会消费品零售总额增长速度

六、对外贸易和招商引资

据海关统计，全年外贸进出口总额完成617.20亿元，同比增长54.0%，其中，进口总额599.89亿元，出口总额17.30亿元。全区边贸成交额0.80亿元，下降62.9%。

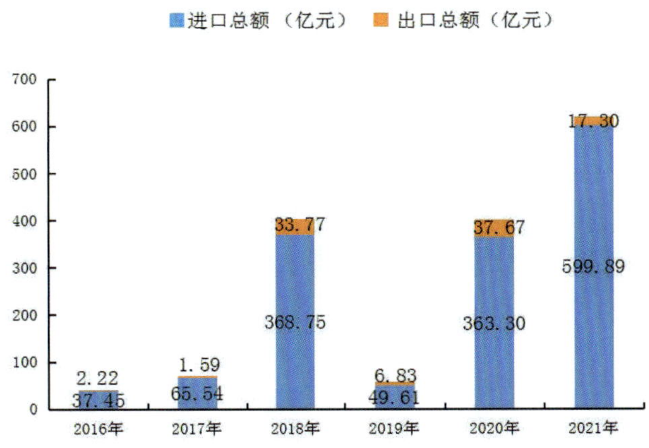

图7　2016—2021年港口区货物外贸进出口总额

据招商部门统计，全年全区引进区外境内资金126.70亿元，其中新增招商引资到位资金126.70亿元。

七、交通、邮电和旅游

全年公路和水路客货运周转量332.42亿吨公里，同比增长13.1%。其中，公路运输周转量29.05亿吨公里，增长25.6%；水路运输周转量303.37亿吨公里，增长12.0%。

全年港口货物吞吐量达1.48亿吨，同比增长21.5%。从货物流向看，出口0.33亿吨，增长43.5%；进口1.15亿吨，增长16.4%。

全年全区完成邮电业务总量9.34亿元（市辖区，下同），同比下降31.1%。其中，邮政业务总量1.63亿元，增长27.6%；电信业务总量7.71亿元，增长31.8%。

按旅游部门统计，全年全区旅游人数985.97万人次（含市直，下同），同比增长26.4%，旅游总收入92.32亿元，增长42.0%。

八、财政、金融和保险

全年财政收入22.76亿元，同比增长0.7%，比去年同期回落4.1个百分点。其中，税收收入21.19亿元，增长2.0%；非税收收入1.58亿元，下降13.8%。公共财政预算收入8.41亿元，下降5.8%。公共财政预算支出12.51亿元，提高4.9%。

年末金融机构人民币存款余额706.78亿元（市辖区，下同），同比增加64.95亿元，同比增长10.1%，其中，住户存款306.62亿元，增加28.08亿元，增长10.1%。年末金融机构人民币贷款余额713.85亿元，增加58.55亿元，增长8.9%。金融机构人民币新增贷款58.55亿元，下降35.0%。

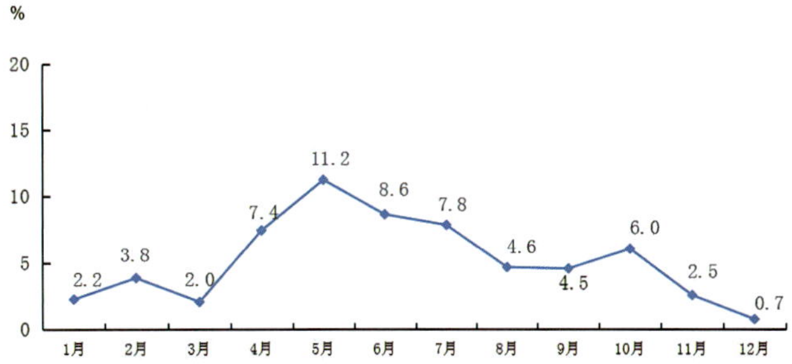

图8　2021年港口区财政收入各月累计增长速度

2021年港口区金融机构人民币存贷款余额及其增长速度

表9

指标	单位	年末数（市辖区）	同比增长（%）
金融机构存款余额	亿元	706.78	10.1
其中：住户存款	亿元	306.62	10.1
金融机构贷款余额	亿元	713.85	8.9
新增金融机构人民币贷款余额	亿元	58.55	−35.0

九、教育和科学技术

年末全区共有镇（街）村各类学校32个，专任教师1577人，在校学生26903人。其中，普通中学7个，专任教师465人，在校学生6175人；小学25个，专任教师1112人，在校学生20728人。幼儿园48所，在园幼儿10794人。学龄儿童入学率99.91%，小学毕业生升学率99.91%，初中毕业生升学率92.81%。

2021年港口区教育发展情况

表10

指标名称	单位	2021年	2021年比2020年增长
学校数（含教学点）	个	32	−3.0
普通中学	个	7	持平
小学（含教学点）	个	25	−3.8
专任教师数	人	1577	11.8
普通中学	人	465	18.3
小学	人	1112	9.2
在校学生数	人	26903	6.3
普通中学	人	6175	9.2
其中：女生	人	2836	11.3
小学	人	20728	5.5
其中：女生	人	9591	5.3
招生数	人	5927	7.0
普通中学	人	2272	16.8
小学	人	3655	1.8
毕业生数	人	4435	9.8
普通中学	人	1733	6.1
小学	人	2702	12.3
学龄儿童入学率	%	99.91	0.01

续表10

指标名称	单位	2021年	2021年比2020年增长
其中：女童入学率	%	99.87	0.01
小学毕业生升学率	%	99.91	0.02
初中毕业生升学率	%	92.81	持平

科技事业取得新成果。全区共组织实施科技项目24项，其中：自治区科技项目2项。科技成果登记35项，重大科技成果转换25项，签订技术合同116项，技术合同成交额36.36亿元。全年授权专利217项，其中：发明专利34项，实用新型专利175项，外观专利8项。

十、文化和卫生

全区有区级文化馆1个，艺术表演团体41个（含业余）。村级公共服务中心29个（含社区），村级篮球场42个（含社区）。全区电视台累计播出新闻953条，同比增长38.9%；网络类媒体累计发稿2403条，增长11.7%。全年共开展各类群众文化活动92场次，惠及群众16万人次。

年末卫生机构数（全社会）111个。其中，乡镇卫生院3个，综合性医院1个，疾病预防控制中心1个。全区共有卫生机构卫生技术人员（全社会）1106人，卫生机构医生数（全社会）370人。

十一、人口、人民生活和社会保障

年末常住人口24.73万人，比上年末增加0.27万人，其中城镇人口21.41万人，比上年末增加0.8万人。据公安部门统计，年末全区户籍人口14.93万人，比上年末增加0.19万人。据卫健部门统计，全年出生人口1762人，出生率为9.06‰；死亡人数380人，死亡率为1.95‰；自然增长率为7.1‰。

2021年港口区户籍人口数及其构成

表11

指标	年末数（万人）	比重（%）
全区总人口	14.93	100.0

续表11

指标	年末数（万人）	比重（%）
其中：男性	7.68	51.4
女性	7.25	48.6
其中：0～17岁	4.10	27.5
18～34岁	3.08	20.6
35～59岁	5.78	38.7
60岁及以上	1.97	13.2

2021年，全区城镇居民人均可支配收入42539元，同比增加2783元，增长7.0%。城镇居民人均生活消费支出25819元，增长5.6%。农村居民人均可支配收入20645元，增加2046元，增长11.0%。农民生活人均消费支出13893元，增长4.8%。

图9　2016—2021年港口区城镇居民人均可支配收入及其增长速度

图10　2016—2021年港口区农村居民人均可支配收入及其增长速度

年末全区基本养老保险参保人数（全口径数据，下同）87194人，净增22271人；医疗保险参保人数131652人，净增6002人；失业保险参保人数32568人，净增4837人；工伤保险人数35977人，净增7746人；生育保险参保人数32045人，净增3601人；五项保险参保人数突破30万人，达到319436人。征缴五项保险费（全口径数据，下同）共计59540.22万元，净减16917.33万元。全区共有最低生活保障对象1909人，其中，城市最低生活保障对象807人，农村最低生活保障对象1102人。

十二、资源、环境和安全生产

全区森林面积0.87万公顷，森林覆盖率达31.6%。年末建成区面积35.67平方公里，比上年末增加0.47平方公里。城市供水普及率100%，城市燃气普及率100%，城市生活垃圾处理率100%。排水管道长度491.91公里。城市道路长度276.07公里。建成区绿地率39.7%。人均城市道路面积31.2平方米；人均公园绿地面积17.9平方米。

全年城市空气质量达到二级以上（含二级）标准天数达359天，达标率为98.4%。

全年各类生产安全事故（不含道路交通事故和火灾事故）死亡17人，比上年减少9人，其中，工矿商贸企业生产安全事故死亡人数4人。全年共发生各类地质灾害3起。

注释：

1. 本公报中2021年数据均为初步统计数，正式数据以《港口区统计年鉴》为准；

2. 本公报中部分数据因四舍五入的原因，存在与分项合计不等的情况。

3. 地区生产总值、各产业增加值、人均GDP、农林牧渔业总产值及其分项绝对数按当年价格计算，增长速度按可比价格计算；

4. 房地产业投资除房地产开发投资外，还包括建设单位自建房屋以及物业管理、中介服务和其他房地产投资。

5. 常住人口指在广西居住半年以上的人口，以及户口在广西、外出广西不满半年或在境外工作学习的人口。

资料来源：

本公报中城镇新增就业、登记失业人数、养老保险、工伤保险数据来自区人力资源和社会保障局；医疗保险数据来自医保局；户籍总人口数据来自防城港市公安局港口分局；财政数据来自区财政局；城乡居民收入和支出来自国家统计局防城港市调查队；利用外资额数据来自区商务局；外来投资项目来区招商局；授权专利、实用新型专利、外观专业数据来自区市场监督管理局；旅游、文化馆、非物质文化遗产数据来自区文化广电体育和旅游局；教育、科技数据来自区教育和科学技术局；新闻数据来自区委宣传部(区融媒中心)；卫生数据来自区卫生健康局；低保数据来自区民政局；森林面积、覆盖率、地质灾害数据来自区自然资源局；空气质量数据来自区生态环境局；建成区面积、供水、燃气、生活垃圾、排水管道、城市道路、建成区绿地数据来自区住房和城乡建设局；各类安全事故数据来自区应急管理局，金融数据、保险数据、邮政业务数据、电信业务数据、交通数据来自市统计局反馈的GDP核算基础资料；其他数据均来自区统计局。

索引

索引说明

一、本索引是《港口年鉴·2022》的内容分析索引。正文(包括条目、资料)中凡具有独立检索意义的完整资料,都可以通过本索引进行检索。

二、本索引按汉语拼音字母(同音字按声调)顺序排列。类目、分目作索引款目用黑体字排印,次分目用楷体字排印,其余款目均用宋体字排印。

三、索引款目后的数字表示内容所在的页码,数字后的拉丁字母(a、b、c)表示栏别(即版面的1、2、3栏)。

四、阿拉伯数字、拉丁字母开头的款目排在索引之前。

五、"特载""附录""图片专辑"栏目的内容不做索引。

A

B

C

D

E

F

G

H

J

S

T

W

X

Y